国家出版基金项目
NATIONAL PUBLICATION FOUNDATION

中华吉祥文化丛书

饮食卷

刘德龙 主编
赵建民 孙剑昊 著

泰山出版社 · 济南 ·

图书在版编目（CIP）数据

中华吉祥文化丛书 . 饮食卷 / 刘德龙主编；赵建民，孙剑昊著 . -- 济南：泰山出版社，2020.3
ISBN 978-7-5519-0548-0

Ⅰ . ①中… Ⅱ . ①刘… ②赵… ③孙… Ⅲ . ①中华文化 – 通俗读物 ②饮食 – 文化 – 中国 – 通俗读物 Ⅳ . ① K203-49 ② TS971.2-49

中国版本图书馆 CIP 数据核字 (2020) 第 013372 号

ZHONGHUA JIXIANG WENHUA CONGSHU YINSHI JUAN

中华吉祥文化丛书 饮食卷

策　　划 葛玉莹
主　　编 刘德龙
著　　者 赵建民 孙剑昊
责任编辑 池 骋
装帧设计 路渊源

出版发行 泰山出版社
社　　址 济南市泺源大街2号 邮编 250014
电　　话 综 合 部（0531）82023579 82022566
市场营销部（0531）82025510 82020455
网　　址 www.tscbs.com
电子信箱 tscbs@sohu.com
印　　刷 东港股份有限公司
开　　本 170 毫米 × 240 毫米 16开
印　　张 13.5
字　　数 240 千字
版　　次 2020 年 3 月第 1 版
印　　次 2020 年 3 月第 1 次印刷
标准书号 ISBN 978-7-5519-0548-0
定　　价 50.00 元

总　序

吉祥，《说文解字》释曰 :“吉，善也。从士，从口”;“祥，福也。从示，羊声”。此外，吉祥又为梵语，音译作“室利”“师利”“尸利”，又称为“吉羊”，如吉祥果、吉祥草、吉祥物等，多用于释家。后来，它与中华民族向善向好的美好生活追求相融合，形成了别具特色的中华民族吉祥文化。

吉祥文化在我国影响很大，它深深融入民众生活，不但形成了多姿多彩的吉祥民俗事象，深刻影响着民众的生活、思维、心理、精神，还形成了大量的吉祥语言，丰富了我国各民族的传统文化。

一、吉祥文化的产生

在我国各民族丰富多彩的生产生活实践活动中，在我国历代文化典籍中，都留下了大量的吉祥语言和吉祥事象，成为我国众多民族文化遗产中别具民族特色的一朵奇葩。

吉祥文化是在民众丰富多彩的生产生活中产生、传播和使用的，表达了民众对美好幸福的追求和探索，也体现了民众趋利避害的心理。例如，在农业习俗中，农家以立春作为一年农作的开始，在立春这天，过去有鞭春牛的习俗，现在的习俗则是集体“出行”，放鞭炮，并象征性地刨一刨土，说一套吉利话 :“一刨金、二刨银、三刨刨了个聚宝盆。”在商业习俗中，开业时往往张贴“金日开业”“开门大吉”等吉利语。

我国春秋时期已经有“万寿无疆”“天子万寿”“南山之寿”等吉祥语的记载。那时的典籍《易经》更被认为是中华吉祥文化集大成者，也是中华吉祥文化的重要源头。它通过测算、预测，再配合某些方法避害趋利。例如关于数字，《易经》中就将其分为吉祥运暗示数、次吉祥运暗示数、凶数运暗示数、首领运暗示数、财富运暗示数、艺能运暗示数、女德运暗示数、女性孤寡运暗示数、孤独运暗示数、刚情运暗示数、温和运暗示数等多种。《易经》认为，“一”最大最吉祥，是“太极”;“三”最佳,象征天地人融洽相处；“八”象征八卦；“五”“九”为九五之尊。“见龙在田”就是吉象,象征有可能遇见贵人,得到重用,走出徒有其志的困境。吉、利、永、贞、元、亨等字，也成为我国吉祥文化中最有典型吉祥意义的表述。

吉祥文化体现的心理和意识，来源于原始信仰。吉祥文化产生于古人对生活的不安全感。先民对大自然带来的一切灾难,对自身疾病、瘟疫和死亡充满迷惑和畏惧，为了寻找精神庇佑，就产生了万物有灵的观念，并且创造了图腾，用以凝聚力量，表达人们避邪求吉的心理，这就是原始信仰。原始信仰后来演化为复杂的民间信仰,形成对观音、财神、土地城隍及家神、自然神等这些臆想的神，以及神话中的人物，或者所谓的精灵等的信仰。古人把这些信仰的对象当成自己贿赂的对象，通过向它们烧香、磕头、许愿，让它们给自己带来利益，完全把崇拜对象看成是自己的保护神。民间信仰与禁忌十分庞杂，包括自然崇拜、动植物崇拜、神灵崇拜、巫术等，也包括民间原始宗教、道教、佛教，以及民间俗信等内容。

人们还赋予动植物以吉祥的象征。如以麒麟为仁兽，认为龙是中华民族的象征，凤为百鸟之王，龟象征尊贵、安闲、长寿。仙鹤、喜鹊、鸳鸯、鸽子、麋鹿、雄狮、猛虎、牛、马、大象、鲤鱼、蝴蝶、蜘蛛等，都被赋予吉祥美好的含义。而花草树木有花有果实，也能够表示吉祥意义，如梅、竹、松、南瓜、长春花、杞菊、槐、红豆、石榴、橘、佛手、芙蓉等。在生肖中，十二生肖都可以构成大量的吉祥用语，表达丰富美好的情感。又如，在端午节，人们把插艾和菖蒲作为节俗的重要内容之一。家家都洒扫庭除，以菖蒲、艾条插于门楣，悬于堂中。还用菖蒲、艾叶、榴花、蒜头、龙船花，制成人形或虎形，称为“艾人”“艾虎”；制成花环、佩饰，妇人争相佩戴，用以驱瘴。

早在几千年前的《诗经》等文学作品中就已经有了许多美好的词语，丰富了我国吉祥文化的审美宝库。它们通过名言警句、优美的篇章、美好的故事，成为吉祥文化重要的载体和重要的创新平台、传播渠道。

明清时期，我国吉祥文化发展到了高峰，突出表现在剪纸、年画、对联、建筑、陶瓷、玉器、菜名以及刺绣、印花、请安祝颂等事象中和社会交际生活的方方面面。

二、吉祥文化的展现

经过几千年中国传统文化的传承与发展，吉祥文化已经非常繁盛。吉祥文化广泛深刻地融入了大众生活，在节庆活动、衣食住行日常生活中，在语言交际、非语言交际过程中，在生产劳动、商贸往来中，在婚丧嫁娶、庆典仪式中，在宗教信仰、精神世界中，都蕴含着大量的吉祥文化因素。徐华龙先生在其《中国吉祥文化》一文中，将吉祥文化分为物体吉祥、行为吉祥、语言吉祥、文字吉祥和数字吉祥等五类。宁业高先生则在其《中国吉祥文化漫谈》一书中将吉祥文化分为语言文字吉祥、祝词贺语吉祥、人名称号吉祥、地舆政域吉祥、天文生物吉祥、时令人事吉祥、衣食住行吉祥等七类。

大量的吉祥语言、吉祥词语，构成了吉祥文化的主要内容。它包括文明礼貌语言、吉利话、誓语、寿福禄语、诫勉语、祈语、问候语、祝贺语、颂词、口彩语、谐音语、委婉语等，是中华民族吉祥文化的主要载体。例如，道光十七年（1837 年）《临清县志》载，旧时下催妆时男家向女家赠一雄鸡，迎亲时，女家将雄鸡配以雌鸡一同送还，俗称“长命鸡”。在给新人铺床时，要撒栗子、枣、花生于床的四周，并且配上一些口彩乞巧话，如“今年吃了栗子枣，明年生个大胖小儿”；娘家在女儿妆盒内也放些麸子、盐，寓贤惠、有福，也寓“福缘”；在送亲途中，队伍前有撒“大吉”帖的，“大吉”帖用四方红纸书一“吉”字，寓吉日良辰。

祭祀是民众生活中的重大活动。在祭品上，讲究三碗菜、三碗水饺，每碗三个水饺，顺“神三鬼四”之说以表示所敬者为“神”；把用榆树枝扎成的挂满纸钱的树状物叫“摇钱树”；烧祭用的纸叫“黄表”“元宝”“金锞子”；香折了忌说“断”，而说“存”。并且在祭奠时每每都有一套讨口彩的顺口溜，如祭灶时，就说“灶君上天，有啥说啥，多加美言，少说闲话”，或说“上天去，您多言好事；下界来，您广降吉祥”。

交际场合，也有很多吉祥事象。例如，宴席必上鱼。以“鱼”谐“余”，表示虽然宴席要结束了，但幸福、快乐没有完结，仍然有余。新人结婚时，亲戚、邻居多赠送红枣、栗子等吉祥之果。在这里用“枣”谐音“早”，用“栗子”谐音“立子”，借此祝福新郎、新娘早生贵子。新娘下轿后，扬烟、栗子、枣、花生于其全身及院落，寓早生子、多子多孙、烟火绵绵；新娘入洞房前要在一个红杌子上坐坐，叫“坐坐性”，寓让其驯服；新娘迈过门槛时，脚要踏糕和筷子，谐音“高”“快”，讨“步步高、快发财、快生子”的口彩。有的新娘进房后，登床走一圈，象征着踩倒婆婆全家，不受夫权管束；新娘坐定床沿，就要吃“宽心面”，也叫“长汤”，谓不想娘家，面条顺滑，寓顺利；然后吃糕，并且故意煮不熟，主持人问新娘“生不生”，新娘一定要回答“生”；新婚之夜要灯烛长明，叫燃“长命灯”，寓意夫妻白头到老。

几乎所有的民间节庆，均有吉祥事象。如山东大部分地区春节必做年糕、枣山、豆腐。鲁中地区还做“团圆饼”，祈求年年高、全家福。鲁东南地区做“合菜”，用粉丝、胡萝卜丝等凉拌而成，红绿相间鲜美可口，象征和睦。元宵节多以灯卜丰歉，灯节时间为正月十四至十六，十四主麦，十五主谷，十六主豆，“正月十五雪打灯，当年有个好收成”。

“中国古典民居是中国古人生活与社会活动及精神世界的展现，是人居和环境和谐统一思想的体现，也是中国古代吉祥文化和各种吉祥物的体现。”[①] 民居通过脊兽、影壁、门枕、墙、门等装饰，巧妙展示了吉祥文化。

房院建设过程中，也有很多吉利话。在选用建房木材时，往往以木材种类名称的谐音讨口彩，如用杏木做门，以求幸福；榆木做梁，以求余粮；松木做叉手，以求长寿。鲁西南地区喜欢用楝木做床，谐音“连子”。在安门窗时，要贴“昨日太公从此过，说是今日好安门”“安门大吉”“安窗大吉”“太公在此”的条幅或横幅。在上梁时要贴“上梁大吉”，以求吉利。梁上拴一红绸，吊一串铜钱，谐“十全”；门两边底石、影壁上刻、画蝙蝠、鹿，或书写“福”“禄”；院内多栽牡丹花、石榴树、槐树，把牡丹花称为“富贵花”，以为“榴开百子”“留子孙”。胶县（今山东省胶州市）有谚“门前一棵槐，不是进宝，就是招财”；滕县（今山东省滕州市）还有吃槐籽的祈子习俗，以求“怀子”。

此外，还有禳解时所用的一套吉利语，有的叫“巧话”，如吃了脏东西，便说“不干不净，吃了没病”；砸碎了器物，便说“旧的不去，新的不来”；钱物受了损失，便说“拿钱买寿，去钱消灾”。有的叫“顺口溜儿”，如杀鸡时，就说“鸡呀鸡，你别怪，你是我的一碗菜；有心不杀你，又怕那客来怪；罢呀罢，还是杀了罢”。有的很长，叫“佛儿”，如老太太抽烟时所唱：“我这个老嬷嬷儿八十八，耳不聋来眼不花，伸手摸起火镰匣儿，吃袋香烟解解乏。大儿做高官，二儿是探花；一对姑娘是灵芝草，一对媳妇是牡丹花。前院里一棵梧桐树，后院里一棵芙蓉花。梧桐树上落凤凰，一辈子一个状元郎，富贵荣华咱是头一家，我念弥陀佛。”

民众还喜欢吉利的数字，如衣扣的数量以单数为吉利，与扣眼合成双；送嫁妆、送粥米的人数喜双，取“成双成对”之意；以三、六、

---

① 陈燕：《浅析中国古典民居中的吉祥文化对旅游的影响》，《乐山师范学院学报》，2011年第26卷第5期，第78页。

九为吉祥数字，特别崇拜“六”，取“六六大顺”之意；又崇拜“八”，对“五一八”“八八八”等数字趋之若鹜；因为“七上八下”的成语，又崇拜“七”，寓意蒸蒸日上。

三、吉祥文化的表达

吉祥文化来自劳动，是在民众的生产劳动、社会生活、与自然和他人交往的过程中被发明创造、不断丰富、传承使用的。

首先，吉祥文化多用象征表意，即借助于一些常见的事物，表示吉祥的含义。例如春节时贴的对联，两句吉语，一方红纸，表示辞旧迎新，祈福增寿，内容多以耕读世家、万象更新、新春欢乐、福寿康宁、春山绿水、五谷丰登、繁荣昌盛为主。还要在床头贴“身体健康”，灯火处贴“小心烛火”，主屋正墙贴“招财进宝”，橱柜上贴“黄金万两”“鱼肉满橱”“衣服满柜”，院墙上贴“吉星高照”，牲畜栏门上贴“六畜兴旺”，车上贴“日行千里”或“牛行虎步，车动雷声”，门口对面墙、树上贴“出门见喜”，其他小件家具上，一律贴“酉”，谐“有”音，寓富有。除夕夜守岁，济宁曲阜一带要在中庭竖一竹竿，上悬灯笼，谓之“天灯”；济南平阴等地，使灯终夜常明，叫“长明灯”；而德州一带则将一捆谷草竖在天井之中点燃，用东西南北中五个方向代表五谷，谷草侧向何方，代表何处谷物来年丰收，叫“照天庭”“照田蚕”；济南长清则在大门外、村外烧蒿草“照天庭”；潍坊昌乐以“掌庭灯”代之；聊城东阿一带则布灯，陈设灯笼或拉出电灯来“照请”，旧时还烧“避瘟月”。这些活动，都具有一定象征意义。全家除夕吃的过年饭，也具有强烈的象征意义：一般主食是用大米和小米一块蒸的“干饭”或者水饺。菜肴讲究必须有鸡，寓“年年大吉”，有鱼，寓“连年有余”，全家人围坐在一桌，喝团圆酒。新年的第一顿水饺也很有讲究，鲁中一带常常包入花生、枣、栗子、钱币、糖块、麸皮等，祈求早得子、多子多福、人丁兴旺、生活甜蜜、发大财。煮水饺破时，不说“碎”“烂”“破”，而说“挣了”“挣了不少”，有时还故意弄碎几个，以讨口彩。

其次，谐音成趣。甲乙两个词语，甲词语的语音形式与乙词语的语音形式相同或相近，而乙词语又具有吉祥、文雅的意义内容，人们便以两词语语音相同为条件故意造成谐音双关，使两词的意义相沟通，以此喻彼，以求吉利。在此基础上形成某种风俗习惯，有的叫“意头”，有的叫“口彩”。民间春节贴福字，“福”以倒贴为好，讨“福到了”的口彩。为了强调谐音含义，民间还附会了许多故事。例如，贴福字据说是为了躲避姜子牙的老婆“穷神”，倒贴“福”字据说是马皇后为了避免朱元璋乱杀人。传说朱元璋让家家门上都贴“福”字，其中有户人家不识字，竟把“福”字贴倒了。第二天，皇帝上街查看，发现这家把“福”字贴倒了，大怒，命令御林军将这家人抓起来，满门抄斩。马皇后忙对朱元璋说：“这家人知道您今日来访，故意把福字贴倒的，这不是‘福到’的意思吗？”皇帝一听有道理，便下令放人。从此人们便将福字倒贴，一求吉利，二为纪念马皇后。在生育习俗方面，曲阜旧时习俗，女子婚后三年不生者，元宵夜到街上偷灯吃，一般偷刘姓（“刘”谐音“留”,寓意留住孩子）和戴姓（“戴”谐音“带”，寓意怀上孩子）的，民谣曰：“偷刘家的灯，当年吃了当年生；有了女孩叫灯哥，有了男孩叫灯成。”牟平、乳山、文登等地“剩”谐音“圣”，当地群众过春节蒸大饽饽临结束时，总要用剩下的几块小面团（有时干脆就是提前预备下的）捏几条头似龙或蛇、身上有刺的所谓“剩虫”。民间认为，有一种能使衣食剩余的神虫，老百姓用节日剩下的面团蒸“剩虫”，将它放在粮仓、囤子及衣橱里，祈求它会带来五谷丰登、衣食有余的好生活。此以“剩”寓“圣”,跟以“鱼”寓“余”有异曲同工之妙。“剩（圣）虫”是一个较常用的方言词。民间比喻某种东西长时间吃不完、用不完或者取不完，便会说“出来剩虫”了。这一带准备过门或过门不久的新媳妇，最希望穿上婆婆给她做的新棉裤，认为穿上婆家的棉裤，以后的新生活将会粮米成仓成库，吃穿不愁，家业兴旺。而婆婆常乐于满足儿媳这一不高的要求。其实，棉裤事小，讨个吉利事大。以“裤”谐“库”，取其寄托之义。

同样的，甲乙两词语音相同，而乙词语的内容与死亡、灾难等不吉利的意思有关，民间便采取某种方式加以避讳。避讳也是为了吉祥。古时候的渔民在渔业生产中缺乏安全保障，遇风浪造成翻船、死人的事情常有发生。久而久之，渔民们便形成一些求平安、保康宁、图吉利的迷信习俗。为了避开“翻船”的“翻”，甚至也避开与“翻”字相同的音，就称翻身为“划身儿”“划个儿”，称“帆”为“篷”，称“帆船”为“篷船”。为避开“完了”“了了”的说法，打完一船鱼叫“满了”，把酒喝完叫“把酒满出来”，如此等等。每到过年之时，胶东一带就要蒸一种很大的馒头，叫作“大饽饽”。蒸的时候，由于火势很猛，常常使大饽饽裂开口子，当地人叫“笑了”，从不说“裂口子”。笑是人的动作，当地人赋予饽饽“笑”的动作，更增加了喜庆色彩。

再次，还用冠以喜庆吉祥的字、词去称代、比喻事物。如用“喜”冠以生育词语，求子叫“拴喜”，怀孕叫“有喜”“害喜”，生孩子叫“添喜”，并到娘家“报喜”，备“喜蛋”。小孩出生后直到成年之前，又以红色庇佑其无病无灾，健康生长，如戴红肚巾、扎红腰带、钉红衣领子；每年端午节，用红布缝小鸡在帽子或衣袖上，再串上辣椒种，取名“鸡餐豆”，以祈不生水痘。传统的风筝多用人物、走兽、花鸟、器物等形象，或者民间喜闻乐见的神话故事，寓意福寿双全、连年有余、四季平安。

此外，还直接使用唱词，用表演性质的语言，表达吉祥的含义，有的叫“佛歌”，有的叫“巧话”。例如，大年初一敬天地，就有相关的吉祥歌词，供人们念叨：“大年初一天气寒，多拜老天一整年。金香炉，银供桌，两把烧香往上搓。五个供，五个馍，五碗干菜随和着，满堂儿女把头磕。”泰安则有上供歌：“大年五更地里寒，灶王老天整一年，金香炉，玉石桌，五碗供，三盘馍，五碗扁食往上托。先烧元宝后烧纸，大男小女把头磕，南无阿弥陀佛。”

最后，使用禁忌进行禁限，也是吉祥文化的一种表现方式。对于出行，从“父母在，不远游”，到“老不上北，少不上南”“老不入川，少不游广”，就是一种禁忌。旧时人出行忌“黑道日”，即每月的初五、十五、二十五不利出行；而“杨公忌”之日更是禁忌出门，即正月十三、二月十一、三月初九、四月初七、五月初五、六月初三、七月初一、七月二十九、八月二十七、九月二十五、十月二十三、十一月二十一、十二月十九，这些日子忌出行。时至今日，“三六九，向外走；二五八，赶回家”仍是大众的普遍习惯。

四、吉祥文化的传承

几千年来，中华传统吉祥文化随着中华民族优秀传统文化的传承创新，一直展现着鲜活的生命力，展现着我们民族的文化心理、文化渊源、情感方式，展现着伟大中华民族追求幸福、平安的美好愿望。

吉祥文化的传承是全面的。生产生活中节庆、交际、商贸、婚嫁以及姓名等各类吉祥文化都在继承中发展，在传承中创新。

姓名。不只是一个符号，在很大程度上，姓名代表的是父辈对后代的希冀。以前有的人家都会花钱请算命先生测孩子的生辰八字，通过五行（即金、木、水、火、土）的旺衰，预测未来喜忌，再用与五行相应的字命名。

年画。年画、剪纸等民间艺术，传承着吉祥文化。年画是喜庆、吉祥之物，能给新年带来好兆头；剪纸、红灯笼、鞭炮、窗花、福字，现在仍然是过春节的标志，烘托着喜气洋洋的节庆氛围。

中国结。一根线绳缠来绕去，环环相扣呈“八”字形，就叫“八结”，又叫“八吉”，原本是佛教法物的“八吉祥”之一，后成为民众喜欢的挂饰。

纪念币。通过经艺术设计的寿桃、蝙蝠、南瓜、藤蔓、莲花、鲤鱼、鸳鸯、并蒂莲等纹饰、图案、符号，再用借喻、比拟、双关、谐音、象征等手法，以此表现中国人的生命意识、审美情趣和民族性格。中国人民银行发行的2015年吉祥文化金银纪念币一套8枚，其中金币4枚，银币4枚。该套吉祥文化金银纪念币分别表现“五福拱寿”“瓜瓞绵绵”“年年有余”“并蒂同心”四大中华传统吉祥文化，为纪念币增添了一抹浓浓的吉祥色彩。

商标。商标是生产者在其商品或者经营标记上，由文字、图形或两者组合构成的，用于区别商品或者服务来源，具有显著特征的标志。借鉴传统吉祥文化，充分体现民族文化价值和意义的设计理念，用吉祥图案的“形”“意”“色”在商标中的创新再现，实现了形式美、形象美、意味美。①

吉祥物。南京举办的中国第十届全运会的吉祥物“金麟”，既是古都“金陵”的谐音，同时也是传统吉祥物麒麟。2008年北京奥运会的会徽采用的是中国印，使用了吉祥色中国红。而2008年奥运会的吉祥物福娃系列更是传统吉祥符号的生动体现。

为了系统展现和传播中华吉祥文化，我们民俗学会的几位同仁从十年前便召开了一系列的吉祥文化研讨会，例如枣庄石榴与吉祥文化研讨会、聊城葫芦与吉祥文化研讨会，开始酝酿研究各类吉祥文化事象，提出了大约十几个选题，准备出版一套有关吉祥文化研究与普及的小丛书，并开始撰写各个选题的初稿。由于同仁工作变动等原因，原定的十几个选题，至今只陆续完成了九部，分别为语言卷、文字卷、服饰卷、饮食卷、商贸卷、民间艺术卷、民间信仰卷、动物卷、人生礼仪卷。

由于吉祥文化研究的融合度大，学术的边际范畴划分模糊，广义

① 参见陈苹：《论中国吉祥文化在商标设计中的运用与创新》，硕士学位论文，苏州大学，2007。

概念很大，狭义概念难以明确，所以，在写作过程中，我们确定了一些原则，首先，必须是吉祥事象、吉祥含义、吉祥语言，不论是哪一卷，所描述、叙写、论述的内容，必须具有吉祥的意义，以示与其他文化的区别。其次，对于相同的吉祥文化载体，按照各卷角度的不同，进行叙述和描写，各卷之间相互独立，单独成书。

还有一点需要说明：在语言风格、叙述描写、论述评价等方面，我们没有强求一致，体例上只划分了一级、二级标题，制订了一些写作规范要求，以便于各位作者能够呈现出各自的风采。

习近平总书记提出了“文化自信”这个宏大而坚定的命题，这给中华优秀传统文化研究和普及带来了又一个春天。泰山出版社高度重视这个选题，积极组织、多次协调，保证了这套书的出版。各位作者对原稿又加大了修改力度，最终使书稿定型为现在的这个样子。张廷兴、王加华两位教授统筹书稿，反复审阅，付出了心血。在此，我作为主编，对他们表示真诚的感谢。盼望本丛书能给读者带来对中华吉祥文化较为系统和感性的认知，一起弘扬中华民族的优秀传统文化。

是为序。

刘德龙

2018 年 5 月 30 日

目 录

前　言

中华饮食文化博大精深、源远流长，在世界上享有很高的声誉，中国美食也得到了广大食者的称赞与青睐。其根本的原因，除了精湛的制作技艺之外，更在于中华饮食文化具有深厚的历史积淀与文化底蕴。在中国广大民众的生活中，许多食物以及饮食的过程所包含的意义已经远远不止于果腹这样的简单，人们赋予食物、宴饮礼仪吉祥寓意，使其成为有象征意义的民俗事象，蕴含丰富的文化内涵。

从民俗学或者是文化人类学的角度来看，在中国传统岁时节日、生活礼仪、人情往来交流等活动中，几乎都有各色食物和丰富多彩的饮食过程的参与，而这些食物和饮食过程都被赋予了与民众生活息息相关的祥和、吉庆、平安、祈福等寓意。如今，几乎在每个节日、每种礼仪活动中，食物的寓意都远远超出了本身原有的“食用”价值，成为代表吉祥、快乐、祥和、祈福的象征。尽管这些吉祥食品所蕴含的象征意义与文化意象表征在不同的节日、不同的礼仪活动、不同的地域文化圈、不同的年代中有所差异与变化，但被历代人们所传承则是不争的事实。

本书是从民俗学和文化人类学的角度，以我国民间长期以来，通过对生产制作食物的过程和饮食活动所积淀的求吉祈福的种种民俗事象的记录与论述，充分表现和反映了中华民族的饮食习俗所折射出来的精神状态——向往美好生活、积极向上的生活理念与人生态度。借助食物寓意和饮食行为来祈求生活的吉庆祥和、幸福安康，是中华民族追求美好生活的一种行为模式。

书中所展现的是中国人的饮食行为、饮食习俗、特色食品与吉祥文化的密切关系。人们通过饮食活动赋予许多食品吉祥意义的行为，来自长期以来人们与大自然和谐相处的文化积累。本书共分为五章：

第一章，饮食文化中的吉祥意义。本章以我国民间的各种节日吉祥食品和饮食活动为例，探讨和揭示我国民间的各种节日吉祥食品与饮食活动所具有的文化意象与符号功能。通过对我国节日吉祥食品的成因与传承、社会功能，以及节日吉祥食品中所折射出的民族心理特征进行分析、研究，展示了中华民族健康向上、积极进取的人生观。

第二章，年俗饮食中的吉祥寓意。重点对中国人在春节期间的饮食行为与具有代表性的吉祥食品进行叙述。其代表性的吉祥食品包括“南北咸宜的年糕”“北方人过年独爱的饺子”“南方过年团聚有汤圆”等，充分展现我国人民在重大节日祈福的趋吉心理与丰富多彩的民俗事象。

第三章，传统节日中的趋吉寄托。本章选择一年四季岁时节俗的各色代表吉祥食品，从春盘、子推燕、乌米饭、粽子、巧馃、月饼、重阳糕、馄饨、腊八粥等特色食品来反映中华民族借助食品祈求幸福吉祥的心理特征,着力展现中华民族在饮食中的创新智慧与聪明才智。

第四章，礼俗饮食中的祥瑞人生。人生无不有生老病死、婚娶寿诞，这些活动也是与饮食礼俗密切相关，而中国人同样赋予其吉祥的寓意。几乎每一位中华儿女都是这些民俗事象的体验者和吉祥饮食文化的感受者。

第五章，日常饮食中的祈福情愫。本章专论日常饮食行为中的求吉活动与心理表现。而恰恰就是在这些日常生活中，人们同样把一些追求幸福、吉祥、安康、和乐、欢乐的寓意与饮食活动联系起来，反映出大众普遍的祈福情愫。

也许，今天的年轻人无法理解将大枣和栗子组合在一起，就可以“实现”早生贵子的家庭理想和心理愿望；抑或无法明白大年三十晚上吃上一顿水饺就可以“达成”辞旧迎新的美好愿望……

其实，饮食与吉祥文化的合理性与科学性无须求证。因为古往今来，人们从来都没有放弃对美好生活的追求，而当这种心理需求需要借助饮食行为或食物来表达的时候，自然就有了它的合理性与民俗学的意义。历史证明，人们在物资匮乏、生活艰辛的时候追求幸福吉祥、平安富有，到了生活水平日益提高的今天，人们仍在祈求，并希望得到永远的吉庆祥和。

人们追求吉庆、祥和、幸福、安康等愿望一如既往，古今皆然。那么，如果想了解我国自古以来饮食与吉祥文化的关系和丰富多彩的民俗事象，就请你走进具体讲述中国饮食与吉祥文化的这本书吧！

第一章　饮食文化中的吉祥意义

食品和饮食活动在人类文明、文化进程中所表现出来的种种民俗文化事象，是在人类的日常生活中逐渐积累而成的，是一种文化的积淀。研究中华民族丰富多彩的饮食民俗事象与吉祥文化的关系，是一个庞大复杂的课题。本章以我国民间的各种节日吉祥食品和饮食活动为例，探讨我国民间的各种节日吉祥食品与饮食活动所具有的文化意象与符号功能。广大民众通过食品与饮食活动求吉祈福的行为模式，可以说是整个中华民族文化需求与文化创造的一个缩影。

一、吉祥食品的源流与传承

研究我国丰富多彩的节日吉祥食品的文化意象与符号功能，就必须从探讨节日吉祥食品的形成开始。先前已有许多学者进行了广泛深入的研究，虽然对各个不同类型的节日吉祥食品的形成因素众说纷纭，但研究成果洋洋大观，足可借鉴。本书仅把已有的研究成果汇总梳理，为下文主要观点的阐述提供足够的素材和依据，不再对各种节日吉祥食品的形成因素详加探究和表述。

流行于我国民间主要的、典型的节日吉祥食品，大致有下列几种：

1．饺子

饺子是我国春节期间最具标志性的节日吉祥食品之一，主要有送旧迎新、招财进宝等吉祥含义，在我国北方的麦作地区广为流行。

2．年糕

年糕也是我国春节期间最具标志性的节日吉祥食品之一，主要有节节高升、年年发财、甜甜蜜蜜等寓意，与饺子相比，它的覆盖范围更加广泛，是我国南北方民间过年通用的吉祥食品。

3．元宵（或汤圆、汤团）

元宵是我国元宵节的标志性节日吉祥食品之一，主要有阖家团圆、快乐甜蜜、热热闹闹的象征意义。北方人习惯上称为元宵，南方人则叫作汤圆或汤团。元宵和汤圆的原料基本是一样的，但由于加工方式不同而有所区别。通俗地讲，元宵是“滚”出来的，而汤圆则是“包”出来的，都有包财富、包甜蜜的寓意。

4．团圆饼

团圆饼是我国北方民间元宵节常见的节日吉祥食品之一，主要有阖家团聚、圆圆满满、甜蜜热闹的象征意义。元宵节在北方又被称为“团圆节”，老百姓在此日用面团制作成“团圆饼”，用以寄寓全家人团聚、团圆之意。

5．太阳糕、煎饼

太阳糕和煎饼是我国农历“二月二”的标志性节日吉祥食品。“二月二”在民间又被称为“龙抬头”，是中国重要的传统节日。吉祥食品太阳糕，具有太阳东升、喜迎龙抬头之意，而煎饼民间俗信具有“补天”的含义。

6．面燕、鸡蛋

面燕、鸡蛋是我国清明节的标志性节日吉祥食品，尤其在我国北方民间广为流行。面燕，又叫子推燕，是用蓬松富有弹性的发酵面团加工而成的，其造型精致千姿百态，有展翅独飞、双燕齐舞、老燕背雏等，有喜迎春天的意义。煮鸡蛋则是清明节不可缺少的食品，旧时有雕卵、画卵的习俗，因熟鸡蛋蛋清和蛋黄泾渭分明，古人还取天清地沉的岁时象征，后来逐渐增加了快乐幸福的意象。

7．粽子

端午节是我国民间的四大传统节日之一，而粽子是其典型的节日食品。粽子，古代人称为“角黍”，是我国南北方皆尚的食品，各地风味虽然各不相同，但其形制与含义却是一样的。

8. 巧馃

巧馃是我国七巧节的标志性节日吉祥食品之一，是过去女性特别是未婚女孩用来“乞巧”的主要用品。巧馃，有的地方又叫“小面馃子”，品种繁多，造型精美，是用一种特殊的模具按压面团制作而成的。形状大抵有金鱼、金蝉、莲蓬、莲叶、佛手、如意、葫芦等，而且各有不同的吉祥寓意。

9. 月饼

月饼是我国中秋节标志性的节日吉祥食品之一，南北皆尚，具有象征团圆、团聚、圆满、合欢等蕴意，同时还具有观天赏月、亲近自然的表征。月饼不仅种类繁多，口味不同，而且形态、大小也不尽相同，可谓丰富多彩。

10. 重阳糕

重阳糕是我国重阳节的标志性节日吉祥食品之一，具有岁岁登高、趋吉禳灾、健康长寿等多种寓意。

11. 腊八粥

腊八粥为我国腊八节的标志性节日吉祥食品之一，除了具有佛家纪念意义之外，还具有祈福、增益保健、五谷丰登等寓意。

在我国，类似的节日代表性吉祥食品还有很多，在此仅选取了较有代表性的节日吉祥食品。

二、节日吉祥食品的成因

每一种节日吉祥食品的形成和发展，都是有一定的背景因素的。

了解每一种节日吉祥食品的形成因素，对于揭示某种节日吉祥食品的文化含义和民俗学意义尤为重要。但基于本书容量的限制，不能够对上文所列举的典型节日吉祥食品一一解析。下面仅选取 5 种形成历史较为久远、影响力较大、传播面较广，且富有典型代表意义的节日吉祥食品进行粗略的历史脉络介绍，以分析它们的形成因素与流变的轨迹。

1. 饺子

饺子在我国，特别是在我国北方的民间，是传播面最广的节日吉祥食品。但它究竟诞生于何时，目前在学术界仍有颇多争议。1978年考古工作者在山东滕州市的薛国古城遗址中挖掘出一盒白色包馅食品，其形状与大小均与今天的饺子类似，研究者一致认为，这些食品就是现在的饺子。薛国是我国西周时期的一个小国，距我国文化圣人孔子的家乡鲁国的曲阜城，不过60余公里。生活于春秋末期的孔子是否吃过饺子，史籍无载，也就不得而知了。若薛国古城遗址的考古成果最终得到证实的话，那么，我们今天所吃的饺子至少有两千五百年的历史了。除此，尚有唐代出土的饺子实物，其造型与距唐朝一千多年前的薛国饺子一脉相承。然而，有文字记载的饺子一类的食品，却是在南北朝时期，但当时并不叫饺子，而是名曰馄饨。在北朝人颜之推的《颜氏家训》中有“今之馄饨，形如偃月，天下通食”的记载。所描述的形状与现今的饺子完全相同，而“天下通食”又说明这种食品在当时已经非常普遍了。其后，饺子名称历代有所不同，史料多有所载。唐代有“牢丸”的称谓，宋代又有“角子”的叫法，或曰“馎饳”，明清以降又有“馄饨”“水包子”“扁食”“煮饽饽”“子孙饽饽”等名称，不一而足。仅仅饺子的不同名称就反映出饺子在其发展过程中，经历了一段曲折而又漫长的岁月，亦是一个不断成熟和完善的过程。目前所掌握的较为可靠的文献记录，以及历史学者与民俗学者的研究成果表明，饺子被人们作为春节的标志性食品，始于我国明代。关于“饺子”名字的来历，许多学者认为与求吉祈福有关。一种观点认为，“饺子”见诸文字虽然较晚，但它与宋代钱币“交子”谐音，于是人们赋予饺子金钱、财富的象征，并创造了“饺”这一专用字。也有学者认为，农历腊月最后一天子时（大年三十晚上），是迎新辞旧两年交替的时刻（子时相交），而此时所吃的饺子又有阴阳转换之意，所以“交子”之夜就是最好的表征，自然含有旧去新来、阴沉阳生之意，也充满了对未来美好生活的希望。[①]

2. 元宵

中国的农历正月十五是元宵节，这一天无论南方北方，老百姓都要吃元宵。古人曾把一年中的正月十五称作“上元节”，七月十五叫“中元节”，十月十五为“下元节”，我国民间特别重视上元节，因为它在新的一年中被人们首先迎来。俗语说：“一年明月打头圆。”月亮出来的时候是在夜间，“夜”古人又称“宵”，因此上元节之夜又称为“元夜”，也叫“元宵”。有关研究表明，元宵节始于汉朝，至今已有两千多年的历史。据载汉惠帝刘盈死后，吕后篡权，吕后死后，周勃、陈平等于正月十五扫除诸吕，拥戴刘恒为汉文帝。刘恒广施仁政，除灾救贫，治国有方，汉王朝得以东山再起，由衰转盛。为了纪念扫除诸吕的成功，汉文帝于正月十五日出宫与百姓通宵达旦共同庆贺，从此之后便把正月十五定为元宵节。元宵节这一天，后人又有挂灯的习俗，因此又称为“灯节”。元宵节吃元宵意为团圆吉利，又有迎春的说法。元宵见诸文字大约是在唐代，唐段成式《酉阳杂俎》有“牢丸”的记载，有学者认为当为后世的元宵。到了宋代已广泛流行，宋姜白石《观灯口号十首》中有“贵客钩帘看御街，市中珍品一时来。帘前花架无行路，不得金钱不肯回”的描述，其中“市中珍品”就是指元宵。宋周必大《元宵煮浮圆子前辈似未尝赋此坐间成四韵》有“星灿乌云里，珠浮浊水中”之诗句，其中的浮圆子就是汤圆。后来因浮圆子是元宵节专用食品，遂称之为“元宵”。现今正月十五吃元宵尚有祝福全家人健康、快乐、幸福之意。元宵与其他节日吉祥食品一样，除在元宵节专门食用外，还在不少习俗中扮演着重要角色。在广东饶平县，男女双方相亲时，男方征询女方是否同意二人婚事，而女方不好意思答复，为此以五个汤圆作答。如果五个汤圆全部有馅，说明女方同意这

① 参见吕微：《神话何为——神圣叙事的传承与阐释》，社会科学文献出版社，2001，第20页。

门亲事；如果三个有馅，说明女方尚在考虑中；如果全部无馅，说明女方拒绝与男方结亲。元宵还是中国人馈赠亲朋好友的佳品，特别在正月十五去串亲时，带去各式元宵是祝福其全家一年团聚、康乐幸福的最佳选择。在我国广大农村，尤其是在南方，每逢正月十五，都用元宵祭献祖先，以示先祖列宗之亡灵与活着的家人共度良宵佳节，也有祈求先祖保佑家人的愿望。

3．粽子

端午节吃粽子的习俗在我国源远流长，它既有阴阳和合包裹一体的含义，又有纪念爱国诗人屈原的意义。粽子原名角黍。据《太平御览》引西晋周处所著《风土记》载："俗以菰叶裹黍米，以淳浓灰汁煮之，令烂熟，于五月五日及夏至啖之，一名粽，一名角黍。"证明晋时人们就有吃粽子的习俗了。该书尚有"谓为角黍，人并以新竹为筒粽"的记载。早期的粽子只有角黍、筒粽两种，极为单调。到了唐代，粽子已发展为美味食品，并有专门制作和经销粽子的店铺，不仅制作工艺变得越来越精细，其品种也增加很多。筒粽也于此时发展为使用竹叶、苇叶等包裹糯米的制作方式。据陈元靓《岁时广记》引《岁时杂记》一书记曰："端午粽子，名品甚多，形制不一。有角粽、菱粽、锥粽、筒粽、秤锤粽，又有九子粽。"到了明朝，粽子的制作花样增多，粽子的馅也随之多样化，有豆沙、松仁、枣子、猪肉、胡桃等。清代，粽子馅出现用火腿调制的，并流传至今。近年还有用牛奶泡糯米包成的奶香粽。粽子发展到今天，花样繁多。关于五月端午包粽子、吃粽子的风俗，在民间还流传着一段生动的故事：战国时期，楚国大夫屈原，博闻强识，明于治乱，长于辞令，曾辅佐楚怀王治理楚国，任左徒、三闾大夫等职。后因楚怀王近臣诬陷去职，被流放于江南，并于公元前 278 年夏历五月初五投汨罗江以身殉国。屈原死后，人们不忍让江里的蛟龙吞噬他的身体，就以竹筒装米投入江中，使江中蛟龙不食屈原尸体，以寄托对屈原的哀思。这一传说在南朝梁吴均的《续齐谐记》中有记述。后来人们又改用箬叶包米投江，当然，除了投入汨罗江中外，老百姓也留作食用，就有了今天的粽子。关于粽子的问世还有另一种传说：远古时候，端午节是祭祀龙神的宗教节日。古称“百越”的南方民族自称是龙的子孙，他们认为龙具有最大的法力，视龙为全民族的保护神，在每年农历五月初五都要举办盛大的图腾祭祀活动，将各种美味佳肴装入竹筒或裹上树叶，一部分投入江中献给神吃，一部分自己食用。每年的这一天，年轻人划龙船竞渡。并用树叶、竹筒包裹米煮熟后投入江中，称之为粽子或筒粽。由此粽子被赋予阴阳和合、追念故人、祭祀神灵等多样的民俗吉祥寓意。

4. 月饼

月饼是中秋节的标志性食品，但关于月饼的起源却众说纷纭。古人举办祭祀日月仪式都以食物当供品的，月饼就是其中一种。我国唐朝初期，中秋节已有赏月、拜月的习俗。据民间传说，唐高祖李渊在位时，西域的突厥人屡屡侵犯中原，高祖便命令李靖出征。李靖不仅能够身先士卒，率部众英勇作战，而且指挥有方，多次击败突厥人。有一年正值中秋佳节李靖凯旋，唐高祖便设宴为其庆功，席间唐高祖兴高采烈地手持吐蕃的一种华丽的圆形面饼，指着天上的明月说：“应将胡饼邀蟾蜍”，遂得此饼分给群臣共同食用。大家围在一起，庆祝节日的欢乐和战争的胜利。从此，中秋吃圆形面饼的习俗便代代相传至今，并被赋予团圆之寓意。到了宋朝，月饼已在民间广为流行，而且制作颇为讲究。苏东坡的诗中就有“小饼如嚼月，中有酥与饴”的描述，可见宋时月饼的馅料已经很有特色了。但月饼的起源在民间还有一个传说：相传在元朝年间，张士诚暗中串联广大民众，利用中秋互赠麦饼的机会，在饼中夹带字条，约定八月十五日月圆时举行反元的起义，胜利后大家欢聚一堂，共同庆祝胜利。从此之后每年的这一天，人们就用圆形的麦饼庆祝胜利，这就是后来月饼的雏形。在山东等地民间至今仍流传着“吃月饼，杀鞑子”的说法。麦饼是一种圆饼，承袭了吃月饼的习俗。到了明代，民间在中秋节吃月饼的习俗盛行，有关记载在明代的史籍中比比皆是。如明代沈榜所著专记北京习俗的

《宛署杂记·卷十七·民风》中说："八月馈月饼"，并注："士庶家俱以是月造面饼相遗，大小不等，呼为月饼。市肆以果为馅，巧名异状，有一饼值数百钱者。"明田汝成《西湖游览志余·熙朝乐事》中，记有杭州中秋节吃月饼的风俗："八月十五日谓之中秋，民间以月饼相遗，取团圆之义。"月饼最初只是家庭制作，以小麦粉作皮，包上馅蒸制或烤制。大致的工艺是先用猪油和面，反复揉搓成面团，然后包上用枣泥、豆沙等做成的馅料，最后摆放入能加热的铁盒里，加盖烤熟。清乾隆年间，袁枚在所撰写的《随园食单》中介绍说："刘方伯月饼：用山东飞面，作酥为皮，中用松仁、核桃仁、瓜子仁为细末，微加冰糖和猪油作馅。食之不觉甚甜，而香松柔腻，迥异寻常。"清代月饼制作技术得到了发展，具有馅好、味鲜、形美、皮酥的特点。饼面上印有"嫦娥奔月""三潭印月"以及福禄寿喜等吉祥图案。在当时的北京，所制月饼更是独具特色。据清人富察敦崇《燕京岁时记》记载："中秋月饼以前门致美斋者为京都第一，他处不足食也。至供月月饼到处皆有，大者尺余，上绘月宫蟾兔之形。有祭毕而食者，有留至除夕而食者，谓之团圆饼。"到了近代，月饼种类更是繁杂多样，甜、咸、荤、素各有特点，色、香、味、形俱佳。如今，月饼已成为特色鲜明的日常糕点，只不过多在农历的八月十五日前后集中上市而已。而在历史发展中积淀在月饼中阖家团圆的象征、祀月拜月的象征、战事胜利的象征等传承至今。

5. 重阳糕

重阳节这一天，各地民间均有吃"重阳糕"的习俗，具有趋吉避祸、祈愿老人长寿的含义。我国北方传统的重阳糕是用面粉面为主料蒸制的一种面食，辅料多有大枣、栗子或肉等，古人把它叫作"饵"。南朝梁宗懔《荆楚岁时记》中记载："今北人亦重此节（指重阳节），佩茱萸，食饵，饮菊花酒，云令人长寿。"晋葛洪《西京杂记》亦说；"九月九日，佩茱萸，食蓬饵，饮菊花酒，云令人长寿……"这说明重阳糕在魏晋时期已经非常流行。唐宋以来，在沿袭的基础上把重阳糕的形制也固定了下来。宋孟元老《东京梦华录》记载："(重阳节)前一二日，各以粉面蒸糕遗送，上插煎彩小旗，掺饤果实，如石榴子、栗子黄、银杏、松子肉之类。又以粉作狮子蛮王之状，置于糕上，谓之'狮蛮'。"在宋代的《梦粱录》和《武林旧事》中都有所记载，当年临安（今浙江杭州）的重阳糕与北宋汴梁（今河南开封）的形制大致相同。虽然这种"重阳糕"的形式在以后的年代中有所变化，但是仍保留了宋代的造型风格，而且其中寓意年长寿高的理念越来越被人们看重。清潘荣陛在《帝京岁时纪胜》中谈到重阳糕时说："京师重阳节花糕极胜。有油糖果炉作者，有发面醢果蒸成者，有江米黄米捣成者，皆剪五色彩旗以为标帜。市人争买，供家堂，馈亲友。"清代重阳糕的制作虽然简单些，但都插有小彩旗，还保持了宋代"重阳糕"的流风余韵。以"重阳糕"这种食品来替代古人攀山登高以趋吉避灾的习俗，并由此形成"重阳糕"登高望远、避祸禳灾、步步高升、健康长寿等多重民俗吉祥寓意。

三、吉祥食品的社会功能

从民俗学或者文化人类学的角度来看，中国传统的节日吉祥食品已经远远超出了食品原有的"食用"价值，而成为代表某个节日的符号。当我们提到或者看到某种节日吉祥食品的时候，首先想到的不是食用，而是凝聚其中的许许多多的文化意蕴。因此，节日吉祥食品像是一个符号，传递给人们关于某个节日以及与节日相关的吉祥寓意等信息。尽管节日吉祥食品所蕴含的符号意义在不同的节日、不同的地域、不同的文化圈、不同的年代中有所差异。

节日吉祥食品在其产生和发展的历史进程中积淀的文化元素是丰富多彩的，而且由于不同的节日有不同的意义，各节日吉祥食品的符号表征也不尽相同。但是它们还是有着一些共性的。总体说来，节日吉祥食品的符号表征大致有如下几个方面。

（一）美食表征

无论是由于何种原因形成的节日吉祥食品，如前文所述的水饺、元宵、粽子、月饼、重阳糕等，它们在节日首先要表征的意义是“美食”。这里讲的“美食”更是指文化意味上的“美食”。这些节日“美食”较之日常生活中的一日三餐，在用料上、质量上、形态上都要优良很多，而且各具吉祥含义。那么，我国的节日吉祥食品为什么都是“美味食品”呢？

我国大多数传统节日吉祥食品的起源与原始的信仰崇拜、祭祀活动有关。人们自古以来就有“敬神如事人”的观念，在祭祀活动中把自己认为最美好的食品敬献给自己奉祀的对象，以为所喜欢的，也就是天地神祇、祖先魂灵所喜好的。毕竟祭祀的食品是用来敬献天地神祇、列祖列宗，以换取他们的佑护和赐福的。因而，节日吉祥食品必须是美食的代表。

从另一层面看，一年之中有频率出现的节日食品，不仅起到调节生活节奏的作用，而且也是调剂饮食，改善生活的一种有益方式。这就是民间的所谓“犒劳”之说。有民俗专家发现中国传统节日的出现频率与人的生理营养需求补给周期相吻合，颇合科学饮食的道理。

（二）寓意象征

饺子象征财富，元宵、月饼象征团圆，粽子代表追念，重阳糕具有生活步步高之意……每一种节日吉祥食品都有一种或几种美好的寓意，象征吉祥如意或人丁兴旺等，这是中国传统节日吉祥食品较为显著的符号表征之一。

所有的节日食品都具有一定的美好寓意，民间也因此把它们称为“吉庆食品”或“吉祥食品”，个中道理不言而喻。由于节日吉祥食品一般都具有寓意美好的符号表征，所以我国民间总是用吉祥食品作为过节时亲朋好友之间相互馈赠的礼品。

（三）信仰表征

许多民俗学者认为，元宵代表星星，月饼就是月亮的化身，太阳糕、重阳糕代表太阳，粽子具有体现阴阳结合的象征等。其实，就连北方民间过年蒸制的各色“礼馍”，大多都是动物（如十二生肖等），以及牡丹、元宝等象征吉祥、财富的形象。这些节日吉祥食品的造型巧妙地体现了人们寄寓其中的信仰表征。从某种意义来说，节日吉祥食品又是一种反映早期人类对大自然中的动物、植物、天体及种种自然现象原始崇拜与信仰的表征符号，尤其是被用于节日庆典、祭祀等仪式的时候。下面所列出的是在祭祀中部分摆供食品的吉祥含义。

柿子象征着事事顺利，有利市之意；

菠萝与南方方言“旺来”谐音，有好事旺来之意；

梨多用于摆供，有远离厄运的寓意；

苹果有祈愿平安的意思；

桃子的“桃”与“逃”谐音，摆供时多与梨并排，有逃离厄运、摆脱困境的意思；

香蕉与南方方言“快招”谐音，有好事相招的意思；

柑橘有事事、时时吉利之意；

甘蔗象征生活甘甜如蜜，有节节高升之意；

佛手柑形似佛之手，是保佑多福多寿的意思；

瓜藤类水果有瓜瓞绵延、美好生活长长久久的意思；

发粿象征发财、发达、发展之意；

年糕有年年高升之意；

寿桃有长寿之意；

红龟糕在南方民间多用，有吉祥、长寿、喜庆之意；

汤圆有圆满、团圆之意，是南方年节供桌必备之品；

粽子，“包粽子”与“包中”谐音，有金榜题名、高票当选之意；

豆干的“干”与“官”谐音，象征升官发财；

糖果有甜甜蜜蜜之意；

面条有长寿之意；

鸡在南方方言中与“家”谐音，有起家、成家立业之意；在北方方言中与“吉”同音，有大吉大利之意；

芹菜寓意勤奋发财；

萝卜在南方称为“菜头”，寓意好彩头；

大葱有聪明之意；

大蒜一般与大葱并用，有聪明伶俐，善于计划，精明发家之意；

韭菜象征长长久久有余财；

酒有长长久久之意。

（四）节俗表征

由于每一种节日吉祥食品都是相应节日的专用食品，所以人们一见到某种节日吉祥食品首先就会与节日联系起来。也就是说，哪个节日吃哪种食品已经成为人们的思维定势。这就是节日吉祥食品的节俗表征功能。尽管许多节日吉祥食品已经成为人们随时随地可以买到、吃到的食品，但其清晰的节俗表征功能依然存在，并且在人民生活中代代相传。

节日吉祥食品的节俗表征功能不仅表现在对某种节日的定义上，而且表现在其所包含的礼仪习俗、宗教内涵中。一般来说，节俗表征内容在相当长的一段时间内是不容易被更改的，即便有些内容改变，也是在漫长的生活中积渐而成。

（五）娱乐表征

在北方民间，七月七日的标志性节日吉祥食品“巧馃”，是用各种木制模具（也叫馃模）加工而成的，小巧玲珑，花样繁多，小孩子们可以用各色丝线把它们穿成串，挂在脖子上、床头的墙上，用来欣赏。同一乡里的孩子们还把自己的“巧馃串”互相比较，看谁的巧馃多，串子长、漂亮，具有明显的娱乐性。其实，许多节日吉祥食品都有活跃节日气氛的功能。比如，北方人家的元宵是在簸箩里用糯米粉“滚”出来的，这种加工方式将元宵的娱乐表征体现得淋漓尽致。据周云锦、何湘妃在《闲情试说时节事——清明、端午、中秋、重阳》一文中说，在我国台湾还有“斗四红”的习俗。所谓“斗四红”就是赛月饼之类的游戏，是年轻人的活动。一般是由年轻人相邀出钱，到饼店买进一组“饼单”，可以换取大小“状元饼”63个，用四颗或六颗骰子来争取饼单。比赛的方法是把骰子投在碗中，以所得“四红”之数分取饼单。如果得到四个“四红”就叫作“状元”，可以夺取最大的饼。几乎每一种节日吉祥食品都有不同程度和不同形式的娱乐表征。据五代王仁裕《开元天宝遗事》记载：“（唐）宫中每到端午节，造粉团角黍贮于金盘中，以小角造弓子，纤妙可爱，架箭射盘中粉团，中者得食。”这种“射角粽粉团”的娱乐游戏，一直延续到宋代。在我国北方，过年吃的饺子要包上大枣、钱币之类的小件物品，开饭时为了得到饺子中的钱币等物，便出现了你争我抢的热闹场面，大枣、钱币等除了寓意美好之外，也有明显的娱乐性。

四、吉祥食品折射民族心理特征

（一）反映出中华民族健康向上的人生观

借节日吉祥食品寄托人们对未来生活的美好希冀，反映出中华民族健康向上的人生观。用美食来表达自己虔诚的内心世界，这是中国人所独有的思维方式。中国传统的美味食品种类繁多，各有千秋。中国传统的节日吉祥食品，就其历史而言，许多都不是日常食品中产生最早的，其珍美的程度也未必是食品中最美味的。但为什么在人们的心目中节日吉祥食品都会被贴上“美食”的标签呢？这一问题早已引起众多专家、学者的研究兴趣。

马克思主义经典理论认为，人类总是按照美的规律来创造和发展自身的，人们的民俗活动也不例外。大多数节日吉祥食品之所以能够成为民族群体心目中美食的代表，与人们的审美观和价值取向密不可分。换言之，从节日吉祥食品饮食习俗中所体现出来的文化底蕴正是中华民族群体心理的折射。

首先，中华民族是一个向往美好生活的民族。在整个历史发展的长河中，尽管人们碰到了许多困难和挫折，但是人们的内心对生活从来都是充满信心的。人们向往美好幸福的生活，追求美好幸福的生活，实际上就是对美的向往和追求，是创造美的一种原动力。然而，当在现实生活中无法实现自己的美好追求的时候，人们只有借助某种适当的方式来表达自己的这种心情，而节日吉祥食品正是人们借以表达内心世界情感的一种载体。正如我国北方人春节的典型吉祥食品饺子似乎天生就是一种完全适合中国人审美标准的吉庆食品。幸福美好生活的基础是有丰裕的物质财富，而财富主要靠钱币的积累。饺子不仅字音与古代的钱币“交子”谐音，而且其形状也与古代钱币中的“金元宝”“银元宝”相似，甚至有的地方干脆就称饺子为“元宝”。因而，饺子是财富的象征就更加容易被广大人民所认同。这种认同在今天看来，似乎是一种历史的巧合。其实，这是古人按照自己的价值观和审美观的一种合理选择。虽然，饺子不是真正意义上的财富，但饺子由于自身的特殊条件，恰恰可以成为代表财富的一种吉祥物。财富也有着幸福、美满、吉庆、祥和的延伸意义。因此，饺子作为中国人生活中节日吉祥食品的代表的地位得以确定。君不见，在北方亲人团圆时食饺子，送别饯行用饺子，婚庆欢乐时吃饺子，金榜题名要吃饺子，丧葬祭祀也用饺子。虽然场合不同，礼仪内容不一，但其所表现的是对美好吉祥的祈盼和寄托。其他如南方的汤圆、南北皆尚的中秋月饼、端午粽子等都具有同样的功用。因此，节日吉祥食品在广大民众的心中就是美好食品的化身，是传达内心世界情感的一种载体。由此我们可以看出，节日吉祥食品所揭示的民族心理是一种健康向上、朝气蓬勃的人生态度。中华民族的发展史就是在艰难的生活中始终满怀信心走向未来、创造美好明天的历程。

（二）民族群体内敛含蓄的心理折射

饺子、月饼、汤圆、重阳糕等典型节日吉祥食品，就其制作工艺言之，是一种典型的包馅食品。它们的馅心可以是各种各样的，但都是用面皮（或其物料）包裹起来。人们如果仅从这些食品的外观看，无法知道包的是什么馅料。无论它们的馅料是贵是贱、是雅是俗、是荤是素、是咸是甜。事实上，这些食品的精妙之处就在于此，大多数节日吉祥食品的这种隐含包容的特征恰恰与中华民族内敛的群体心理特征相吻合。这正是人们内心世界的某种映射和显现，是古人按照自己的某种心理定势来遴选和确定的。事实上，只要留心一下我们日常生活中的食品就不难发现，人们对包馅食品情有独钟，其种类之多，运用之广，堪称独步食坛。诸如包子、烧卖、馄饨、春卷及各种馅饼，应有尽有，不一而足。

大多数中国人的性格趋于内向的心理倾向，其审美则追求含蓄朦胧的风格。然而，内心世界的情感，尤其是在群体的生活中，情感毕竟是不能永久隐藏的，它必须要通过一定的形式表现出来。于是，人们就在形形色色的各种民俗礼仪活动中把内心情感、心理愿望等通过某种载体表现出来。在这些活动中，节日吉祥食品作为理想的载体之一最能展现中华民族的心理特征，且融展示性和隐含性于一体，可谓巧妙至极。

（三）吉祥食品是折射人们各种崇拜心理的载体

任何一种节日吉祥食品的形成都是一个非常复杂的过程，折射出古人普遍的心理态势，即远古人类的原始崇拜心理，包括神灵崇拜、图腾崇拜、自然崇拜等。

首先，许多节日吉祥食品的形态明显带有远古人类神灵崇拜、图腾崇拜的痕迹。节日吉祥食品无论在形态上，还是在装饰手法上，最后呈现在人们面前的整体形象像是一首远古的歌谣。虽然节日吉祥食品的形象无外乎对动物、植物或天体形状的再现，但加工后的造型却带有明显的夸张和修饰成分。如陕西地区典型的节日吉祥食品虎头龙身大谷卷，最大的可达 1 米长、0.5 米高，重达几公斤。虎头龙身的巧妙组合本身就是一种艺术夸张，而用于虎头龙身的各种层层叠叠的饰物更具有超乎常规的造型，完全是人们按照自己的心理定势去创制完成的。龙、虎曾经是远古人许多部落群的图腾崇拜物。在山西、陕西民间，礼俗食品中素以虎头馍、龙卷馍为其代表制品，这与中原远古人以龙、虎为图腾的心理崇拜一脉相承。而在山东的胶东地区，节日吉祥食品的品种则以凤凰、春燕等为代表。研究资料表明，远古时代东部氏族部落的东夷人是以凤凰等祥瑞飞禽为图腾崇拜的。所以，至今山东东部沿海地区人们依旧对凤凰有所偏爱，其形象在节日和喜庆的礼仪活动中处处可见。

其次,许多节日吉祥食品的形象还表现出远古人类对自然界中动、植物的崇拜心理。无论是中原地区，还是其他地区，人们所制作的节日吉祥食品大多数造型是动物。常见的有龙、虎、蛇、鸡、鱼、凤、刺猬、燕子、蝙蝠等造型。这无疑与远古人类的生活环境有关。在人类的发展史上，曾有过与各类动物为伍的年代。当时，人类的生产力相当低下，为了获得食物，常常要和野兽猛禽作殊死搏斗，因而对许多动物产生了畏惧感。当这种威慑力量在人们潜意识中形成定势的时候，人们便企望借这些动物的威慑力避祸消灾。对这些动物崇拜的心理由此形成，并且被传承至今。在今天的生活中，人们仍然希冀多些幸福快乐，少些病魔灾祸，于是就借节日吉祥食品把各种动物的形象展现出来。而那些颇具神威的祥瑞动物就成了节日吉祥食品的主要造型。用于节日吉祥食品中的植物多是果实形象，这也带有一定的崇拜心理因素，因为有些植物在人们的心目中不仅有良好的寓意，而且也有驱邪避祸的祈愿。

节日吉祥食品在形式上还是人们表达自己对大自然的亲近感的载体。人的生活处于一个与各种天体、动物、植物相共处的自然环境中，衣、食、住皆赖于此。于是人们对自然界的所有现象和生命产生了一种亲近感，认为一切自然现象都与人们的生活息息相关，都要善待之。这种亲近感，拉近了人与各种天体、动物、植物之间的距离，也是中国人“天人合一”哲学思想产生的基础。于是各种天体形象、许多动植物便毫无例外地成为人们生活中的好友，甚至与人的诞生也产生了一定的联系，结果出现了十二生肖、日月星辰

（生辰八字）的形象。节日吉祥食品多制作成这些形象，无疑与人类对自然界的亲近感有着密切的联系。人类欢度节日，人类的朋友自然也要来参加，更重要的是这些动物、植物造型的节日吉祥食品能给人们的礼仪活动增添欢乐气氛，使人倍感亲切。

（四）节日吉祥食品所表达的民生意义

这里所说的民生意义是指节日吉祥食品除了从学术研究层面所阐述的民俗学意义之外，对百姓而言，更加注重的是实际生活中的具体回馈与短期内立竿见影的收获。就像今天祈雨明天就真的如愿下雨了，这就是在民生意义上的表达。从乡俗生活的民生意义来看，节日吉祥食品具有如下的作用。

1. 借由吉祥食品表达对自然和祖先的敬畏。“元日昧爽，设香烛纸，牲醴祀神祇、祖先、家人称寿，食水饺。”、“元旦五更，设燎，陈盘设案，祭赛天地、礼百神、祀先祖、祭灶、具香灯，谓之接灶。”（《宁海州志》）、“元旦，家设香烛、酒果、拜天地、祖宗、灶神。”（《清平县志》）以虔诚的心态把最美好的食品供奉给天地神祇和祖先，表达的是一种敬畏的心理，且希望得到丰厚的回馈与护佑。

2. 借由食品表达礼仪与人际关系的和谐。“正旦，鸡鸣时举家夙兴盥漱，陈脯醴，焚香祀神，祭祖先，长幼序拜。亲友各诣门交错以遍，曰拜年，与其亲及师长皆先期馈酒礼，曰节仪。”（《恩县志》）、“元日，设牲醴祀神祇祖先，亲友相拜，酬以柏酒、椒盘为乐。”（崇祯《历乘》）、“元旦，拜尊长。旬日间亲友馈遗，往来不绝。”（《章丘县志》）、“元夜，先拜天地，次及祖先，放火鞭爆竹，谓之发祃子……五夜，煮馅饺共食之，送家亲后，邻里互邀饮，谓节酒。”（《泰安县志》）、“岁首祀神，祀先，叩尊长。”（《观城县志》）、“季冬月八日，食腊粥，好施者济贫。”（《历城县志》）借助食品实现人际关系、人神关系的和谐，以祈求吉庆祥和的生活环境。

3. 借由吉祥食品驱瘟却病祈求身体健康。“端午日，即阴历五月初五日，各家插艾叶，作茧虎、食角黍，或饮雄黄酒以解毒。”（《长清县志》）“端阳，门上插艾叶，食角黍，饮朱砂、雄黄酒。”（《平阴县志》）、“三伏造豆豉，面酱，饮大麦茶，食炒面，避暑气。”（《无棣县志》）、“端阳……作角黍以相馈遗，饮雄黄酒以避五毒。”（《沾化县志》）、“取兔血合荞麦面，加雄黄、朱砂、茶叶煮熟为块，令幼儿食之，能解痘毒。”、“腊八日，以细米加枣栗等果实和肉块煮糜食之，名曰‘腊八粥’。”（《威海卫志》）民间俗信一向认为，特别的食品具有镇邪驱瘟、却病防灾的功能和寓意，可以实现人人健康长寿、家家无恙平安的美好愿望。

五、吉祥食品展现民族祈福心理

众所周知，在人类的发展历程中，早期先民对大自然的适应能力和改造能力有限，出于对大自然的敬畏，便诞生了祈福求吉、避灾禳祸的生活习俗，而且常常借助于饮食载体来表达这一心理诉求。长久以来，人们不约而同地在各种饮食活动中创制了数量众多的各色吉庆食品。

（一）食品形状表达的吉祥含义

“圆”和“缘”“远”谐音，所以在早先人们的心中，“圆”就是吉祥、吉利、吉庆的象征，寓意圆满、互相有缘、事业源远流长。于是人们就把饽饽（或馒头）、年糕、包子、大饼及点心等很多食品大都做成圆形的，不仅用于日常食用，而且还在节日或祭祀的时候用来供奉祖先与神灵。

在我国民间，最有代表性的圆形吉祥食品是北方正月蒸制的饽饽和南方大年初一的汤圆。我国北方民间正月蒸制的饽饽具备祀供、馈赠、炫技、食用多种功能，因而制作时特别认真、重视。饽饽不仅要圆又圆，而且还要加上“笑”的成分。就是在蒸制时，特意在其圆顶上画一道竖线或划个十字口，蒸好后，画线处和十字口处就会在高温蒸汽影响下开裂，像开花似的，人们称作“笑了”，故有“笑口馒头”或“开花馒头”的名称。出锅时还要点上红色的颜料进行美化装饰，起到锦上添花的效果。这样的过年饽饽，看上去就给人以喜庆、吉祥的感觉，赏心悦目。农历正月十五日，正是正月的月圆时节，我国民间习惯在此日吃汤圆以示纪念。汤圆也叫元宵，人们在是日吃汤圆，有盼阖家团圆、万事如意之意。所以，正月十五人们又称之为“元宵节”。元宵，作为上元节食，大约始于宋代，宋周密《武林旧事》曰：“节食所尚，则乳糖圆子……澄沙团子。”这是汤团之类的食品。其实类似的食品在唐时已经出现。五代王仁裕《开元天宝遗事》曰：“宫中每到端午节，造粉团角黍贮于金盘中。以小角造弓子，纤妙可爱，架箭射盘中粉团，中者得食。”粉团即汤团，不同的是唐代是在端午食用。宋周必大有《元宵浮圆子》诗曰：“时节三吴重，圆匀万里同。”汤团成了南北都爱的元宵节食，南方称汤团或汤圆，而北方则直接称为元宵，所以清震钧《天咫偶闻》中说，正月“十五日食汤团，俗名元宵”。有一首几乎尽人皆知的台湾民歌《卖汤圆》曾经红遍大江南北，正是因其巧妙地借助汤圆的形制与谐音，抒写了团圆的内容而被广为传唱，一时称为时尚。所谓“一碗汤圆满又满，吃了汤圆好团圆”表达的就是这种祈求吉祥的含义。

在我国常见的以其外形表示吉庆的吉祥食品中，最有代表性的就是经常出现在庆寿宴席中的寿桃了。桃子的形状像一张笑脸，而熟透的桃子具有红白相间的外观，民间认为其中的红色有驱邪的作用，又是生命旺盛的表征，所以寿桃所呈现出来的是吉庆长寿的寓意。再加上民间传说桃木有驱邪避祸之功用，因而最早用桃木做的春联又称桃符。在我国民间文学中有关寿桃的传奇故事颇多，而且各地都有流传。在《西游记》中就有蟠桃树要经过三千年才开花，又三千年结果，再过三千年才能够成熟的说法。生长这么久结出的果子人们吃了会长寿，于是桃被称为“长寿果”“长寿桃”。因为有了这样的民间俗信，才能够诞生出大量相关的民间故事和神话传说。传说西王母娘娘做寿，曾在天上的瑶池设蟠桃会宴请前来贺寿的各方神仙，所有有幸吃到蟠桃的神仙都能够长寿。所以，各地民间用鲜桃祝寿，称为寿桃。在给老人祝寿时，如不是桃熟季节，北方民间还会用面粉做成桃形食品，也叫作“寿桃”。在河南、山东、山西等地方，至今还传承着做百子寿桃给老人祝寿的习俗。所谓百子寿桃，有的地方旧时是用面团做一个大寿桃，里面装上 99 个用面做的小桃，上桌后打开大寿桃，里面的 99 个小寿桃就会露出来，有情趣有寓意。现今的百子桃也有制作一个相对大点的寿桃，再加工 99 个小寿桃，摆盘时大的居中，小的围在周边，以此祝福老人子孙满堂、多福多寿。

（二）数字命名蕴含的吉祥意义

我国民间自古以来就有用数字命名吉祥食品的习俗，尤其喜欢用偶数。其实人们除了喜欢运用偶数外，还赋予其他数字各种吉祥的含义。几乎包括了一、二、三、四、五、六、七、八、九、十、百、千、万等数字。如“七宝羹”就是一款典型的以吉祥数字命名的食品，古人多在正月食用。每逢我国农历的正月初七，即人们习惯称那天为“人日”，福州、广东、台湾、湖南、湖北等地的老百姓要精心选用七种蔬菜，然后混合米粉煮成黏稠的菜羹。民间俗信在“人日”全家人共食“七宝羹”，具有驱逐邪气的功用，还有人认为具有防治百病的功效。我国地大物博，南北气候差异较大，所以七种蔬菜可以因地而宜，任意搭配。在我国的福建省，人们多用芹菜、菠菜、韭菜、芥菜、荠菜、大葱和大蒜，所选用的七种蔬菜也多是取其吉利美好的寓意。如芹菜和大葱形状较长，翠绿可爱，老年人吃了寓意生命旺盛、高龄长寿，年轻人吃了则有聪明健康的寓意（葱与聪谐音）；大蒜寓意精于计算不愁钱财等；韭菜有长长久久的寓意等。民间还有一款“八仙菜”，是许多地区汉族家庭寿宴上不可缺少的祝寿吉祥食品。我国各地的“八仙”食馔很多，它包括菜肴和点心，如用八种海鲜制作的菜肴叫“八仙过海”，用八种米豆杂粮制作的食馔叫“八鲜饭”或“八宝饭”，用八种青菜和菌类食材制作的菜肴叫“八仙菜”等。还有用八种菜肴如全鸡、全鸭、全鱼等组成一个祝寿席面，叫“八仙菜”“八大碗”或“八仙宴”。祝寿的吉祥数字，除了“八”之外，人们还喜欢用“九”来比喻长长久久，有长寿之意。因为“久”和“九”谐音，九为阳数之最，祝老人福寿绵长久远，小孩健康长久。民间祭祀时也有用“九”命名的食品，常见的如“九层糕”等。在我国南方，主要是在台湾地区，人们每逢冬至都要蒸制“九层糕”这种传统食品来祭祀祖先。“九层糕”一般是用米粉捏成鸡、鸭、鹅、猪、羊、牛等动物形状，用蒸笼分层蒸熟，一共九层，祈求先祖保佑子孙人丁兴旺，家族传承经久不衰。民间常见的“十大碗”是一个用吉祥数字命名的菜肴，全国各地都有“十大碗”宴席，南方许多地方用“十大碗”菜肴组合成宴席，欢度除夕夜。在“十大碗”中，一般要有大肉丸子，南方叫“肉圆”，象征“团圆”，此外要有“青菜”菜肴，表示清清洁洁，顺顺当当；还要有全鱼的菜肴，寓意年年有余，人畜兴旺等。当然，“十大碗”还可以用在民间许多其他宴席场合，取意“十全大福”或“十全十美”。除了“八、九、十”之外，其他如“一品锅”“双龙戏珠”“三鲜鱼”“四喜丸子”“五味羹”“六色鱼丝”“七星丸”“八宝鸭”“九转肥肠”等，都是我国宴席中常见的以数字命名的吉祥菜肴。

（三）年糕在吉祥食品中的地位

年糕在我国之所以能够被人们视为吉祥食品，是因其谐音“年高”，即寓有年年高升，步步青云，日子一年比一年红火、富足之意。又因年糕有耐饥的特点，于是被看作可以带来力量的食品，民间有称其为“撑腰糕”。

在我国众多的吉祥食品中，年糕有着极其久远的历史，据记载可以追溯到西周时期。《周礼·天官》中就有关于“糗饵粉糍”的记载。“饵”是用稻米粉、黍米粉混合而蒸制的一种年糕。汉代郑玄曾考证“饵”是一种糕类食品。扬雄在《方言》中则直接说“饵谓之糕”。汉魏时期出现多种名品年糕，如“蓬饵”“植”等。不过到了隋唐时期，人们才开始用“糕”字。此时期糕的种类已经有很多了，如“花折鹅糕”“水晶龙凤糕”“紫龙糕”“满天星”等。唐冯贽《云仙杂记》中记述洛阳地区已有“正月十五造火蛾儿，食王粱糕”的风俗，这是目前发现的我国春节食用年糕的最早记录。“年糕”的名称最早出现在明刘侗、于奕正《帝京景物略》卷二中“正月元旦……啖黍糕，曰年年糕。”到了清代以后，年糕大有发展，在全国各地出现众多品种。并且人们不仅在正月吃年糕，二月二龙抬头那天也习惯吃糕类食品，谓之“熏虫”。

年糕作为一种典型的节日吉祥食品，在我国南北方几乎所有的地方都有传承，只是制作方法或种类有所区别。在许多少数民族地区，人们甚至已经把年糕的制作过程发展为一种程序完善、颇具仪式感的娱乐活动——“打年糕”。打年糕时，人们把蒸熟的糯米放入木臼中，男人挥动木杵用力舂打，女人则在旁边不时用手蘸上些水翻动，那种默契的配合带有一定的艺术性，而且气氛热烈，时常引来路过的男女老少驻足观赏。年糕为什么会成为我国各族人民的吉祥食品呢？不外乎如下几个原因：第一，年糕是正月、吉庆日、生日和乔迁新居时不可缺少的食物，在我国许多地方民间，有正月里如果不给孩子吃年糕就不能算过年之说，所以年糕被称为过年最有代表性的食品，是不可缺少的；第二，年糕光洁如玉，寓意洁净，无论是蒸制还是刚打出的年糕绵糯细软，具有可塑性，可以做成多种形状；第三，年糕还有占卜祈福的功能，有的地方在过年时有用年糕占卜的传统，两个人拉扯一块年糕直到把年糕拉断，俗信谁手中剩余的年糕多就预示着今年会有好事、喜事，有福气，其中也包含着一定的娱乐因素；第四，取其“年年高升、步步高升”的寓意。

六、吉祥食品的时代意义

中国传统的节日吉祥食品如今有着巨大的供应量，人们几乎随时都可以买到自己喜欢食用的节日吉祥食品。在此背景下，人们已经无法准确地解读节日吉祥食品传递给人们的全部信息，包括其所蕴含的吉祥意义。这可能就是一个时代的特征，因为大多数节日吉祥食品在今天日常生活中随处可见。

事实上，我们已经无法衡量诸如月饼、汤圆、粽子、水饺等节日吉祥食品给人们带来的巨大商机，这些节日吉祥食品的大量生产给人们的生活带来了方便与乐趣。基于这样的意义而言，以前难得的节日吉祥食品成为今天大量上市的商品是无可厚非的，其实我们对传统节日吉祥食品的开发利用还远远不够，应该从更加宽泛的意义上对传统的节日吉祥食品的文化内涵进行更深层挖掘研究、开发利用，使之真正成为人们生活中的日常食品。这样一来，不仅可以将更多的节日吉祥食品用来丰富人们的日常饮食，同时也会给商家带来无限商机，两全其美。

综上所述，传统节日吉祥食品在现代生活中的意义已经不言自明。可是当在中秋之夜打开那层层叠叠的华丽包装，从中取出月饼的时候，或在平常日子里把月饼当点心的时候，我们已经无法从其中解读出如前文叙述的丰富多彩的特殊意义，甚至包括它们的符号功能也在发生巨大的变化。长此以往，人们就将忘记月饼除了可以“吃”之外，还有什么样的符号功能，更不可能了解汤圆、粽子等其他节日吉祥食品的文化蕴涵。

行文至此，希望能让传统的节日吉祥食品重拾其文化品位。如果把节日吉祥食品的符号功能与文化信息完全从节日吉祥食品身上剥离出来，那么所有的节日吉祥食品就会变成仅仅满足人们的生理需求。于是，也就不难理解为什么人们会在中秋节过后把大量的“月饼”连同精美的包装一起送进了垃圾箱。

节日吉祥食品发展到今天，虽然依然属于物质文明的范畴，但对于人们而言更是文化的、精神的或意识形态的产物（如他们所传递的精神、情感、宗教理念等信息内容）。所以从当今人们的饮食需求来看，提高人们的生活质量实际上就是要增加食品的“含金量”，如增加食品的营养价值、丰富其文化内涵、提高烹饪技艺等。而传统的节日吉祥食品本身均具有这些功能。对于生产者来说，尤其不能忽略节日吉祥食品的文化内涵，这是节日吉祥食品的一个重要卖点。

因此让传统的节日吉祥食品凸显文化品位才是全面开发节日吉祥食品的出发点，深入发掘节日吉祥食品的文化内涵也是当今的消费趋势所需要的。随着人们消费水平的日益提高，对于饮食的需求已经超越了满足生理需求的阶段，把食品看作只用来果腹的年代已经远去。其实，即使在经济落后的年代，我国民间节日吉祥食品的符号功能依然没有失去，并且在一代又一代的传承与积淀中得到了强化。而今，人们更加希望能在食用各种食品的过程中得到文化的熏陶、精神的享受，甚至是美的陶冶等。

因而，食品的经营需要提高文化品位已成为节日吉祥食品开发利用的必然，如何赋予节日吉祥食品更加丰富的文化内涵和扩大其各方面的信息量，就显得十分必要。从这个意义上讲，许多节日吉祥食品也就具有了无限的发展空间和挖掘潜力。

愿在不久的将来，人们在每一个传统节日中所品尝到的节日吉祥食品，不单是包装豪华的流水线上的产物，还是具有丰富多彩文化信息的节日标志性食品，这也是中国传统文化复兴与传统生活方式回归的需要。

第二章　年俗饮食中的吉祥寓意

最能够代表我国传统民俗节日的是每年的春节，人们习惯把它叫作“过年”或“过大年”。在我们传统的岁时节日之中，“年”持续的时间最长，内容也最丰富多彩；它是一年的结尾，又恰逢农闲，人们有足够的时间和物资储备，来进行各种吉祥食品的加工制作。

一般来说，中国人过年的主题应该归纳为三个方面，即休闲娱乐、祭天祀祖、亲情交流，并且都与饮食有关。但由于各地文化、风俗的差异，不同的食品在食用和代表意义上有一定的区别。

从宏观的视角来看，我国过年最有代表性的吉祥食品有三大样：年糕、水饺、汤圆。年糕是我国南北过年时唯一没有地域限制的吉祥食品；水饺的主要流行地区在我国盛产小麦的广大北方；而汤圆则是我国南方稻作文化中最具有代表性的吉祥食品。

一、南北咸宜的年糕

俗话说：“年糕，年糕，吃了年糕年年高。”这是一种因为谐音而被中国民间推崇的吉祥食品，在南北方都具有相同的吉祥寓意。年糕与“年高”同音，象征各方面一年更比一年高。年糕早期在大年三十用来祭神及供奉祖先，其后渐渐成为一种节日食品。

（一）年糕的来历与种类

年糕作为一种节日吉祥食品在中国具有悠久的历史。据有关报道，早在 1974 年，考古工作者就在宁波市余姚河姆渡古文化遗址中发现了保存完好的水稻的碳化种子，说明早在七千多年以前，我国南方的先民就已经开始有种植水稻的农业行为了。据史料记载，我国汉朝的米糕就是用稻米制作而成的，所以有“稻饼”“饵”“糍”等称呼，说明

砖形的“发糕”

稻米糕的出现不会晚于汉代，汉扬雄《方言》一书中就有“糕”的称谓。我国古人制作米糕经过了一个从米粒糕到米粉面团糕的发展过程。公元6世纪的食谱《食次》记载有年糕“白茧糖”的制作方法：“熟炊秫稻米饭，及热于杵臼净者舂之为餈，须令极熟，勿令有米粒……”显然这是一种用米饭制作的糕类食品。史料记载，到了辽金时期，燕京（今北京）的正月初一就有家家户户吃年糕的习俗。而明清时期，年糕已发展成市面上一种常年供应的小吃，并形成了南北不同风味。

我国北方地区，如山西、陕西等地的人们习惯以大黄米粉制作年糕，并在中间添加豆沙或枣泥作馅，油炸而成。在河北，人们习惯在年糕中加入大枣、小红豆及绿豆等一起蒸食，山东的年糕以红枣及黄米粉蒸成。东北的年糕则主要由黏高粱米粉加上豆类蒸制而成。在我国南方地区，如上海、杭州及宁波一带的年糕呈白色，本身无味，由粳米制成，吃法可蒸、炸、切片炒或煮汤。广东及香港的年糕是深褐色，属甜味，由糯米、糖及猪油制成，通常切片煎熟食用。台湾的红龟糕风味独到。

（二）北方年糕习俗与吉祥寓意

如今人们几乎随时都可以吃到年糕。但在过去北方通常只有在过年时才吃年糕。热热闹闹过大年的时候，全家围坐在一起吃年夜饭，年糕是必备之物。老人们在吃年糕的时候嘴里还念叨几句“年糕年糕，吃了年糕年年高”的吉庆俗语，希望明年一年都能讨个好运气。

北京的年糕为北方年糕的代表，有黄、白两色，象征金、银，并有“年年高”的吉祥寓意。北京小吃中的年糕多是用黄米或黏米面加各种辅料蒸制后食用，也有用油炸年糕蘸白糖吃的，均有香甜黏糯的特点。年糕的品种由添加的辅料决定，如枣年糕、豆年糕、糖年糕等，精细的年糕有白果、什锦、水晶、如意等品种。烹制方法多为蒸，旧时北京的年糕一般为清真回民小吃店供应，除年节大量供应外，平时亦有供应，但数量和品种都比春节时少。清潘荣陛《帝京岁时纪胜》记载：“元旦不食米饭，惟用蒸食米糕汤点，谓一年平顺,无口角之扰……”这是清朝康乾年间的食风食俗。北方的“年糕”在“年年高升年年高”的寓意上，又增加了“一年平顺，无口角之扰”的太平祥和的象征。

（三）南方年糕习俗

对于我国盛产米（包括制作年糕的糯米）的南方地区来说，年糕并非一定要过年时才吃，人们随时可以吃到。因此就有了两种年糕：一种是过年时吃的年糕，另一种是平日里吃的年糕。但由于“年糕”与“年高”谐音，所以都有“年年高升”的寓意。广东年糕一般以糯米粉、黏粉、生油、瓜子仁、竹叶等为原料制成。其色泽金红、软滑甜香，味美可口。金黄色有黄金般的财富象征，所以金黄色的年糕尤其适合人们年节祭祀和食用，其寓意不言而喻。海南年糕表面光滑，色黄细软，味道甜香。按当地的风俗，每逢农历腊月，家家户户都为欢度春年而赶制年糕，并作为节日礼品互相馈赠。其主要原料有糯米、砂糖、芝麻、红枣、水。年糕的黄色对海南人来说，有发财高升的寓意，而所用的配料芝麻、红枣等也有不同的吉祥寓意，芝麻取“芝麻开花节节高”之意，有“好日子节节高”的象征，而红枣则有“红火生活早来到”的寓意。海南年糕的吃法多样，可烘烤或蒸软吃，也可烧糕汤吃，还可以切成薄片炸着吃。而且不同的吃法各有吉祥寓意，如烘烤有“红红火火”的意思，蒸食则有“蒸蒸日上”的寓意。在我国的浙江地区民间，新年的风俗是家家户户必备年糕，常见的有桂花年糕、猪油年糕、水磨年糕、八宝年糕等，不同的品种各有吉祥寓意。如桂花是“富贵”的象征，猪油有“越过越有”的意思。江苏地区的年糕以苏式年糕最有代表性，苏式年糕选用上等的糯米做成，品种主要有桂花糖年糕和猪油年糕。台湾年糕选料独特，一般要用蓬莱米。蓬莱米是台湾特有的一种优质稻米，因为“蓬莱”是传说中神仙居住的地方，所以制成的年糕有长生不老的吉祥寓意。另外，台湾人蒸制年糕时要用竹管放气，蒸时蒸汽越足越好，有蒸蒸日上的象征意义，制作好的年糕要切成不同的形状，如方形、菱形等，以求吉利祈幸福。

南方一般家庭每年腊月都会做一些年糕，除了自己家吃，还要分给亲朋好友。做年糕的材料有很多种，一般来说黏米面有三种，分别为白色的糯米面、黄色的大黄米面及淡红色的黏高粱米面，三种黏米面的味道都差不多，选择三种颜色不仅是为了颜色搭配好看，更主要的是不同颜色所代表的吉祥意义。白色为素色，代表清净无碍，寓意新的一年没有麻烦事缠身；黄色是黄金的颜色，财富的象征；红色则有红红火火、喜气洋洋的寓意。蒸年糕时还有两种必备的辅料，分别是金丝小枣和半熟的红小豆，其美好寓意不言自明。做年糕时，为了揭锅时不粘，最下面一般是要先铺一层红小豆，谓之“铺红”，然后就可以根据个人的审美习惯铺上一层层用水和成小颗粒的黏米面，各种颜色可以相互搭配，也可以根据口味在中间再放一层红豆，最上面要轻撒上一层小枣，就可以加盖蒸制。通常是一锅两大屉，大约蒸上 3 ~ 4 个小时。蒸熟的年糕香气扑鼻，红、白、黄相间，层层叠叠，蘸点绵白糖趁热吃上一口，糯软香甜，其间既有红枣的清香，又有红豆的醇香，更有甜甜蜜蜜、年年升高、红红火火的美好寓意，无论对于视觉还是味觉都是一种莫大的享受。

日常生活中，一般南方人家里也会做一些普通的黏糕类食品，方法比起做年糕则要简单了许多，但味道却绝不逊色，而且也含有各种各样的美好寓意。第一个要说的是煎黏糕饼。煎黏糕饼通常选用糯米面或是黄米面用冷水调匀成糊状，用平底锅煎制。这种煎制的黏糕饼，人们通常又称为“黄金饼”，尤其讨经商人家的喜欢，因为其不仅味美，还有发财的寓意。在传统民俗学的认知范畴里，黄金是财富的象征，色如黄金的“黄金饼”就被人们赋予了财富意义。所以，许多经商人家以此来讨个好口彩，希望自己经商发财。如果用“黄金饼”来招待做生意的朋友，更有祝福朋友经商发财的含义。所以，旧时许多外出做生意的人都会带一些“黄金饼”在身边，不仅供自己和朋友食用，也是为了讨个发财的口彩，在心理上求个安慰。

北方的黄米年糕

年糕不仅是一种节日美食，而且岁岁为人们带来新的希望，寓意万事如意年年高。正如清末的一首诗中所云：“人心多好高，谐声制食品。义取年胜年，藉以祈岁稔。”

二、北方人过年独爱的饺子

“数到珍馐是食羊，西瓠饺子辣酸汤。今朝供客添佳味，烙饼加摊韭菜黄。”这是一首清朝末年流行于天津地区的风俗诗，被胡朴安收录在《中华全国风俗志》中。诗中所列的几种食品，均是当时老百姓公认的珍馐美味。其中，“西瓠饺子”列主食之首，是北方人最为熟悉，也是最为喜欢的面食品种之一。

饺子是人们喜爱的美味食品，旧时由于生活条件所限，人们只能把最好的食品集中到年节中去享用，起到调剂或丰富年节生活的作用。

传承久了，就形成了独具中华民族特色的年节食俗。饺子作为人们心目中最具代表性的食品而成为年节食俗中的主角，有着比一般食品更为重要的内涵。

过去，民间食用饺子只有在几个固定的节日：春节、元宵节、七夕、冬至等。伴着年节的欢乐气氛，人们吃上一顿热气腾腾、美味可口的饺子来改善生活。晚辈则借年节吃饺子的机会，表达对父母的孝敬之意。清李光庭《乡言解颐》一书中，曾记录了一首在当时广为传唱的歌谣，生动地体现了旧时老百姓年节吃饺子的融融天伦之情：

夏令去，秋季过，
年节又要奉婆婆，
快包煮饽饽。
皮儿薄，馅儿多，
婆婆吃了笑呵呵，
媳妇费张罗。

饺子在许多地方民间又名"煮饽饽"。现在，人们的生活水平提高了，饺子也从节日饭食变为日常的普通食品。除传统节日可以吃到水饺外，一般的节假日，乃至一日三餐，都可以随时吃上美味的饺子。在包和吃的过程中，消除了工作紧张给人们带来的疲劳，融洽了家庭关系，丰富了饮食生活的内容。

尽管发展到今天，饺子已成为人们日常餐桌上的常品，但每遇传统年节，人们仍然要乐此不疲地吃饺子。这种几千年来形成的节日饺俗，已积淀成为一种文化心理现象，在人们的生活中代代传承。

（一）"年夜饭"吃饺子

民谚云："大寒小寒，吃饺子过年。"农历的腊月三十是人们辞旧迎新的时候。这一天，人们从早到晚都在准备许多美味食品，举行各种有意义的活动，称之"过年"。

过大年是中华民族一年一度最为隆重的节日。旧时农家一进腊月的门槛，就开始忙年。尤其是从腊月二十三过"小年"起，人们就进入了过年的倒计时，日夜忙个不停。河南民间有一首流传很广的《过年歌》：

二十三，祭灶官；二十四，扫房子；
二十五，磨豆腐；二十六，去割肉；
二十七，杀猪鸡；二十八，蒸枣花；
二十九，去打酒；年三十，包饺子；
大年初一，撅着屁股乱作揖。

大年三十包饺子、吃饺子是我国北方广大地区民间过年最重要的内容之一。年三十的饺子是随同“年夜饭”一起吃的。由于包饺子、吃饺子是过年的重要内容，所以，民间还有许多约定俗成的习俗。这些习俗都是为了配合过年的气氛需要。

包饺子首先是调拌饺子馅。饺子馅有荤有素，有的地方是严格区别的，但更多的是荤素搭配。年三十包的饺子，要足够三十晚上和初一早上全家食用的。除夕夜的饺子馅一般是荤素料相配合，肉馅加调味料腌好，然后把大白菜嫩叶用刀剁成粗粒，挤去部分水分，加入肉馅和调味料调拌而成。在制馅的过程中，最讲究的是剁馅，就是用刀细剁肉及大白菜的工序。剁菜时，刀与案板撞击，发出清脆有力的“砰砰砰”的声音，由于挥刀用力的大小在不断地变化，这声音便产生出富有韵律感的强弱节奏变化，像优美的乐曲，传到四邻八居。人们都希望自己家的剁菜声音是全村最响的，也是时间最长的。猪肉加白菜调成饺子馅，“肉”与“菜”谐音“有财”，剁馅声响且时间长寓意“长久有余财”。而旧时谁家里剁菜的时间越长，说明包的饺子就多，也就象征着来年谁家的日子红火富有。

年三十包饺子的形状也有讲究，大多数地区习惯保持传统的弯月形。包制这种形状的饺子时，要把面皮对折后，用右手的拇指和食指沿半圆形边缘捏制而成，要捏细捏匀，谓之“捏福”。有些人家把捏成弯月形的饺子两角对拉捏在一起，呈“元宝”形，包好摆在盖帘上，象征着财富遍地、金银满屋。有些人家将饺子也捏成麦穗形花纹，像一颗颗饱满的麦穗，象征着新的一年五谷丰登。但更多的人家是把饺子包成几种形状，预示着来年能财满屋，粮满仓，生活蒸蒸日上。

年三十包的饺子，不仅在形制上有讲究，就连摆放也有讲究。首先是不能乱放。俗话说："千忙万忙，不让饺子乱行。"日常包饺子，横排竖摆，皆随其意，年三十包的饺子则不行。山东等地盖帘要用圆形的，先在中间摆放几只元宝形饺子，然后绕着元宝一圈一圈地向外逐层摆放整齐，民间俗云"圈福"。所谓"圈福"，就是通过把饺子摆放成一个个圆圈的形式，把财富"圈"到自己家里来。有些人家甚至规定盖帘无论大小只能摆放 99 个饺子，且要布满盖帘。因此，只能靠调节饺子的间距来实现，谓之"久久福不尽"。关于这个习俗，还有一段有趣的故事。很久以前，在一个贫困的山村，有一户人家很穷，常常是吃了上顿没有下顿。到了年三十这一天，家里没有白面，也没有菜，听着四邻的剁菜声，心急如焚，无奈，只好向亲友借来些面。和好面后，又弄了点杂菜凑合成馅，就包起了饺子。因为面是借来的，所以这户人家对包的饺子就格外珍惜，摆放时一圈一圈由里到外，非常整齐。刚刚从天庭回来的灶王爷看了很高兴。同村有个财主，家有万贯家产，平日山珍海味的吃惯了，根本不把饺子放在眼里。大年三十这天将包好的肉馅的饺子胡乱放在盖帘上。不料饺子下锅煮熟后，财主一吃，味道全变了样，肉馅变成了杂菜。而那户穷人家的饺子却变成了肉馅的。原来，灶王爷对财主家对待饺子的态度很不满意，就把两家的饺子调了包。第二天，这事便在村里传扬开来。从此，人们再忙也要把年三十的饺子一圈一圈摆放得整整齐齐，以讨个"圈福"的口彩。但是在黑龙江部分地区的农家，饺子却不能摆成圆圈。据说把饺子摆成圆圈，会使日子越过越死。必须横着排成行，这样方能使财源四通八达地涌来。[1]

过年饺子

大年三十不仅要包饺子，也要吃饺子。俗语云："大年三十吃饺子——没有外人。"说明年夜饭的饺子是亲人团聚的象征。这天的饺子不仅有家人团聚之意，又取更新交子之意。除夕吃饺子的习俗由来已久，在元明时期已经形成。明刘若愚《明宫史》就记录过过年吃饺子的食俗："五更起……吃水点心，即扁食也。"后经传承完善，便形成了后世民间除夕吃饺子的习俗，以为辞旧更新之义。"扁食"即饺子。伴随着辞旧迎新的鞭炮的响声，人们将除夕夜的饺子下入沸腾的锅内，煮熟捞出后要先供诸神、列宗，然后伴着其他食品吃。

除夕夜煮饺子也有讲究。在山东民间烧火用的柴草要选用豆秸秆或芝麻秸秆，因为豆秸秆在燃烧时会发出"噼噼啪啪"的声音，比较符合过年"响亮响亮，人财两旺"的口彩，寓有火越烧越旺，来年的日子像芝麻开花节节高之意。煮饺子不能乱搅动，要顺着一个方向贴着锅沿搅动，此与饺子的摆放之意相同。在山东东部一些地方，煮饺子一般要故意煮破几个，但不能说破、碎、烂等忌语，而要说"挣"或"涨"。因饺子内有菜，菜谐音"财"，故饺子"挣"了是"挣财"，讨个口彩以增加除夕夜的欢乐气氛。在甘肃中部一些地方，除夕夜煮饺子时，还要加入少许面条共煮，美其名曰"银丝缠元宝"。面条要细，饺子要包成元宝形，寓意长寿发财，这也

① 参见刘琦等：《麦黍文化研究论文集》，甘肃人民出版社，1993，第143页。

是图个吉利，寄托人们的美好希望。

吃饺子时也有俗规。第一碗要先上供，奉先祖，供诸神。这上供的饺子也有讲究，河北民间有“神三鬼四”之说。就是给诸神上供3碗，每碗3个饺子；给列祖列宗上供4碗，每碗盛4个饺子；唯有灶王爷上供只上1碗，碗里只盛1个饺子，但有的人家过意不去就随便盛几个。有的地方，饺子端到供桌上，家里老人还要虔诚地念上一段，如：

一个扁食两头尖，
下到锅里成万千。
金勺舀，银碗端。
端到桌上敬老天。
老天见了心喜欢，
一年四季保平安。①

第二碗饺子要端给牲畜，以表示对牲畜的爱惜。旧时，大牲畜如牛、马等是农家的主要劳动工具，人们也希望牲畜像人一样迎来平安顺利的一年。第三碗家人才开始食用。除夕的年夜饭，本来食品种类很多，其他可不吃，唯有饺子必须要吃，所谓“过年吃饺子，一年的好铆子”就是这个意思。吃时以吃偶数为佳，不能吃单数。有的家里老人边吃边口中念念有词，如“菜（财）多，菜多”等吉语。饭后盛饺子的盘、碗，乃至煮饺子的锅，摆放生饺子的盖帘上，都必须故意留下几个（偶数），谓之“年年有余”。甚至连包饺子用的菜馅、面团也要有“余头”。②

（二）大年初一吃饺子

“初一饺子初二面，初三盒子（馅饼）往家转。”这是流行于北

① 参见刘琦等：《麦黍文化研究论文集》，甘肃人民出版社，1993，第144页。
② 参见山曼等：《山东民俗》，山东友谊书社，1988，第6页。

方民间的一句谚语，从中可以看到大年初一早晨吃饺子的习俗。

除夕刚过，便迎来了春节，民间俗称大年初一。饺子是大年初一这天唯一的早餐，北方地区几乎家家如此。清富察敦崇在《燕京岁时记》中说："是日，无论贫富贵贱，皆以白面作角而食之，谓之煮饽饽，举国皆然，无不同也。"大年初一早晨吃饺子之俗虽非举国皆同，但至少在我国北方是非常普遍的。清代《修武县志》记载清朝年间，当地人正月"'元旦'，鸡鸣起祭神、祀先，火鞭爆张，声闻四邻，灯烛达旦。黎明，饭扁食，往展墓"。民国年间《重修正阳县志》也载："正月元旦，……醢肉裹面食之，曰'水饺'，亦曰'馄饨'。"《济南快览》中也有类似的记录。由此可见，正月初一吃饺子确是北方民间由来已久的传统习俗。

大年初一早餐吃的饺子一般是年三十夜里包好的。初一早晨五更时分，全家人起床穿上新衣，先在院内燃放爆竹，然后煮饺子。当热气腾腾的饺子从锅里盛出后，要先进行接灶神祭祖活动，将饺子摆于供桌之上。待家人洗净手脸，点燃香烛，一家之主在供桌上摆上大枣花馍、饺子、果品之类，然后由一位长辈燃纸钱行礼，口中念些祝福语。祝词大多为求保平安、降福一类的吉祥顺口溜。如：

大年五更心里净，梳头洗脸来摆供。

金香炉，银供桌，大米共山药。

栗子红枣和白果，居家老少把头磕。

保佑着吃陈粮，烧陈柴，明年还打这路来。

在鞭炮轰鸣、香烟缭绕的气氛中，全家人端饺子上桌，其乐融融。

大年初一吃饺子，除了一些庄重的祀礼仪式之外，还有许多有趣的活动。较普遍的习俗，是在饺子内包上代表吉祥的物品，吃到吉祥物者来年代表有好运气。这些包在饺子里的吉祥物一般为硬币、栗子、大枣、花生、糖块等。硬币象征财富；栗子、大枣谓一年事事顺利，财运早来到；花生又名长生果，寓长寿之意；糖块则有生活甜甜蜜蜜之意。包入饺子内的吉祥物的数目按家庭人数多少而定，取偶数。家里人口多的可多放些，反之则少放些，但要保证每人至少都能吃到一件吉祥物。这些活动既满足了人们迈入新的一年对未来美好生活的希冀，又增添了欢乐的气氛。尤其旧时孩子多、家口大，有的三世、四世，乃至五世同堂的大家庭初一早晨吃饺子时，欢声笑语伴着挑拣饺子的嬉闹声充满了整个房间。

除了在饺子内包裹吉祥物的习俗外，各地还有许多独特的习俗。河南有的地方称吃饺子为“喝汤”，除夕夜和大年初一早晨均吃饺子，人们在大年初一上午见面时要说“喝汤早”的问候语。有些养牛的人家在大年初一的早上要将第一碗饺子端给牛吃，让牛也和全家人一样过年吃上一顿好饭，希望在新的一年中，牛能百病全无，身强力壮，为主人出力。所以，民间有“打一千，骂一万，大年初一吃顿饭”的俗谚。

还有的地区，老百姓在大年初一早晨煮水饺的锅内还要加入少许擀制得很细的面条，煮好后盛到碗中同食，名曰“金丝穿元宝”。民间俗信认为只要吃了金丝穿元宝,来年一定有财发。据胡朴安《中华全国风俗志》记载：“元旦日早餐，仍为扁食，唯添扁条少许，美其名曰‘金丝穿元宝’。面食内预包制钱一文，若食得之者，本年内必有大庆……正月初八日为财神生日，各家仍吃扁食，谓为财神所赐之元宝。”① 山西西北部的一些农家则称初一早晨煮饺子为“捞元宝”，他们把饺子包成元宝形，寓意招财（饺内馅有菜）进宝（饺子为元宝形）。人们希望借助过年“捞元宝”的形式求得新一年的富裕生活。

北方大部分地区的人们春节早上吃饺子是寓以吉祥快乐之意。但在山西西北部的部分地区却与北方不同。他们的饺子馅料肉多菜

---

① 胡朴安：《中华全国风俗志》，河北人民出版社，1988，第126页。

少，大年初一早上家家户户都吃有肉的饺子。相传在汉朝，北方的匈奴有两个将军，一个姓浑，一个姓沌，他们经常到南边的汉族居住地区进行侵扰，惹得民众极端地仇视他们。每当临近春节，匈奴人也都要赶回去过年，这时人们才能得以暂时的安宁。当地人希望平时都能像过年一样不受侵扰，于是就制作了一种用薄面皮包着肉馅的食品，取这两个将军之姓命名为“混沌”，后来逐渐用“馄饨”二字替代，意思是把浑、沌两个匈奴将军的肉包而食之以解心中的怨恨，希冀新年里不会再有人来侵害他们。由于这种面食是在大年三十新旧年交替的时候食用，正值“交子”之时，后来馄饨就逐渐被人们改称为“饺子”了。可见，大年初一早餐吃饺子的习俗，无论是为了招财进宝，还是祈求平安，皆寄托了人们对生活的一种美好愿望。

大年初一，山东、安徽、河南、山西等地民间皆吃素馅饺子。胡朴安在《中华全国风俗志》中记载：“元旦用面作角子。齐俗用素馅者多，省垣谓之水包子。……此则不独东省为然，北数省皆盛行之。”至今山东的济南、泰安等地民间，保持正月初一早上吃素馅饺子的习俗。安徽皖北地区民间大年初一早餐也吃素馅饺子，取“素素净净过一年”之意。他们认为只有一年素净少生是非，生活才会平安，同时吃素馅饺子也表达了全家敬神的一片虔诚之心。

（三）正月“破五”吃饺子

略同汤饼赛新年，荠菜中含着齿鲜。
最是上春三五日，盘餐到处定居先。

这首题名为“水饺”的诗摘自清何耳《燕台竹枝词·水饺》，记述了水饺在北方新年期间的主角地位。一般家庭至少要从正月初一吃到正月初五，甚至吃到正月十五。谚中虽说“初一饺子初二面”，但实际上大多家庭初二也是吃饺子。初二吃饺子、上供饺子据说是为了接财神，同时还要供公鸡、活鲤鱼等食材。东北地区的人们大年初二吃饺子是为了祭财神及送走回家过年的诸神、列宗，因而初二的饺子谓之“送神饺子”。而在山东等地则谓之“送年饺子”，寓意差不多，一般是在晚餐煮食。也有的地方这天吃的饺子必须包成元宝形，煮食时连饺子汤一起盛到碗中，供神和自食，谓之喝“元宝汤”。因此日为祭财神，故要喝“元宝汤”，象征财富能滚滚而来。

大年初一之后，北方人虽几乎每天都少不了吃饺子，但最讲究的还是“破五”的饺子。清震钧《天咫偶闻》记载：“正月元日至五日，俗名破五。旧例食水饺子五日，北方名煮饽饽。今则或食三日二日，或间日一食，然无不食者。自巨室至闾阎皆遍，待客亦如之。”这说的是清朝年间的情况。安徽皖北地区正月初五这天人们要吃素饺子，谓之“破五饺子”。民间说破五吃饺子是为了“补窟窿”，有预防疾病的寓意。民谚有“初五吃顿扁（即扁食），一不吭，二不喘”。也有的地方的人们认为破五这天吃顿饺子填满了去年的穷坑，预示着新的一年不会再受穷。因为初五之后农家就要开始准备春耕了，虽然并非是正式农耕，却意味着年过完了。破五吃饺子，谓之填穷坑（也就是窟窿）的习俗是旧时农民为贫困的生活所迫，而希冀来年丰收的一种美好的心理愿望。有的贫困地方的人们甚至把除夕夜的饺子也叫“填穷坑”。据民国版《滑县志》载：“老妇及小儿女夜半不寐，围炉嬉戏，有至六更者，谓之‘守岁’。夜半饱食馄饨，谓之‘填穷坑’。”此处的馄饨，其实就是饺子。新年尚未过，就先填穷窟窿，未免失去了节日的欢愉之情。为此，当地有位文人曾作有竹枝词一首，对此习俗进行了记述：

穷坑填罢岁华周，
除夕风情属庙游。
社鼓咚咚声不断，
灯笼照遍四街头。

无论是破五日，还是除夕，吃饺子都表达了人们对幸福生活的向往之情。

（四）“石头生”吃饺子

在我国民间新春正月自初一开始，每天都有特定的意义。如初七为人日，初八为转八日等。在北方地区，正月初十这一天传说是石头的生日，实际上是讹“十”为“石”，又称“石不动”。民间风俗就是在这一天不准搬石头，也不能搬动与石头有关的东西，如碾、磨、石臼、捶布石等，恐怕因此伤害了当年的庄稼。在许多地方，农家还要按传统的习俗举行一些祭拜石头神的活动。在安徽北部及河南、山东南部的一些地方，初十这天家家户户用杂粮面加水揉成面团，包成杂粮饺子煮食,美其名曰“石头生”。这意味着春节过后人们就准备春耕。而许多地区春天往往因干旱而无法下种。所以人们在这一天要吃杂粮饺子，传说吃杂粮饺子是为了准备出大力，就算土地旱得像石头一样也要它长出庄稼来。其实，民间正月初十为“石头生”，吃杂粮饺子是预示着年快过完了，初十这天人们不去搬动石头等重物是为了保护身体不受伤害，以健壮的体魄来迎接马上就要开始的春耕。同时，吃一顿杂粮饺子也是告诉家人享用精米白面的过年生活就要结束了，预示要通过新一年的辛勤劳动去赢得更大的丰收。这既是人们对未来美好生活的一种祈求，也是对未来一年劳动生活的一种鞭策。

在新年正月里，人们饮食以精粮为主。而杂粮在传统的节日食品中是不多见的。正月初十吃杂粮水饺还有一个有趣的民间传说。相传很久以前，在淮河北岸的一个村庄里有户人家家里很穷，每年总是半年粮半年菜地过日子。这一年春节，这户人家好不容易凑了点白面刚好够初一早上吃饺子用，

五彩杂粮饺子

算是全家过了个欢喜年。可是到了初十这天，按传统也要吃饺子，拜祭石头神，以保佑一年粮食丰收，事事顺利。但仅有的一点白面已经用完了，在万般无奈的情况下，这家女主人灵机一动，心想只要心诚，没有白面用杂面包顿饺子吃，想必石头神也是不会怪罪的。于是就把家里的地瓜面、豆面等掺合起来包成了杂粮饺子，全家高高兴兴地吃了一顿杂粮饺子。想不到这一年正好淮河两岸遇上了大旱，到插秧时土地干得像石块一样无法下种，家家户户都为此犯了难。那户穷人家仅有的几分薄田虽不靠近河边，但土壤到了下种的时候却变得一片湿润。这家主人于是抓紧时间播下了种子，赢得了一个丰收年。这在当地被传为佳话。后来有人说因为这家主人心诚感动了石头神，于是将地下的泉眼移到了这户人家的地里，让地下的泉水浸透了土壤，给这家贫困的生活送来了一份过年大礼。后来，此事越传越神。第二年正月初十,许多人家也开始学着在这一天包杂粮饺子吃,名曰“石头生”。人们希望有一个风调雨顺的年景,于是就借这种食俗的形式表达出来,这也是我国民族食俗文化的一个特征。

（五）“老鼠嫁女”吃饺子

在河南、山东的部分地区至今流传着“老鼠嫁女”吃饺子的习俗,这在钟敬文先生《从文化史角度看〈老鼠娶亲〉》一文中有详细论述。相传正月十七是老鼠嫁女的日子。这一天恰和正月十五元宵节相近,许多农家要包饺子吃，一是为了改善生活，二是为了给老鼠嫁女助兴,以和庄稼的天敌搞好关系免遭侵害。此俗在当地民间流传甚广。传说古时候有位老人有一天在粮仓边发现一只老鼠，被设在粮仓门口的铁夹子给夹住了。老人家看到老鼠被夹的可怜样子生了恻隐之心。于是就上前打开夹子,救了这只老鼠。没想到被老人救下的是一个老鼠精。当时，老鼠精摇身一变变成一个美丽的姑娘，恰好老人膝下无子，就认老鼠精做了自己的干女儿。正月十七是老鼠女儿出嫁的日子，老人按人间习俗于此日包了一顿饺子让女儿吃，然后高高兴兴地送她上了轿。由于老鼠女儿的关照，老人家的粮食从未遭到鼠害，而且总是仓满囤流，令人羡慕。从此以后，人们就学着老人的样子在正月十七这天包顿饺子吃，然后吹灯早早睡下，唯恐惊扰了老鼠的喜事。也有的老人说，正月初七、十七、二十七都是老鼠节。俗语有“初七娶媳妇，十七嫁闺女，二十七日添娃娃”之说，这三个日子都要吃饺子，而以正月十七“老鼠嫁女”最受重视。在人们看来，把老鼠女儿嫁出去给了人家，自己家也就免去了鼠害。吃饺子虽说是为了给老鼠助兴，其实是为了给自己驱害避祸，这是民间祀鼠的目的所在。①

“老鼠嫁女”，人们吃饺子与之同乐。这表面上看颇有点滑稽，但也是有一定的原因的。一是由于在农业生产力十分落后的古代，人们生产的粮食数量十分有限，又屡屡遭到老鼠的偷窃和破坏，于是人们对老鼠产生了痛恨和惧怕。由于老鼠个体小巧机灵，当时人们还不能有效地防御和杜绝它的破坏活动和偷盗行为。于是人们就不得不换一个方式，向它表示出友好的态度。古人认为如果能够和老鼠“和平共处”就可以保护好粮食，于是便有了与老鼠同乐的做法。二是由于老鼠的繁殖力较强，与我国传统的多子多福理念相吻合。于是，民间又把老鼠作为多子多福的吉祥象征加以崇拜。许多民间年画都以“老鼠娶亲”“老鼠嫁女”的传说为题材就是很好的证明。所以，许多地区民间正月十七吃饺子的习俗就与老鼠嫁女的传说联系起来，表达了人们希望像老鼠一样拥有旺盛的繁殖力，以此祈求多子多福、子孙满堂。

三、南方过年团聚有汤圆

在中国人看来，汤圆象征着阖家团圆，吃汤圆意味着新的一年合家幸福、万事如意。在自古以来就盛产米（包括黏性较强的糯米）的南方，每逢过年过节，家家户户都要用米粉包制汤圆，以为年节增添

① 参见钟敬文：《钟敬文文集：民俗学卷》，安徽教育出版社，1999，第 226 页。

吉祥、喜庆的色彩。因此，汤圆之于南方人一如水饺之于北方人，是我国南方传统节日的标志性吉祥食物，也是年节的象征。但许多人对于汤圆的来历与其中的许多故事并不了解，尤其是现在的年轻人甚至并不了解汤圆在南方人节日生活中的意义。

（一）大年初一吃汤圆

汤圆，也叫汤团，又叫圆子或元宵，是用糯米粉做成的一种特色点心。但细究起来汤圆和元宵是有区别的。“元宵”是北方人对汤圆的称呼，因旧俗元宵节吃汤圆，故名“元宵”。元宵与汤圆在加工工艺上最大的区别就在于元宵是用馅料在糯米粉中滚动而成，北方人称之为“滚元宵”；而南方的汤圆是用柔软的糯米面团加馅料搓成的。

在我国南方大多数地区，人们过年是要吃汤圆的，因为汤圆寓意亲人相聚、团团圆圆。如《宁波市志》记载：“春节（年初一）……早上吃汤团（汤圆），寓意团团圆圆……”其实，春节期间，只要有客人来，汤圆是飨客的最佳点心。南方过年吃汤圆的风俗由来已久，据说最早始于宋代，但各地习俗有所不同。不仅宁波，江浙一带都是大年初一早上吃汤圆，四川地区的习俗也是大年初一早上吃汤圆。为了过年能吃上汤圆，四川地区各家各户年前很早就要做准备。先要用酒泡糯米，称为“泡酒米”，泡酒米要在水磨子上磨成米糊，然后将磨成糊状的酒米糊舀进粗布口袋里沥尽水分，再将沥过水分的酒米粉阴干后储存起来。做酒米面的同时要做汤圆心子，即馅料。汤圆心子主要是甜的但也有咸的肉馅。甜的心子各式各样，有芝麻、玫瑰、花生等，依各家的喜好选择。

杭州、宁波的汤圆与四川汤圆不同，特别是宁波人的“圆子”，比汤圆小很多，无馅，一般与酒酿一起煮，放糖，称“酒酿圆子”，当然也有嵌馅的。这一带的人们通常先用优质糯米水浸加水磨成米糊，然后用细纱布袋沥净水分制成糯米面团，再用黑芝麻、猪板油、绵白糖、桂花等做成馅子。制作时把糯米团搓成长条，分成一小段一小段，每段嵌入一块馅，用手心搓成圆形，吃时放入沸水锅中煮至汤圆浮起，加少量冷水，让内馅煮熟，水再烧沸后一个个汤圆就浮上了水面，即可捞出盛入碗内。这样的汤圆，汤清、色白、浑圆而有光泽，入口油而不腻，香甜滑糯，煞是好吃。如果煮的时间过长，汤圆皮薄就有“撑船”的危险，所谓“撑船”即汤圆裂缝，馅子流出。

（二）正月十五吃汤圆

其实，汤圆在南方什么时候都可以吃的，在日常食用中没有那么多讲究，只有过大年和正月十五吃汤圆时有很多寓意。清乾隆年间《宁波府志》记载："‘元宵’十四夜，各家以秫粉作圆子如豆大，谓之‘灯圆’，享祖先毕，即少长共食之，取团圆意。”江浙一带如此，长江上游的四川等地也是如此，正月十五一定要吃汤圆的。在宋代人的著作中，就有关于元宵节吃汤圆的诗词吟咏了。如周必大《平园续稿》中就有《元宵煮浮圆子》一诗，诗中说：

今夕知何夕？团圆事事同。

汤官寻旧味，灶婢诧新功。

星灿乌云里，珠浮浊水中。

岁时编杂咏，附此说家风。

周必大的这首诗所描述的就是元宵之夜期盼与家人团聚的情形，甚至连灶下生火的丫头在为大家煮汤圆时也沉浸在思念故乡的情绪里。元宵节，吃汤圆，忆亲人，得团圆，这个习惯就一直传到现在。很多人都知道宁波的汤圆闻名遐迩，而元宵节吃汤圆，早在宋人的笔下就有描述。宋代宁波人史浩有两首词咏及汤圆。

人月圆·咏圆子

骄云不向天边聚，密雪自飞空。佳人纤手，霎时造化，珠走盘中。

六街灯市，争圆斗小，玉碗频供。香浮兰麝，寒消齿颊，粉脸生红。

粉蝶儿·咏圆子

玉屑轻盈，鲛绡霎时铺遍。看仙娥、骋些神变。咄嗟间，如撒下、珍珠一串。火方燃，汤初滚，尽浮锅面。

歌楼酒垆，今宵任伊索唤，那佳人、怎生得见？

更添糖，拚折本，供他几碗。

浪儿们，得我这些方便。

北方“滚元宵”

第一首是写元宵节灯市上人们吃汤圆的情景，第二首则是写元宵夜歌楼酒店做汤圆、煮汤圆、卖汤圆的情景，史浩把宁波人元宵节吃汤圆的快乐气氛描写得活灵活现，可见这一习俗由来已久。

关于元宵节吃“汤圆”的由来，各地民间多有传说，其中较有代表性的是与西汉著名文学家东方朔有关的故事。汉武帝时期，宫中有一个名叫东方朔的人，貌不出众，却是一个足智多谋、风趣滑稽的人，而且还心地善良，疾恶如仇。在宫里无论是宫女还是其他服务人员，不管是谁触犯了汉武帝，当皇帝怪罪时，他总是第一个上前讲情，因此，宫里的人特别是宫女都对他非常敬重。据说有一年的腊月里，都城接连下了几天几夜的大雪。此时正直蜡梅傲寒待放之时，东方朔就信步去御花园，准备折几支梅花赏雪。不巧刚进园门，就看见一个宫女正泪流满面地向御花园里的水井扑去，东方朔慌忙上前拦阻，救下了宫女。经过一番询问后，东方朔知道了这位宫女名叫汤圆，家住在长安西北的山上，家里还有父母和一个小妹妹。自从她被选为宫女进宫以来，每到了快过年的时候，眼看着很多人纷纷赶回家过年，而自己却不能回去和家人团聚，心中不觉伤悲，心如刀绞。这几天因连绵风雪，天气格外地寒冷，便不由得想起了自己的父母和小妹。心想，既然不能与父母一起生活，倒不如一死了之，一时想不开就来投井求死。东方朔听完了汤圆的诉说，便安慰劝解了一阵子，并答应想办法让她过年与父母、妹妹见面团聚。东方朔由此想到宫女姐妹都会有一肚子思亲眷恋的惆怅，便想出了一个巧妙的计策，准备为宫女们求情，让她们过年能够与家人团聚。这一天，东方朔来到汤圆的家里，和汤圆的父母如此这般地做了安排后，就返回了长安，在大街上卖起卦来。在长安有很多人认识东方朔，知道他识天文，通阴阳，都争着占卜求卦。结果，所有人占卜所求到的签，都是“正月十六火焚身”的卦条签语。旧时由于科技不发达，人们对占卜的签语是非常相信的，于是就非常惊慌地纷纷求问解脱灾运的办法。此时东方朔神秘地告诉大家说：“正月十三下午，要城里所有长满了白胡子的老人们，到城西北十里铺大道口等候。到了天黑的时候，从西北方向会过来一位骑着粉色银驴的红衣姑娘，她是奉玉皇大帝旨意火烧长安的火神君。一旦见到这位火神君后，父老们要跪在地上拦路哭求，用这样的方法感化她，全长安城就能够得救。”人们听了东方朔的话，就信以为真，便暗暗互相串联。等到农历正月十三日的下午，城里所有长了白胡子的老人们都手拄拐杖来到十里铺等候。天刚擦黑，果然从西北方向过来一位骑粉色银驴的红衣姑娘，父老们一拥而上，苦苦哀求。那姑娘望着悲哀不止的父老们说：“我是领了玉帝的旨意来办事的，火烧长安城的时候，天上的玉皇大帝还要站在南天门监督，如果他看不到大火，我就会被治罪处罚的。既然承蒙父老乡亲求情，我就把抄录的偈语交给你们，到时候你们自己想办法吧。”说完，扔出一张偈语，骑着粉红色银驴回身走了。

众人虽然挡住了火神君，拿到了偈语，但面对这样的情景，都不知道如何是好，于是就委托一位德高望重的老人把这件事通过地方官员告诉了汉武帝。汉武帝看看偈语，只见上面写着：“长安在劫，火焚帝阙，十六天火，焰红宵夜。”看过偈语后，汉武帝觉得大事不好，也急得满头大汗，就急忙请来足智多谋的东方朔，向他求教解救的方法。东方朔听后说：“听说火神君爱吃圆形的食品，我看，十五的晚上可让全城臣民拿出自己家里最好的食品供奉，虔诚祷告，求火神君高抬贵手。再传谕京都臣民一齐动手做灯笼，到了十六晚上，大街小巷，庭院屋门，都挂上红灯笼，满城点放焰火鞭炮。到时满城通红，鞭炮齐鸣，烟火星球横飞，说不定就能蒙住在天上观望的玉皇大帝。同时再把京都四门打开，让城外的庶民百姓进城观灯。皇上、妃子、宫娥彩女，三三五五出宫去街上观灯，混杂在乡下来的那些不在劫的人中，会沾他们的光，托他们的福，就会免去灾难。另外，我们也知道宫女汤圆会做一种圆圆的包馅食品，就让汤圆把这种食物的制作方法教给大家一起做。到了十六晚上，可让汤圆手提大宫灯，把汤圆的名字写上，在前开道，我手端食物跟在后边，穿大街走小巷，虔诚敬奉在长安上空云游的火神君。火神君看到我们如此对待她，定会软下心来，免除长安城的焚火之灾的。”汉武帝一听，心中大喜，就传旨按着东方朔的办法行事。

正月十六，日坠西山，长安城里张灯结彩，乡下的百姓得了消息也都陆陆续续进城观灯。汉武帝脱去龙袍，换上便服，在几个近臣的保护下走上大街。娘娘贵妃，宫娥彩女，也三五成群地离开了皇宫。整个长安城，灯火通明，火球横飞，焰火满天，好看极了。汤圆的妹妹领着父母也来长安观灯，当她看到写有“汤圆”字样的大宫灯时，惊喜地高喊：“汤圆姐，汤圆姐。”汤圆听到喊声，来到父母跟前，一家人团聚在一起。

长安城闹了一夜的灯火，京都安然无事，汉武帝的心也落了地，不觉心情欢喜，于是下旨第二年正月十五照样供奉火神君，十六晚上照样全城挂灯放焰火。从此以后，正月十五闹花灯、吃汤圆的习俗就被传承了下来，年年如此，至今不衰。因为传说十五晚上所供奉的圆形食品，是宫女汤圆教大家制作的，于是人们为了纪念她，就称之为“汤圆”。

民间传说未必可信，但民间生活是所有风俗习惯的形成因素却是事实，至今有的地方还在每年的腊月二十三用汤圆供奉“灶王爷”。其实，早年间人们的生活条件普遍不是太好，在南方，对于平常人家来说汤圆是稀罕之物，就像北方人家的水饺一样，只有在年节、重要庆典活动时才吃得到。渐渐地，汤圆成为年节美食的代表，且被民间赋予了祥和、团圆、吉利的寓意。正因如此，在江浙及其他许多地方，汤圆不仅在年节里成为不可缺少的吉祥食品，而且在一些重要的喜庆活动、民俗礼仪中也少不了它的身影。如在婚宴中汤圆是必备的食物，以至于当地人称喝喜酒为“吃汤团”。喜宴的第一道菜就是放了红糖的汤圆，寓意红红火火，团团圆圆，美满幸福。有的地方住新房或重新砌了灶台，人们第一锅烧的食物就是汤圆，有团结齐心创家立业的意思，前来祝贺的亲朋好友吃着汤圆也会觉得沾到了喜庆、吉祥之气。虽然现在汤圆成为日常生活中的普通食品之一，但在年节、喜庆之时食用仍然有着不同一般的吉祥意义。

（三）过小年吃汤圆

在南方有的地方在腊月二十四就要吃汤圆。腊月二十四吃汤圆有两层意思：一说是过小年，圆圆的汤圆喻一家团圆，形象贴切；另一说是“送灶神”，司管一家人全年运程的灶君要上天庭向玉皇大帝汇报这一年来全家人的所作所为。民间俗信认为灶君临走前吃顿好的，上天后则能汇报好事善事。所以过小年吃甜味的汤圆，是让灶君“吃甜甜，说好话”，以期玉皇大帝赐福气、降好运。

但在我国南方许多地区的民间实际上是把冬至当作小年看待的，如宁波民间就有“冬至小年夜”“冬至大如年，皇帝佬倌要谢年”的俗语。旧时的宁波每到冬至这一天，几乎家家户户都要用芦穄粉搓圆子，当地人叫作“芦穄汤果”。后来随着芦穄粉的使用逐渐减少，就改用糯米粉调制成面团搓圆子，也有的人家在其中加一些番薯粒，就叫“番薯汤果”。冬至的圆子煮熟后，先要用来供奉灶王爷，民间俗信认为，灶王爷虽不是什么地位高大的神，但能保佑一家人平安吉祥。供奉灶神仪式后，全家人围坐在一起吃圆子。在当地，冬至这一天要像大年初一一样，长辈嘱咐小孩不可大声啼哭，大人也不能打骂孩子。无论大人孩子都要谨慎做事，不可以摔坏东西，也不能说不吉利的话，否则就会被认为对全家今后的日子不利。

人们吃过了冬至、小年的汤圆就开始进入过年的氛围。在这种氛围里，人们的心情是愉悦的，尤其是孩子们。孩子们长大后无论在什么地方，每到这个时候就会想起汤圆带来的快乐。这就是传统民俗文化的魅力所在。

四、过大年的其他吉祥食品

春节，是我国农历的新年，民间俗称“过大年”，是中华民族传承了几千年的最为隆重的节日。民间过年有着丰富多彩的礼俗年趣，其中许多食俗食趣沿袭至今。除了前面所介绍的最典型的年糕、水饺、汤圆这三大过年吉祥食品之外，其实各地还有很多用于过年的其他吉祥食品。其中最有代表性的就是年夜饭中的各种食品。

（一）年夜饭里的吉祥食品

吃年夜饭是春节家家户户最热闹的时光。年夜饭，也叫团圆饭，除夕夜阖家团聚，爆竹、纸火之后，丰盛的年夜饭摆满一桌，人们既是在享受满桌的美味佳肴，又是在享受那份年节的快乐。年夜饭的讲究在于满桌的菜品都有美好的寓意，人们俗称“讨口彩”。下面以我国北方大年三十的年夜饭为例，列举部分吉祥菜品。

1. 来年菜、来年饭：在北方，大多数人家的年夜饭中都会有一种特别的什锦炖菜，叫作“来年菜”，还会有一盆混合米饭，叫“来年饭”，不仅家人吃，也供奉祀用。此饭、菜必须是大年三十子时以前做好，留在年后慢慢食用，意为年年有“剩粮余财”，取一年到头吃用不完，今年还在吃用去年的饭菜之寓意。“来年饭”要用盆盛，一般用大米和小米混合做成，先在开水锅里焯一下，然后再蒸熟，米有黄有白，其意为“捞金挣银，有金有银，金银满盆”。而“来年菜”也是年前炖好，菜里有豆腐、韭菜、猪肉、鱼等，取其谐音，谓之“长久有余财”，总之都是为了讨口彩，图吉利。

2. 团圆饼：山东民间最有代表性的年味礼馍是年夜饭中必须人人皆吃的“团圆饼”。“团圆饼”的制作比较简单，用发酵面团，做成厚 5 ~ 6 厘米、直径 30 ~ 40 厘米的面饼，中间夹上大枣、糖块、栗子之类，在饼面的中间粘放一对用面团制作的“元宝”。“元宝”的四周均匀粘放代表全家人属相的面团，在吃年夜饭时，各人将各自属相的面团吃掉。此饼由于汇集了全家人的属相，自然寓意阖家团圆，故名“团圆饼”；饼内还藏有糖块，象征新的一年中全家人的日子甜甜蜜蜜、团团圆圆。

3. 过年饽饽：山东东部地区，年夜饭里有一种包菜的大包子，人们叫作“菜饽饽”，菜是财的谐音，饽饽有蓬勃发展的意思，吃菜饽饽取其发财之意，谁吃得多，就意味着多发财。所以，当晚家人会尽量多吃几个，图个吉利。

4. 鱼：各地年夜饭的餐桌上，鱼是必不可少的吉祥食品，做法有蒸、有炖、有炸，寓意“年年有余”。但比较有特色的是山东东部地区的做法，年夜饭的鱼是一条完整的带鱼，要把带鱼一圈一圈地盘绕在一个大碗里，蒸熟后全家人共食，谓之“圈福”。

5. 芋头：就是北方常见的毛芋头，许多家庭要留少量的毛芋头在年夜饭食用，当地说因为芋头滑滑溜溜，吃起来顺顺利利，寓意吃了毛芋头，会在新的一年里顺顺利利、万事如意。

6. 南瓜：北方许多地方称为方瓜，也叫金瓜，金灿灿的颜色，用刀切成长方形的块儿，象形“金砖”，象征财富。有的家庭在切金瓜的时候，还要用力让刀和案板发出“砰砰”的声音，家里老人要问儿媳妇：“砍什么？”答：“砍金瓜，来年金山到咱家”。不仅讨个口彩，也为家里增添了节日的气氛。

7. 和菜：“和”与“火”谐音，表示来年“红红火火，全家发财”。一般和菜也叫“合菜”，是用各种的蔬菜凉拌而成。

8. 火锅：无论南北方，年夜饭时火锅是必不可少的，热气腾腾的火锅寓意美好的日子“红红火火”，全家人围坐在一起吃火锅，也有团团圆圆的意思。

9. 煎堆：煎堆是广州人过年的必备吉祥食品之一。自古以来，广州人对过年都是极为重视的，而且有着良好的习俗传承。因为新岁伊始，人人都祈求能够有一个顺心如意的开始，并希望新的一年里万事如意、大吉大利。而过年的代表性食品煎堆，就成为广州人寄托美好希冀的载体，由此煎堆就成为广州人年夜饭不可缺少的吉祥食品。煎堆，是一种用糯米面团制作的油炸小食品，在珠江三角洲一带非常盛行。除了过年必备之外，在有些隆重的节日或婚嫁迎娶中，它也被看成是必备的喜庆吉祥之物。于是在广州当地就有了“年晚煎堆，人有我有”的俗语，就是年夜饭上，家家户户都必须有煎堆陪伴。广州人做的煎堆，大致有两种：一类是以糖米花为馅料的实心煎堆，一类是以糯米粉做皮的空心煎堆。这两种煎堆各有特色，实心的煎堆皮酥馅脆，而且实惠好吃；空心的煎堆则脆中略软，丝滑香甜，而且富有情趣。从制作上看，空心煎堆颇讲技巧，它能体现出主妇的心灵手巧。对于广州人来说，煎堆的制作过程既有辛苦，也充满了过年的喜悦之情。煎堆的制作首先是磨米粉，要把糯米粉磨得又细又滑，糯米粉经过粉筛多次筛淘，筛除粉渣。煎堆要在大年三十的两三天前制备，开油镬炸煎堆的时候，先把糯米粉调和成柔软的面团，从中取一块小小的糯米粉团，然后往里轻轻吹气，慢慢地吹成一个厚薄匀称的空心粉球，便小心翼翼地放在簸箕上并盖上干净的薄棉布，以防水分蒸发。制作的过程中，人们可以嬉笑说闹，但绝不可说出半句粗俗或不吉利的话来。因为这煎堆代表了这个家的吉祥和一家人对幸福的企盼。大人制作煎堆时，家里的小孩是不能够随便触碰的，只能站在一旁看热闹，等到大人快把煎堆做完了，才允许孩子们把剩下的粉头做些“银脷”“银盒”“鹅仔”之类的玩意儿，放进锅里炸制，也为孩子们增添了节日的乐趣。用油镬炸制是制作煎堆最关键的环节，下锅前人们的神色变得庄重，甚至有些虔诚，为的是图个好“意头”。一般大批量炸制前，先挑出几个做工精细的放进油镬里，等见到油镬里的煎堆随着油温的升高“滋滋”地膨胀起来，慢慢地变成了金黄的小金球后，大人的脸上会露出满意的笑容，小孩子则欢呼雀跃，齐声连连欢呼：“发了！发了！”以

煎堆

此讨个喜庆象征和吉利的口彩，此时大人才会笑着说：“好了，好了，明年又要有好世界（好日子）啦。”所谓“煎堆碌碌，金银满屋”的俗语，表达的就是这个吉祥的意思。据记载，广东人制作煎堆由来已久。明末清初文学家屈大均在《广东新语》中已有记载：“广州之俗，岁终以烈火爆开糯谷，名曰炮谷，以为煎堆心馅。煎堆者，以糯粉为大小圆，油煎之，以祀先及馈亲友者也。”清末民初有一首《羊城竹枝词》，描写广东人家过年送煎堆的情景，其中有“朱盒描金红络索，馈年呼婢送煎堆”之句，可见当时人们已经把煎堆作为年节礼品，在亲朋好友间互相赠送，以表达欢娱的心情。据专家考证，煎堆是由唐代以前的“煎䭔”（duī）传承演变来的。经过几百年的发展，广州的煎堆也由一种民俗吉祥食品成为著名的特色小吃。现如今，在煎堆“家族”中，品种繁复多样，有米花煎堆、空心煎堆，还有以地名命名的煎堆等。品质好的煎堆应呈圆球形，而且要气鼓圆满，既寓有团圆之意，又有“碌得起”（粤语中“鼓”和“碌”谐音）的吉祥意蕴。

10. 豆腐、豆包：年三十晚上吃豆腐或豆包，有“斗福”“都有福”之意，自不待言。豆包是一种特色食品，是把红小豆煮软烂后用刀剁成大小不一的颗粒，加进稀软的发酵面浆里，加入适量面粉揉成面团，制成长条形的馒头蒸熟，也有的地方叫“花斑马”，既有“都福”的寓意，也有龙马精神的意味。

11. 炸制食品：北方许多地方的年夜饭讲究吃炸制食品，常见的有炸藕盒、炸肉丸、炸鱼、炸松肉等。这是因为旧时老百姓生活比较清苦，一般家庭只有在过年的时候才舍得用大量的油炸食品，寓意“越炸越有”。此外，油炸食品在冬季容易保存，因此是北方民间过年用来款待客人的最常见的菜肴。

（二）年夜饭里的吉祥名称

无论南方北方，过年时所有的事项都要讨个祥和、吉利，并对未来的生活寄予美好的希冀。以饮食而言，几乎所有年夜饭中的食物不仅要有寓意，并且名字也要讨个口彩。

先说我国年夜饭吉祥菜名的寓意。旧时在浙江的杭州地区，过年时家宴食用的菜肴每一道都有讲究，其中典型的和“十碗头”，包括的菜肴有元宝鱼、元宝肉、白斩鸡、彩蛋、暖锅儿、八宝菜、如意菜、长生果、藕富、豆沙春卷等，这些菜肴要从年三十一直吃到元宵节。且不说这些菜肴的用料如何，仅从这些菜肴的名字就能感受到吉祥如意的含义。

元宝鱼，顾名思义，元宝是财富的象征，鱼则是年年有余的意思。旧时，元宝鱼是年三十餐桌上必不可少的菜肴，但因那时鱼是比较珍贵的，只能看不能吃，一定要放到元宵节才能吃，其中也有仪式的需要。精明的主妇通常会买小一点的鱼制作成元宝鱼，万一放置的过程中腐败变质不能吃了，也不会太心疼。

元宝肉就是鸡蛋和五花肉搭配在一起红烧，貌似元宝，有聚福聚财的意思。

白斩鸡又叫白切鸡，在南方菜系中普遍存在，民俗认为“白”有清清白白之意，“斩”有斩断一切祸根的意思，“鸡”与“吉”谐音，象征在新的一年里去掉一切不如意的事情，带来一年的吉祥富裕。

彩蛋其实就是皮蛋，过年的时候称之为彩蛋不过是想讨个好彩头。

暖锅儿类似于现在的火锅，不过是用来炖煮各种食材。全家人围坐在一起既吃到美食，又感受到团圆的欢乐。据说，放在里面的食材也很有讲究：有肉圆，代表团团圆圆；有蛋饺，形似元宝，代表财富；有年糕，寓意着一年要比一年好。

八宝菜里的主要材料有黄豆芽，因为发芽的黄豆象征着“发”。如意菜里也有豆板，也是代表“发”的意思，此外里头还有冬笋丁和冬腌菜。此菜因为清口而备受欢迎，因此有如意菜的美称。所谓“八方来宝，万事如意”就是这个意思。

藕富这道菜象征富贵。藕里有洞，叫作“路路通”。里头的配料有寓意早生贵子的红枣、表示样样都齐的带芽的荸荠，还有一种两个角的菱角象征元宝，其他就是白果、栗子、黄豆。这道菜是甜的，寓意来年生活甜甜蜜蜜，路路畅通，如意美好。

“两碗头”是长生果和豆沙春卷，现在都已经成为人人喜爱的风味小吃。长生果的名字不用介绍，有绵远长久之意，也有祝福老年人长寿的意思；而豆沙春卷则有迎春之意。

旧时苏州一带民间，年夜饭的菜肴名称都要有喜庆的寓意，为的是讨个口彩。例如年夜饭的餐桌上必须要有青菜，但不能叫青菜，得叫安乐菜；还要有黄豆芽，也不能叫黄豆芽，而得叫如意菜等。湖南南部地区民间的年夜饭必须要有一条体态肥美的大个儿鲤鱼，但不能叫鲤鱼，而是称之“团年鱼”，象征年年有余。餐桌上还得有一个 3 公斤左右的大猪肘子，称之为“团年肘子”，是财富的象征。在安徽南部山区，年夜饭的菜肴不仅要寓意美好，而且要有趣味，为的是增添节日的喜庆气氛。第一道菜是“中和”菜，分别用豆腐、香菇、冬菇、虾米、鲜肉等搭配制作而成，寓意为“和气生财”。合肥民间的年夜饭饭桌上要有一碗“鸡爪豆”，寓意“抓金豆，发大财”；年三十晚上，家里的主人必须要吃一只鸡腿，取名“抓钱爪”，意味着明年通过勤劳付出可以招财进宝。而在安庆地区的民间，一家的主人则要在年夜饭之前吃一碗面条，取名“钱串子”，寓意长长的面条就是穿钱的绳索（古时候的铜钱中间有个方孔，可用细绳索把它们穿成一串串的）。在长江以南大部分地区，年夜饭的餐桌上必须要有一道素馔，人们称之为“八宝菜”，也叫“传家菜”，一般是用干菜丝、胡萝卜丝、千张丝、榨菜丝、蘑菇丝、生姜丝、咸菜丝、芝麻等八种常见原料组合而成，寓有“丝丝相连，代代相传”的意思。在我国的北方地区，有许多人家在年三十的夜晚，要把饺子、面条一锅同煮，美其名曰“金丝穿元宝”，是财富的象征；还要将青菜、豆芽搭配在一起炒个菜肴，寓有“亲亲热热”“如意吉祥”等意思。这些都是以菜肴的名字讨口彩的用意，以祈求吉祥如意、年年幸福。

年夜饭追求菜名吉利，在我国的广东地区是最为突出的。大酒店的菜肴名称尤其讲究，这些菜肴的取名大致可分为如下几类：

1. 富贵美好类。常见的如“百花”“锦绣”“牡丹”“白玉”等，是粤菜菜名表示“富贵美好”的常用语。“百花”通常指“花胶”和“虾胶”，如“百花鱼肚”“江南百花鸡”“百花酿双菇”等；因有“百花锦绣”的吉祥俗语，所以“百花”有时也衍生为“锦绣”，如“锦绣玉荷包”“锦绣龙凤羹”；“牡丹”即蟹黄，如“牡丹乳鸽脯”“牡丹酿豆腐”，里面的“牡丹”即指蟹黄。

2. 金玉满堂类。常见的如“金玉”“白玉”等。“金玉”大多用南瓜，色金黄，透着金光，象征金银财宝；“白玉”也叫“碧玉”，即冬瓜或节瓜，如“白玉瑶柱脯”（是用瑶柱、元贝、虾肉酿节瓜环制作而成）、“碧玉绣球”（即冬瓜鱼肉丸）。

3. 鸿运吉祥类。多见“彩云”“玉树”“金钱”“瑞气”“龙凤”等用语，“彩云”指的是云南火腿，“玉树”即芥兰，“金钱”即香菇，“瑞气”即甲鱼（又称山瑞），“龙凤”指虾鳝和鸡鸟等。代表菜式如“彩云飞凤”（云腿炒鸽片）、“玉树金钱”（芥兰扒北菇）、“瑞气吉祥”（全只甲鱼或鳖鱼炖甲鱼，甲鱼寿命较长故称“吉祥”）、“锦绣龙凤羹”（鲜虾仁、鸡肉等做的汤羹）。这类菜名较多，有些取名也不一定与食材相符，但意义皆美好，比如“鸿运照福星”（八珍鱼肚羹）、“大展宏图”（蟹黄炒桂花鱼翅）、“生意兴隆”（瑶柱扒香菇）、“祝君如意”（瑶柱、榆耳、竹荪、蟹肉、蛋白、露笋等的集锦）等。

4. 事顺家旺类。常见如“一帆风顺”（原只烹焗鲜蟹，以蟹盖喻风帆）、“状元及第煲”（元贝、虾仁、生肠、水发蹄筋等，取元、蹄（第）之音和龙、发之意）、“锦绣红鸾”（虾胶蒸酿鸭，夜香花铺面）、“岁晚大团圆”（露笋、鲜菇、白菌、肉丸、豆腐、粉丝等，中间放车厘子）等。

这些菜肴的名称大部分都用吉祥用语来直接表达，用餐的人一看便能知道其中的寓意。近年来，随着广大百姓生活水平的日益提高，过年到酒店吃年夜饭的人家越来越多。所以，现在过年的时候，不仅广东人讲究赋予菜肴、食品一个吉利上口的名字，全国各地也把这种习俗广泛运用到年夜饭中，如：

年年有余——水煮鱼，“鱼”跟“余”字音相同，有年年有余之寓意，家中粮食、财富有剩余，家财兴旺。

富贵吉祥——小鸡炖蘑菇，“鸡”与“吉”字音相近，寓意富贵吉祥。

恭喜发财——红扒猪手，新年必定要有猪手、发菜，寓意大发横财。

节节高升——糖醋排骨，排骨皆为小节，寓意节节高升。

事事如意——清炒豆芽，黄豆芽形似如意，有“如意菜”的名称，寓意事事如意。

聚财聚宝——白灼荠菜，荠菜音似“聚财”，寓意招财。

一路通顺——凉拌藕片，清爽酥脆的藕片取其形状，意为路路通顺。

总之，一年一度的春节，对于中华民族来说，既是家人团聚的时候，也是各色吉祥食品汇集的时候，而人们赋予各种食品以美好寓意的习俗，给节日的饮食又平添了许多情趣和美好意蕴。也许，我国民间“过大年”的吸引人之处恰恰就在于这些包括春节食俗食趣在内的形形色色的民俗文化活动。

五、过年祭祀食品与祈福

众多学者的研究表明，我国过大年的习俗起源于先民的原始崇拜与祭祀活动，几乎所有过年食品都可以成为过年供桌上的祭祀品。但在多年的传承中，还是有一些典型的祭祀食品。不过这里所说的典型祭祀食品也是相对而言，当完成祭祀功能之后，其实它们还是被作为食品被人们吃掉。

过年的祭祀活动内容很多，人们会把最美味、最珍贵的食物奉献给神灵、祖先，一方面是表达人们对大自然的敬畏与崇拜，通过敬献美食来赢得神灵的护佑，祈求在新的一年里能够风调雨顺、五谷丰登。因为在古代由于科学技术不发达，人们没有能力去战胜一些的自然灾害，于是就期望借助这种方式来赢得神灵的保护。另一方面，人们在祭祀祖先的时候，除了慎终追远、悼念亲人之外，也是祈求列祖列宗的在天之灵能够保佑后人禳灾避祸、健康幸福。祭祀活动本身及用来祭祀的各种食品都与人们祈求幸福平安、生活美好等吉祥愿望密切相关，因此不管在选择食物还是加工食品的时候，人们必须用一颗虔诚的心和恭敬的态度来对待，以免因为不敬的举动而使神灵或祖先不高兴。由此，此类祭祀活动都是人们求吉祈福心理的表征，都是人们对健康幸福、美好生活追求的一种表达方式。

（一）牺牲祭品

我国先民最初的祭祀活动都是以献食为主要手段的。《礼记·礼运》称：“夫礼之初，始诸饮食。其燔黍捭豚，污尊而抔饮，蒉桴而土鼓，犹若可以致其敬于鬼神。”这段话的意思是说，我国的祭祀礼仪活动最早起源于人们向神灵奉献食物，燔烧黍稷、猪肉来供奉神灵进食享用，在生活资料匮乏的年代，人们只能凿地为井穴，用双手捧水献给神灵，用木棒敲击土鼓作为音乐，通过这些行为希冀把人们的祈愿与敬意传达给神灵，以博取神灵的护佑。研究文字的起源时人们发现，表示“祭祀”的字多与饮食有关。

在诸多吉祥食物中，祭祀又以肉食为最。早期，获得肉食是很不容易的事情，人们为了捕到动物，甚至要搭上性命。即便是在畜牧业发展起来之后，肉食也仍然属于珍贵的食品。长此以往肉食就成为我国古人献给神灵、祖先的主要祭品。

整猪祭祀台

古代人们用于祭祀的动物被称为“牺牲”，常用的包括马、牛、羊、鸡、犬、猪等家畜，后世称为“六畜”。“牺牲”中规格最高的是整只的牛、羊、猪三牲，在古代称之为“太牢”，是皇室祭祀活动使用的祭祀品。以整只的牛、羊、猪作为祭祀品，对于一般的家庭来说经济条件达不到，所以通常是以猪、鸡、鱼等充作“牺牲”，民间称为“供品”。

以北方家庭过年供桌上的肉类大件祭祀食品为例，常见的为猪、鸡、鱼。猪作为祭祀品时，讲究的人家是用一个完整的猪头摆供，而一般家庭大多是用一块煮熟或煮至半熟的猪肉摆供，用猪肉作为祭祀品，最能表达祭祀者的虔诚心情，因为猪肉在传统的民间食物中是最好的美食，加之，一是为了保持形状完好，二是为了能够较长时间保存。“肉”与“有”谐音，用猪肉祭祀也是人们希望神灵保佑自家的日子越过越有。鸡作为祭品时，一般为整只鸡烹熟，盛于大盘内；也有把鸡剁成几个大块，烹熟摆于盘内的。因为“鸡”与“吉”谐音，其寓意不言自明。鱼自古以来就是被老百姓用于祭祀的食品，用整条的带鳞鱼，因“鱼”与“余”谐音，有祈求年年有余之意。除此之外，还要根据各自的家庭情况搭配一些普通的菜肴，如芹菜炒肉、炸藕盒、炸香椿芽、酱猪肝等。

在有的少数民族地区，人们将鱼、兔等野味用于祭祀，但不属“牺牲”之列，以此表达人们对神灵和祖先的虔诚之心。佛教传入我国后，许多信仰佛教的家庭用五谷、果品蔬菜作为常用的祭品，称为“斋祭”。除此之外，美酒也是过年祭祀神灵和祖先的常用祭品。

（二）祭祀礼馍

在北方广泛种植小麦的地区，许多地方用发酵的面团制作出花样众多的年节礼馍，并把这些礼馍充当祭祀食品。礼馍，民间称为“花馍”“花饽饽”“枣饽饽”等，是用小麦面粉加工而成的特色面食，仿动物的如蛇（俗称小龙）、刺猬、锦鸡（俗称圣鸡）、燕子、鱼、猪、狗（十二生肖）之类；仿植物的如莲子、百合、玉叶等；还有其他造型的如元宝、金梭（俗称圣件）、供馍（半圆形）等。这些礼馍不仅制作得惟妙惟肖，而且在使用时也各有含义及特定的时间、场合。

1. 半圆形供馍。这是一般家庭过年的供桌上除了三牲以外最主要的大件，制作时以半圆形为宜，大小不等，不加任何点缀。列祖列宗供用大的，每 5 个一摞，供桌上一般 2 摞或 4 摞；财神及其他供用小的，也是 5 个一摞，一般 2 摞即可。北方人称的馍，旧时叫作“馒头”，也叫“馒首”，是祭祀时的必备供品。馒头在许多地区又叫“大饽饽”，“饽”与“百”谐音，因而“饽饽”还有祈求长命百岁、长长久久之意。

2. 十二生肖礼馍。在北方许多麦作地区，人们过年要用发酵面团制作大小不一的生肖饽饽，它的主要用途有两个方面：一是过年时分别把不同的生肖放置在相应的地方，以祈求吉祥福气，如在盛米面缸的旁边放置小龙（也叫神虫）、鸡窝旁边放置面鸡、养猪的地方放置面猪等，其寓意不言而喻；二是在过年的“团圆饼”上按照家庭的人数和相应的属相，制作生肖饽饽面，于年夜饭时各自把自己的面属相吃掉，以祈求在新的一年里家人平平安安，万事如意。

3. 发纸饽饽。按照旧俗惯例，大年三十全家人要守夜，到了子时辞旧迎新，家家户户要灯火通明、鞭炮齐鸣，还要化纸钱、燃香烛等，民间称为“发纸”。发纸的时候，在纸钱点燃后要用礼馍压在上面，谓之“发纸饽饽”，其用途有二：一是发纸钱本身就意味着发财，“饽”的谐音，有生意蓬勃发展、好日子蒸蒸日上的意思；二是起镇压的作用，让纸钱在原地燃烧，起到保护安全的作用。在山东有些地区，压纸钱的时候，不同的祭祀对象使用的发纸饽饽不同，如给列祖列宗用大供饽饽、给财神用元宝饽饽、给天老爷用圣鸡饽饽、给土地爷用刺猬饽饽等，各安其位，不能乱套。此俗在许多地区沿袭至今。

春节各色花式礼馍

（三）其他祭祀食品

无论南北方，过年时几乎家家户户都会准备祭祀供桌。其中的供品也是各式各样的，可谓丰富多彩。在主供桌上有先人的灵牌，在灵牌的前方摆上祭具，碟子、酒盅、茶碗、筷子，大多与饮食有关。供品中酒和茶必不可少，而且一般成双成对摆放酒茶具。然后是水果，南方的水果品种较多，北方一般有葡萄、山楂、大枣、石榴、海棠果等，而且也是各有寓意。如葡萄、石榴有多子多福之意，山楂、大枣有红红火火之意等。还有的地方要摆放一些干果，如黑白瓜子、炒花生等，也是各有寓意。

不同地区供祀的食品也各有不同，如有一种特色食品“大笼粄”，也叫“天粄”，是广东惠州民间过年必备的祭品。大笼粄实际上是一种特制的糕类食品，由于过年时多用来祭神、祭祖、祭灶君，所以被视作是过年必备的祭祀食品之一。大笼粄的制作在用料上和北方的年糕有所不同，和南方客家人制作的“甜粄”相近，都是用糯米粉和糖品为主料加工而成。制作时，先将糖煮成糖浆，凉至90度左右后缓缓倒入糯米粉中调和，浓稠度至用筷子可拉起条状（行话称“背带粉”），然后用大盆盛好，放到锅里用猛火蒸一两个小时熟透即可，开锅晾凉备用。大笼粄是惠州人过年必备的重要食品，用作祭品时，要在蒸好的大笼粄上贴一张红纸条，有祈求生活甜甜蜜蜜、红红火火之意。当地人认为，经过祭祀仪式后的“甜粄”，无论是家人食用，还是用来馈赠亲朋好友，都会带来吉祥幸福的好运气。在惠州，还有一种名字叫水粄的食品，也是祭祀供桌上的必备之品。水粄也是一种年糕制品，但要蒸至七层，故又称作七层粄，有“七孔灵台”的象征，祈求神灵保佑家人节节高升、年年发财。水粄不仅在过年祭祀时使用，还用作每年“六月六太阳诞”的专祭食品，故“六月六，食水粄”成为惠州一俗，其寓意与过年祭祀是相同的。

在我国民间，过年是要给“天地神”单独摆设供桌的，但“天地神”的供桌与列祖列宗的供桌有区别。家庭过年祭祀天地神叫作“敬天地”，一般是在院中搭建一个“天地棚”，设“天地杩子”，也叫“香台子”“天地窝子”，坐北朝南，北壁设一祭桌，上挂玉皇大帝画像，供奉有“天地三界十方万灵真君”或“真宰之神”的牌位，然后摆供。供品多为鸡、肉、鱼，也有些地方加一些炸货。有些地方的供品为半熟的整鸡、整鱼或猪肘肉，供品上要用芫荽、菠菜做成“菜头”点缀，外加水饺、酒、馍等。其他贡品也各有祈求降福、保佑美好生活的吉祥寓意。供品以三为上，三碗菜，三碗米饭，三碗水饺，三杯酒，三个馍。“三”作为一个数字被人们赋予特别的含义为我国传统文化所独有，老子所谓“道生一，一生二，二生三，三生万物”，这里的“三”便成为无限多的代表。所以，“三”在供桌上所代表的是人们祈求可以得到用不完的财富和享受不尽的美好生活的含义。

（四）小年习俗与祭祀食品

我国各地都有农历腊月二十三或二十四过小年祭灶的习俗。在民间灶王爷平日里不受重视，这从过大年时给灶王爷摆的非常简单的灶台供（因为没有单独供桌，供品是摆在灶台一角）就可以看出。但民间在小年时，对祭灶的活动却非常重视，而且有专门用于祭灶的食品。

1. 祭灶的来历

关于小年祭灶的来历，在我国中原地区流传着一个民间传说：在很久以前，有一对夫妇虽然想尽一切办法但就是没能生育，企盼儿女的心情非常迫切。不想就在他们晚年，喜得一宝贝儿子，两人视儿子如掌上明珠，十分疼爱。不过二人年纪大了，劳动能力下降，家中十分贫困，几乎到了难以糊口的境地，不得已只能忍痛让自己的儿子外出到一个煤矿去挖煤。儿子这一去就是十几年，由于矿山交通不便，音信全无，两个老人日夜想念儿子。老太婆省吃俭用，积攒了一点路费，就让老汉到煤矿上去看看儿子。上路不久，老汉很幸运地遇到了一个打赤脚的同路人，两人边走边聊，逐渐熟络起来，一路相处得十分融洽。后来在闲谈之中，老汉知道了这位路人就是阎王爷派来的使者，要到煤矿上收回 100 名矿工。所谓阎王爷要收回矿工，不就是要 100 名矿工死掉吗，老汉听后心急如焚，说自己的儿子也在矿上，乞求使者能够留下自己的儿子。没有想到这位使者竟慷慨答应了，并同时嘱咐老汉不要告诉别人，以免泄露天机，还帮助老汉出主意。老汉到了矿上见到了儿子，就开始装病卧床不起，让儿子侍奉左右，因此儿子就一直无法下井干活。没过多久，煤矿果然发生了塌方事故，许多矿工遭到了灭顶之灾，而他的儿子得以幸免。老汉和儿子回家后，转眼三年过去了，这一年腊月二十二的夜里，老汉想起当年儿子死里逃生的往事，就忍不住对老伴一五一十地说了。不曾想老汉的话被灶王爷听到，并记了下来。第二天就是腊月二十三，灶王爷上天庭汇报情况，于是就对玉皇大帝讲了这件事。玉皇大帝听了以后，大为恼火，立即惩罚了那位使者，并同时收走了老汉的独生儿子。因为泄露了天机，儿子也没有保住，老汉后悔不已，但为时已晚。此事后来就在当地传开了，人们为了避免类似的事情发生，就想尽一切办法讨好灶君，特别是在小年这天不能随便乱说话，以祈求保佑家人平平安安。于是，每到腊月二十三这天，人们就敬奉灶君吃灶糖，让他的嘴甜甜蜜蜜，希望他到天宫后，多为人们说好话，不要再搬弄人间是非。久而久之，腊月二十三祭灶的习俗就形成了。虽然这只是一个传说，却反映了人们在无力与大自然灾害做斗争的年代里，通过这样的行为达成消灾避祸、趋吉祈福的心愿。

民间的祭灶仪式多在晚上进行。旧时，祭灶人要跪在灶王爷的画像前，怀里抱一只大公鸡。据说公鸡是灶王爷升天时的坐骑，所以此时鸡不称为鸡，而是称为马。如果是一只红公鸡，人们俗称“红马”，白公鸡则俗称“马”。瓜果香案一应俱全，然后焚烧香表，此时屋内香烟缭绕，充满神秘色彩。男主人借机斟酒叩头，然后祭灶人高喊一声“领”，把酒浇向鸡头，如果鸡扑棱有声，说明灶爷已经领情。如果鸡纹丝不动没有反应，则还要再浇酒，直到有了反应才行。祭灶仪式结束后，人们开始食用灶糖和火烧等祭灶食品，有的地方还要吃糖糕、油饼，喝豆腐汤等。寓意不仅让灶君的嘴说话甜甜蜜蜜，全家人也要在新年临近的时候多说吉祥好听的话，以此获得心理上的慰藉。

2. 祭灶的时间

一般来说，我国各地民间祭灶的日期，大多以农历腊月二十三、二十四为主，也有少数地方是二十五日。虽然灶王爷在诸神中属于小神，但祭灶的时间也是有讲究的，民间有“金三银四”的习俗，也有“官三民四”“兵三民四”等几种说法。下面摘录几则有代表性的旧县志资料，以资说明。

（1）农历腊月二十三祭灶

我国大多数地方都在农历腊月二十三祭祀灶王爷。如北京，“祀灶”（《北京岁华记》）；广东番禺，“小除”，祭灶以花豆洒屋（同治《番禺县志》）；江苏泗阳“祭灶”（民国《泗阳县志》）等。

（2）农历腊月二十四祭灶

我国也有部分地方是在农历腊月二十四祭灶的。如广西新宁，夜备香烛送灶神，俗谓之小年（光绪《新宁县志》）；江苏南京，用灶糖“祀灶”；四川成都：扫舍宇，沿街鬻灶神、灶马及灶糖“祀灶神”（嘉庆《华阳县志》）等。

（3）农历腊月二十五祭灶

少数地区民间有在农历腊月二十五祭灶的，如福建龙泉，薄暮祀灶，是日午时以先送神（乾隆《龙泉县志》），等等。

3．祭灶的食品

旧时人们一般认为祭灶是为了让灶王爷“上天言好事”，所以祭灶所用祭品虽然花样很多但都离不了甜品，常见的有糖饼、甜糕点、糖瓜之类，为的是让灶王爷吃了甜的食品，在向玉皇大帝汇报的时候就会“嘴甜”，说好话。

在河南许多地方，典型的祭灶食品是“灶糖”，也有的地方叫“糖瓜”。灶糖是一种麦芽糖。民间俗信灶糖可以粘住灶王爷的嘴巴，让他到了天上不能够乱说。传说灶王爷是玉皇大帝派到人间专事监督善恶的神，他是天上和人间进行联络的使者。祭灶这天除吃灶糖之外，火烧也是很有特色的节令食品。旧时每到腊月二十三祭灶这天，城镇上的烧饼摊点生意非常兴隆，人们纷纷购买祭灶火烧。在我国的农村，人们大多是自己动手制作烧饼，发面、烙制，一家人热热闹闹，很有过小年的味道。

下面列举部分旧县志记载祭灶食品的使用情况。

江苏：二十四日用灶糖“祀灶”。《金陵赋》注：“吾乡则腊月二十三日祀灶。以胶牙饧为黄白金式，命曰‘灶糖’，荐诸盘中，放爆仗，具刍豆，谓之‘送灶’；至除夕则谓之‘接灶’。”（正德《江宁县志》）

河北：“祭灶”，十二月二十三日，为祭灶日，相传是晚灶君上天朝玉皇，报告人家一年之善恶，以凭赏罚。故各家于是晚供灶君以糖饼、糖瓜。（民国《万全县志》）

内蒙古：十二月二十三日，“祭灶”，以糖饧弥神口，焚之，愿其

上天言好事也。(民国《归绥县志》)

黑龙江：十二月二十三日，俗曰“小年”，以皂(灶)糖“祀皂(灶)”。(民国《呼兰县志》)

天津：二十三或二十四，送备糕饴“祀灶”。(乾隆《天津县志》)

四川：二十四日，扫舍宇，沿街鬻灶神、灶马及灶糖，“祀灶神”，有于前一夕者。前后数日内，人家以米粉和糖，木盒范成饼，用小铁锥击之，曰：“打米酥”，比户皆然，声震闾巷。此风相沿最久。(嘉庆《华阳县志》)

陕西：二十三日或二十四晚，以圆饼、饴糖献厨内，焚纸印灶神像，谓之送灶。(民国《重修咸阳县志》)

山东：二十三日夜，以糖瓜、糖枣之属祀灶，曰“醉司命”，俗呼为“小年下”。(道光《章丘县志》)

陕西：二十四日“祭灶”，制糖如瓜状献之。(光绪《蒲城县新志》)

云南：二十四日，夜以花果、糖饼“祀灶”。(光绪《沾益州志》)

上海：二十四日送灶。用酒、果、粉圆，又谓灶神朝天言人过失，用饴胶牙。俗为“元宝形”，名“廿四糖”。(同治《上海县志》)

很显然，各地所用祭灶食品大同小异，以甜味食品为主。当然，有的地方除了用糖饼，还用糖枣一类的实物，或将祭品做成瓜状，这在北方为多。《日下旧闻考》便记载，以糖剂饼、黍糕、枣、栗、胡桃、炒豆，祀灶君，以槽草秣灶君马。而在我国南方民间，有用橘、甘蔗一类果品的，可能是就地利用特色物产了，人们相信当地的灶神也会入乡随俗，对果品也会有兴趣的。何况这些果品也是以甜味为主，也可以起到“甜嘴”的效果。与“糖饼”“糖瓜”之类共同祭祀灶王爷，可能会有更加明显的效果。

第三章　传统节日食品中的趋吉寄托

除了一年一度的春节，我国广大劳动人民在数千年的生活积累中，还创设了众多的传统节日，而且这些节日至今大多数还在全国各民族的生活中传承、沿袭。我国传统的民俗节日，不仅有极强的季节性和娱乐性，而且无不与饮食及特色食品有着密切的联系。许多传统节日的形成与人们的宗教信仰、祭祀敬神有着密切的联系，使得传统节日中的食品无不具有各种各样的美好寓意，成为典型的吉祥食品。可以毫不夸张地说，我国传统的民俗节日中，几乎每一个节日都有独特的代表食品，并赋予此食品独特的意义，也由此形成了在日常生活中一旦提到某种食品，就会马上与某个传统节日联系起来的惯性思维。为了行文表述方便，下面按照春夏秋冬的顺序，有选择地分别叙述我国丰富多彩的传统节日与节庆吉祥食品。

一、美食春色共吉祥

在我国传统的春季节日中，春节是最受重视的。由于已经在第二章里单独介绍了春节，并且过大年的节庆活动会一直持续到正月结束，因此，春季节日就从二十四节气中的第一个节气开始介绍。

（一）打春与吃春盘

立春，我国民间习惯称为“打春”，是一个兼具岁时传统节日内容与二十四节气天文时序标识功能的日子，寓意春季的开始，时间一般是在二月四日前后，此时太阳位于黄经315° 。从这一天到立夏之间，都被称为春天。立春日是每年农业生产的开始，因此旧时无论是统治阶层还是民间大众，对立春都非常重视，并由此形成了一系列的节日习俗，有的习俗沿袭至今。立春代表的是新一年的开始，旧时人们认为一年的开始是向上天祈福禳灾最重要的节点，于是形成了立春的许多饮食习俗。旧时除了流行鞭春牛等风俗之外，立春这天民间还要吃春盘、春饼、春卷，称为咬春。

1．春盘。春盘是汉族民间节日传统食品。流行于全国各地，江南等地尤盛。民间除供自己家食用外，常用于待客。据史料记载，唐代以后，立春日民间有食春饼与生菜的习俗。饼与生菜装在同一个盘中，人们称为春盘。吃春盘的习俗大约源于汉代，六朝时元旦之日有吃“五辛盘”的习俗，可能与此也有一定传承关系。所以旧时春盘也被称为“辛盘”。明、清之时，人们在春饼、生菜的基础上，又增加了水红萝卜等辛辣之物，据说食之能去春困，人们把这一活动称为“咬春”。生菜有生发之意，用生菜制作的春盘，不仅有表示迎接春天到来之意，而且还有祈求生命在新的一年里生气勃勃、强壮旺盛之意。汉崔寔《四民月令》：“凡立春日食生菜，不可过多，取迎新之意而已，及进浆粥，以导和气。”汉代已有吃生菜的习俗。唐白居易《会昌六年立春日人日作》“二日立春人七日，盘蔬饼饵逐时新”，说的就是立春吃春盘的习俗。宋周密《武林旧事》：“（立春）后苑办造春盘供进，及分赐贵邸宰臣巨珰，翠缕红丝，金鸡玉燕，备极精巧，每盘直万钱。”宫廷的春盘是要极尽奢侈的。《四时宝镜》：“东晋李鄂，立春日命以芦菔、芹芽为菜盘，相馈贶。立春日春饼、生菜号春盘。”清潘荣陛《帝京岁时纪胜》曰：“新春日献辛盘。虽士庶之家，亦必割鸡豚，炊面饼，而杂以生菜、青韭芽、羊角葱，冲和合菜皮，兼生食水红萝卜，名曰咬春。”长安有“立春日吃春饼生菜”，号称“春盘”的食俗。每年立春这一天，人们将春饼、蔬菜等装在盘中，成为“翠缕红丝，备极精巧”的春盘。古人赞美它“大若茶盘”“柔如春绵”“白若秋练”。当然，这样的春盘，除了祈求吉祥美好之外，还有审美与节日娱乐的成分。当时人们相互馈送，既取“迎新”之意，又有相互祝福的含义。杜甫“春日春盘细生菜”的诗句，正是对这一习俗的真实写照。

2. 春饼、春卷。唐代之“春盘”，到了宋时叫“春饼”，后又演变为“春卷”。春饼和春卷都是古人心目中春天的象征，但它们之间是有区别的。春饼是用面烙成的薄饼，卷菜吃。春卷是薄面皮包菜油炸而成。据考证，晋代就有“元日造五辛盘”（即春盘）之说，用大蒜、小蒜、韭、芸苔、胡荽五种辛荤蔬菜；到唐代，春盘内容有了变化，改为莱菔、生菜、春饼；元代已经出现用薄饼卷馅后再油炸的食用方法，也就是最早的春卷。立春之际，春回大地，大葱已出嫩芽，称羊角葱，鲜嫩香浓，吃春饼抹甜面酱，卷羊角葱，称为“咬春”。人们认为，在初春里能够吃到“咬春”的食品，会给新的一年带来福气。旧时，北京人吃春饼更讲究炒菜，把韭黄、菠菜切丝和鸡蛋炒一下，拌和在一起，称为和菜，卷饼吃，有春天和合之意。另外春饼还有夹酱肘丝、鸡丝、肚丝等熟肉的吃法，而且讲究包起来从头吃到尾，叫“有头有尾”，寓意做事有始有终，全年做事都顺顺利利。现在春卷的具体做法是：用烙熟的圆形薄饼，将调制好的馅料，放入薄饼内卷成长条形圆筒，两端封好，然后下油锅炸至金黄，浮起即成。馅心可荤可素，可咸可甜。品种有韭黄肉丝春卷、荠菜春卷、豆沙春卷等。所以说，今天的春卷是由古代的春盘演变而成的，其迎春求吉，与春盘预祝新的一年人丁兴旺、五谷丰登的寓意是相同的。

春盘

北京人每年立春这一天都要吃春饼，名曰“咬春”。北京的春饼是用烫面制成的一种双层薄饼，卷上各种菜料，现在饭店则多用吃烤鸭的鸭饼代替，也是一个道理。卷春饼的菜是由多种蔬菜搭配而成，称为“和菜”，“和菜”一般家庭都是自己制作，根据具体条件选用几种菜料，讲究的人家，是从“盒子铺”购买的。所谓“盒子铺”就是旧时北京专门卖熟肉品的店铺。熟肉铺送货时把熟肉盛在外观精致的盒子里，吃饭时就把盒子摆在自家的餐桌上，因为菜料是盛装在盒子里，所以被称为“盒子菜”。卖熟肉的店铺则因为门口两边靠墙堆满了备用的盒子，而被称为“盒子铺”。我国立春食用春饼的历史较为悠久，根据史料记载，吃春饼的习俗起源于晋朝，兴盛于唐朝，以后历代相沿传承。《关中记》曰：唐人于“立春日作春饼，以春蒿、黄韭、蓼芽包之”，不仅供自己吃，还将它互相赠送，取迎新之意。宋周密《武林旧事》中则记载，宋代宫廷迎接春天，用荠菜做的春饼，精美无比，说是“翠缕红丝，金鸡玉燕，备极精巧，每盘直万钱”。而且春饼“薄如蝉翼”。这里说的春饼实际是以荠菜为馅的春卷。宋吴自牧《梦粱录》中这样描述：“……常熟糍糕、馉饳瓦铃儿、春饼、芥饼、元子、汤团……”到了清代，不仅京城有钱的人家吃春饼，就是一般的百姓人家也吃春饼。清富察敦崇《燕京岁时记·打春》中记载：“是日富家多食春饼，妇女等多买萝卜而食之，曰咬春，谓可以却春困也。”这样，吃春饼逐渐成了一种习俗，以图吉祥如意、消灾祛病。

每到春天，气温逐渐升高，人们很容易产生倦意，民间称为“春困”。同时春天又是各种病菌活跃的季节，很容易引发各种旧病。在医学不发达的年代，人们借助这种“咬春”活动，通过进食一些辛辣抑菌的食品，来达到防疫保健的作用，人们赋予这种活动一些吉祥美好的寓意，既达到了祛病防疫的效果，又增加了节日的欢乐气氛。后来随着烹调技术的发展和提高，“春饼”又演变为小巧玲珑的春卷了。这时它不仅成为应时的民间小吃，而且成为宫廷糕点，登上大雅之堂。在清朝宫廷中的“满汉全席”一百二十八种菜点中，春卷是九道主要点心之一。清代春饼是用精细白面制作圆薄的饼皮，饼皮内包裹上馅料，卷成圆筒形，两头封好，入油锅炸至金黄酥脆。形似现今的“春卷”，有甜、咸等不同馅心。清顾禄《清嘉录》中记载：“春前一月，市上已插标供买春饼，居人相馈贶。卖者自署其标曰‘应时春饼’。蒋耀宗、范来宗《咏春饼》联句：'十字琼肌贵，吴侬制不同。易教厨婢习，难语饼师功。旧典堪征数，新尝岂画充。匀平霜雪白，熨贴火炉红。薄本裁圆月，柔还卷细筒。纷藏丝缕缕，馋嚼味融融……'”由此看来，清代我国南方立春吃春饼的习俗广为流行，寓意美好，其乐融融。

（二）二月二，龙抬头

每年的农历二月初二，是我国传统的“春龙节”，北方大多称之为“龙抬头”，民间有“二月二，龙抬头”的谚语。在我国的南方地区则习惯叫作“踏青节”，旧时也称为“挑菜节”。民间过“二月二”的习俗，大约是从唐朝开始的，据史料记载，“二月二，龙抬头”这句谚语的来历，与古代天文学对星辰运行的认识和农业节气有关。根据天文学知识，“二月二，龙抬头”是农耕社会表示春季来临、万物复苏的意思。农历二月初二，与我国二十四节气中的“惊蛰”相近，表示冬季蛰伏的龙随着春天的到来开始活动了，预示着一年的农事活动即将开始。

龙在中国人的心中有着极高的地位，不仅是祥瑞之物，更是兴风化雨的主宰。民间俗信农历“二月二”是大龙起蛰抬头升天的日子。从节气来看，农历二月初，正处在“雨水”“惊蛰”时分，此时我国很多地方已进入雨季。万物复苏，动物出蛰，雨水增多，这本是自然的规律，但古人认为这些都是“龙”的功劳。因此，便有了“二月二，龙抬头”的说法。实际上，所谓“龙抬头”指的是经过长时间的冬眠，百虫开始苏醒出动，这与民间“二月二，龙抬头，蝎子、蜈蚣都露头”的说法是一致的。既然是一个以“龙”为主角的日子，人们为了取吉趋利，二月二这一天民间的饮食多以“龙”为名，如吃水饺叫“吃龙耳”，吃米饭叫“吃龙子”，吃馄饨叫“吃龙眼”，吃面条叫“扶龙须”，蒸饼也要在表面上做出龙鳞的形状来，称为“龙鳞饼”。这些习俗寄托了人们祈龙赐福，保佑风调雨顺、五谷丰登的美好愿望。

奇怪的是，“龙抬头”日，为什么不是“二月一”或“二月三”，一定是二月二呢？据民俗学家研究，这和我们民俗中喜欢偶数叠加有关。在中国古代，尤其是秦汉及其之前，但凡像一月一、二月二、三月三之类的“重日”，多被认为是天地交感、天人相通的日子。因而，在这样的日子里人们就需要举行祈福、祭祀或是纪念活动，以祈求幸福、安康和吉祥。

1. 吃龙鳞。吃龙鳞的习俗，几乎各地都有，但所吃的“龙鳞”却各不相同。北方民间大多数也把吃春饼叫作吃龙鳞,倒也很形象。“龙鳞”是一种有韧性的薄饼，饼内可以卷上很多的菜料搭配食用。菜料是用酱肉、肘子、熏鸡、酱鸭等切成细丝，再配上几种家常炒菜，如肉丝炒韭芽、肉丝炒菠菜、醋烹绿豆芽、素炒粉丝、鸡蛋丝等，调和成馅料，一起卷进春饼里，吃时蘸着淋上香油的面酱，鲜香爽口。吃春饼时，全家围坐在一起，把烙好的春饼放在蒸锅里，随吃随拿，热热乎乎，欢欢乐乐。还有的地方是吃一种小型的蒸饼，圆圆的、薄薄的蒸饼在形象上也近似龙鳞的样子，吃的时候也可以在饼中夹上多种菜料，别有一番风味。比较有意思的“龙鳞”，是山东沿海民间的一种用“豆面灯”加工而成的食品。在山东的胶东地区，在正月十五灯节时，自古流行，用黄豆面制作面灯的习俗，叫“豆面灯”。豆面灯的种类有很多,但最重要的一种是“十二月灯”,每个灯长约二十厘米，直径约三厘米,在面灯的顶部做成一个小油盏,中间插上一种叫作“灯芯草”的草杆，缠上一层棉花，加上豆油，一般做十二盏，如果是闰年，则要做十三个，于正月十五当晚在供桌上点燃，人们根据每盏灯燃烧的快慢，预测一年中每个月的雨水多寡变化。但最有意思的还是十二生肖豆面灯，全家人根据

十二生肖豆面灯

每个人的属相制作一盏生肖灯，于正月十五的晚上各自点亮自己的生肖灯，到处照一照，谓之驱邪消灾，前途光明。豆面灯用完后，不能马上处理掉，而是要把它们保留到“龙抬头”这天，用刀切成薄薄的小片炒而食之，当地谓之吃“龙鳞”。民间习俗认为，龙每年都要蜕鳞一次，并在每年的二月二得到新生，而在这一天能够吃到象征“龙鳞”的食品，既可以得到神灵的护佑，又具有获得财富的蕴意，因为“龙鳞”像古代的铜钱，是财富的象征。

2. 吃蝎子豆。山东大部分地区民间至今还保留着“二月二吃蝎子豆”的习俗。所谓“蝎子豆”就是一种用土法炒制的黄豆。一般是在农历二月初二之前，人们收集一种特殊的“坩子土”。那是一种很细腻的土,旧时遇到歉收的年景,曾有人把坩子土当饭吃。除了坩子土，也有用一种细沙子的。到了二月二这天，人们将收集好的土或沙子和黄豆一起放进铁锅，用小火慢慢炒至豆子焦黄脆熟。这样炒熟的黄豆就是“蝎子豆”。豆子有甜的，有咸的，脆而不硬，十分好吃。如今在济南等城市，临近二月二，大街上就有叫卖“蝎子豆”的，虽然失去了自己炒豆的乐趣，但仍然保留了“二月二吃蝎子豆”的传统。不过,现在的“蝎子豆”要比旧时的好吃,已经成为一种地方特色小吃了。在山东的东部地区，人们除了炒蝎子豆外，还要炒一种菱形的棋子面块，略大于指甲盖，厚度 2–3 毫米，人们称为“蝎子盖”。炒好的“蝎子盖”一般是甜的，而且酥脆可口，尤其受孩子们喜爱。旧时，小孩子吃“蝎子盖”“蝎子豆”时，如果一不小心掉到地上了，大人会告诉孩子，要赶紧捡起来吃了，如果时间长了找不到，就会变成蝎子的。至于为什么要吃“蝎子豆”，民间有“吃了蝎子豆，蝎子、蜈蚣不露头”的谚语，一语破的。大约旧时人们害怕蝎子、蜈蚣之类动物的伤害，于是就在二月二以吃蝎子豆的形式，告诫大人并教育儿童，从此日开始要注意蝎子、蜈蚣之类的毒虫了。

3. 吃煎饼。煎饼除了可以作为人们餐桌上的日常主食外，还是人们在节日活动中用来寄托愿望的食物之一。在民间形成了许多饶有情趣的煎饼食俗。其中，“煎饼补天”之习俗最耐人寻味，也最具代表性。在河南、山东的部分地区，有在二月二吃煎饼的习俗。据说是为了补天补地，所以被称为“补天日”。补天日的时间各地不同，有的是农历二月初二，也有的是在正月二十、二十三或三十。虽然时间不同，但其补天的寓意都是相同的。二月二吃煎饼补天，主要流行于河南广大地区。是日，人们用铁锅或鏊子摊煎饼吃，摊煎饼时，要把铁锅倒扣过来，把煎饼倒出。人们认为，面糊可代表泥土，锅倒扣过来，像混沌中的天，煎饼贴在锅上，有补天之意。山东的西部及安徽的北部地区，也是二月二日吃煎饼，为了补天缺地陷。煎饼补天的食俗几乎流行于整个黄河流域，尤以山东、山西、河南、甘肃、陕西等省份最盛行。煎饼补天的食俗带有崇拜和纪念的双重意义，有特定的时间和仪式，但各地有所不同。在甘肃省的河西地区，每年正月二十为补天日。在补天日这天人们不得做那些有破坏性的活计。俗谓此日地缺东西，天缺南北。于是人们清早起来，用面糊摊成煎饼或烙油饼，以备补天之用。补天时先在院子四周及屋顶上摆上煎饼，然后一人手持一饼，在院中窗前转几圈，这时屋里人问：“你干啥？”答曰：“补天地。”又问：“补住了吗？”答曰：“补住了。”然后全家早饭吃煎饼。山西的晋西北地区，旧俗正月三十日为“添仓日”，又叫“补天日”。此日人们摊煎饼，吃煎饼，意为补好天，祈求五谷丰登。而在晋南地区，把农历的六月六定为“嫁女节”，这天人们要用椒叶摊煎饼吃，据说是源于女娲氏炼五色石补天的传说，人们用椒叶代表五色石。虽然，我国北方各地用煎饼补天的日期有别，但意义大致相同。此俗不仅流行较广，而且历史久远。据史籍载，至少在南北朝时期即广为流传。南朝梁宗懔《荆楚岁时记》曰：“正月七日为人日……北人此日食煎饼，于庭中作之，云熏天，未知所出也。”这里的熏天意即补天。晋王嘉《拾遗记》曰：“江东俗正月二十四日为天穿节，以红缕系煎饼置屋上，谓之补天穿。”明陈仁锡《潜确类书》云：“池阳以正月二十日为天穿日，以红缕系饼投屋上，谓之补天。古诗曰‘一枚煎饼补天穿'。"[1]由此看来,"填仓日"食煎饼是为了纪念"女娲补天"的献身行为。民间俗信认为,只有把"天缺补好",才能风调雨顺,才有五谷丰登,其求吉祈福之意显而易见。

女娲补天是一个流传久远的神话故事。在混沌未开时,黄土地上有一个了不起的女人,叫女娲,是伏羲的妹妹。当时天地未分,洪水泛滥,烈火赤焰,民生涂炭。女娲于是炼就五色石来弥补天上的裂缝,但五色石用完时,天尚未补全,最后,女娲用自己的身体填补了余下的裂缝,使天下民众得见天日,开始了有日月天地的生活。女娲的牺牲精神历来被人们传诵,人们不会忘记救民生于水火之中的英雄,于是就用"煎饼补天"的习俗来纪念她。《唐六典》曰:"正月七日食煎饼。"说明唐朝此俗盛行,只是时间与后世有别。唐宋以前,为正月初七人日食煎饼。宋庞云英《文昌杂录》也有"唐岁时节物……人日则有煎饼"之载。宋张镃《南湖集》中有"正月人日煎饼会,亦仿唐事为之。"旧俗正月初七为人日,传说女娲曾于此日"抟黄土作人",后人便于人日食煎饼以纪之。《辽史·礼志》也说:"凡正月之日,一鸡、二狗、三豕、四羊、五马、六牛,七日为人,其占,晴为祥,阴为灾,俗煎饼食于庭中,谓之'熏天'。"也是补天的意思。明清以来,人们改为"添仓日"用煎饼补天,则明显带有祈求苍天风调雨顺,以保佑五谷丰登的用意。因为只有丰足的粮食,才能养人生命,这大概是后人"补天"的真正目的。

4. 其他食物。二月二民间除了有吃"龙鳞"、"蝎子豆"、煎饼等吉祥食品的习俗之外,还有吃爆米花、吃猪头肉、吃芥菜饭等习俗。这是由于各地物产和饮食习惯不同,造成自然习俗也不完全一样。二月二吃爆米花的习俗据说与民众祈求财富有关。因为爆米花就像爆开的"金豆子",是财富的象征。人们在新的一年借助爆米花的形象表

① 参见俞正燮:《癸巳类稿》,辽宁教育出版社,2003,第319页。

达自己企盼丰收发财的愿望。有的地方直接用炒黄豆代替爆米花。至于吃猪头肉的习俗，也有类似的寓意。自古以来，猪在民间就是财富的象征，吃猪头取的就是吉祥如意的兆头。而二月二吃芥菜饭的习俗据说是源于“吃了芥菜饭，不会生疥疮”的民间俗信。用二月二吃芥菜饭的行为来避免生疥疮，是人们在医疗条件不发达的年代，消灾祛病求平安的心理希冀。

（三）清明节与寒食

清明是我国的二十四节气之一，是我国农耕社会的天象物候标识之一。但后世的“清明节”已经放大了它的节日内容与文化内涵，而成为一个拥有丰富意蕴的民族传统节日。清明节是流行于我国汉族地区和一部分少数民族地区的传统节日。清明，正值我国大部分地区气候变暖，草木萌发，一扫冬日枯黄景象的时节，也是旧时春耕活动的开始。所以南方民间有“清明谷雨两相连，浸种耕田莫迟延”“种树造林，莫过清明”的农谚。清明，对我国很多地方的农民来说，正是春耕春种的大忙时节。

我国传统的清明节大约始于周代，距今已有二千五百多年的历史。清明最初是一个很重要的节气，清明一到，气温升高，正是春耕春种的大好时节。现在过清明节，人们要扫祖墓，除杂草，培新土，祭祖先，悼亡灵。借以达到慎终追远、怀念先祖功德的目的，同时也希冀先祖的在天之灵能够保佑后人平安健康，吉祥幸福。

实际上，今天的清明节是古代的清明节与寒食节合二为一之后的传统节日。旧时，清明节的前一两天为寒食节。寒食节的习俗是不准动烟火，只能吃冷食凉菜，民间传说是为了纪念春秋时期晋国贵族介子推。后来，由于清明与寒食的日子接近，而寒食又是在民间禁火扫墓的日子，渐渐地，寒食与清明就合二为一了，而寒食既成为清明的别称，也变成清明时节的一个习俗，清明之日不动烟火，只吃凉的食品。

清明节标志性的节日食品流传到今天的仍有许多种，各地也略有差异，但常见的主要有鸡蛋、面燕、子推馍、菠菠粿、醴酪等，各有寓意。

1. 煮鸡蛋。清明节吃煮鸡蛋的习俗，至今在我国北方许多地区依旧流行，主要是给儿童吃。据民间传说此日吃了鸡蛋，正在发育的儿童就会像煮熟的鸡蛋一样，黄白分明，聪明伶俐，却病禳灾，健康成长。民间由此还延伸出“画卵”与“斗蛋”的娱乐形式，增加了节日的欢乐。在一些地方，人们于清明头一夜，把蛋煮熟，染成蓝黄杂色，再在卵壳上加以雕镂成画，作为冷食礼品互相赠送，表达吉祥祝福之意。据典籍记载，雕卵的技艺早在春秋战国时期已经形成，但那是贵族的专享，清明节民间只能吃画卵。所谓“画卵”就是在鸡蛋或其他禽蛋的表面，画上各种五彩缤纷的吉祥图案，寓意吉庆祥和，并祈求平安。画卵习俗据说是在隋唐时期盛行起来的，此习俗现在已经不多见。“斗蛋”原是南北朝时期的习俗，是儿童的一种游戏，至宋代就已不多见，但在一些地方仍有传承，如在鲁北地区民间还有儿童斗鸡蛋的习俗。通过斗鸡蛋的娱乐活动来展示儿童健康活泼、欢乐吉祥的生活状态，也是一种吉祥行为。清明节这天，小孩子们带着熟鸡蛋和小伙伴一比高下，一人携一只鸡蛋，蛋头对蛋头，蛋尾对蛋尾对碰，谁的鸡蛋破了，谁就为输，换一个再斗。大家你推我顶，以为笑乐，体现了快乐健康的生命状态。这种由吉祥食俗延伸出来的儿童游戏，本身就已经具备了快乐祥和的含义。

2. 面燕。所谓面燕，就是人们用发酵面团制作的一种燕子形状的馍，在我国北方的一些地区是清明节的标志性食品。至今，在山东的胶东地区，妇女仍会在清明蒸面燕。当地传说这是为了迎接南燕北归。清明过后，北方真正的春天到了，大地回暖，到南方越冬的燕子，开始飞回北方。民间信俗一向以为屋檐下住上几窝燕子是预示这家人一年吉祥如意。鉴于此，人们就用清明节制作“面燕”的形式来表达自己心中的期望。也有人解释面燕古称“子推燕”，大约早期是为了纪念介子推的，现在却成了春天的象征。山东地区的面燕制作古朴自然、种类繁多，形式上有单燕、双燕（两个燕子并排）、老燕背雏、雌燕衔喜（口中衔一条红布条）等，各具特色。有的地方甚至把制作面燕的精巧技艺当作评价妇女心手巧拙、烹饪技艺高低的标准，于是人们不但把燕子的形状制作得千姿百态，而且还要把每个面燕都画得五彩斑斓，飘红挂绿，栩栩如生，使象征吉祥如意的面燕又平添了几分情趣。其实，清明节制作面燕的历史由来已久，早在我国宋朝的清明节食品中，除街市上所卖的稠饧、麦糕、奶酪、乳饼等现成的食品之外，人们就自制一种称为“枣锢飞燕”的燕子形面食，据说这是从前用来祭拜介子推的祭品。宋高承《事物纪原》云：“故俗每寒食前一日谓之炊熟，则以面为蒸饼样，团枣附之，名为子推……”宋孟元老《东京梦华录》中则记录说：“清明节，寻常京师以冬至后一百五日为大寒食。前一日谓之‘炊熟’，用面造枣䭔飞燕，柳条串之，插于门楣，谓之‘子推燕’。”即使在南宋时期，制作面燕的习俗依然沿袭如前朝。宋周密《武林旧事》记载：“清明前三日为寒食节……朝廷遣台臣、中使、宫人，车马朝飨诸陵，原庙荐献，用麦糕稠饧。而人家上冢者，多用枣锢姜豉。”明朝祭祀后人们还会留存一部分枣锢飞燕，等到立夏煎给家中的孩童吃，据说吃了以后可以不蛀夏。

各色彩燕

3. 子推馍。在我国陕北地区，清明节民间有吃“子推馍”的习俗。“子推馍”又称老馍馍，样子与古代武将的头盔类似，里面包上鸡蛋或红枣，上面有个用面做的顶子。顶子四周贴着花样不一的面花，形状有燕子、盘蛇、兔子、老虎或文房四宝等。在当地吃“子推馍”是有讲究的：一般圆形的“子推馍”是专给男人享用的，已婚妇女则吃条形的“梭子馍”，未婚的姑娘则要吃“抓髻馍”，孩子们吃贴有各种动物造型面花的小馍。小馍的数量一般较多，长辈则用杜梨树的树枝或细麻线把各种小馍串起来，吊挂在窑洞顶上或是窗框的旁边，让孩子们慢慢享用。据说，孩子们吃了这些动物形象的小馍，就能生龙活虎地健康成长，而这些小馍本身就能给孩子们带来无限的情趣和快乐。除此之外，无论鸡蛋、红枣还是各种形象的面花，“子推馍”上的每一种装饰食品，都是有寓意的。鸡蛋是清明节的必备食品，有混沌初开、黑白分明的寓意。“子推馍”里的鸡蛋多为儿童食用，人们俗信能使儿童善恶能辨。“子推馍”上的红枣则有早日成人等寓意。各种动物形象的面花寓意有别，蛇（民间称小龙）和老虎造型的面花是专为男孩子准备的，象征龙腾虎跃、健康强壮；燕子和兔子造型的面花是专为女孩子准备的，寓意温柔可爱、聪明伶俐。风干的子推馍能保存到第二年的清明节，如果有人吃到放置一年的“子推馍”，那可就有了长长久久的吉祥意义。

民间传说，“子推馍”是为了纪念春秋时期晋国的介子推。介子推，又名介之推、介推，史料记载他曾追随晋国公子重耳流亡在外，有一次在没有任何食物可吃的情况下，忍痛割下自己大腿上的肉为重耳充饥，挽救了公子重耳的生命。后来重耳回国复位，执掌晋国大权。为了感谢曾经追随他不离不弃的一帮大臣，他逐个给与重赏。唯独介子推因为不愿领受赏赐，与母亲逃离京城，隐居在附近的绵山，也就是现在山西省介休县（今山西省介休市）东南的介山。晋文公重耳数次派人劝其下山，并执意要给他封官赐爵，但介子推却坚辞不受。晋文公在实在没有办法的情况下，听从谋臣的计策放火烧山，本想以此逼介子推出来，没想到介子推宁死不下山，与母亲一起被烧死在山中。晋文公后悔莫及，为了纪念介子推，便下令禁火三天，三天内人们只能吃预先制作的凉食。此后，节前蒸“子推馍”的习俗，在陕北的榆林和延安两地一直流传至今。其寓意也由早期的追念先贤逐渐发展得更加丰富多彩。清明节时“子推馍”除为自己食用，还用来馈赠亲朋好友，有相互祝福的意义。旧时，母亲每到寒食节，都要给当年出嫁的女儿送“子推馍”，也称送寒食。在农村，学生则要给自己的老师送“子推馍”，以表示对老师的关心，让远离家乡教书育人的园丁分享节日的美食。当然，无论是母亲之于女儿，还是学生之于老师，所寄寓的都是一样的吉祥诉求与美好祝福。所以,一个小小的“子推馍”在特别的节日里，加深了人们温馨的亲情和真挚的友情，也寄托了今人对古人的追思之情。

4. 菠菠粿。在福州民间，清明节是一个重要的节日，此日家家户户都要去郊外踏青，上山祭祖扫墓。亲人要在祖先的坟地锄草、培土，有的人还会在坟边种上松柏或其他树木表达追思之情。扫墓的最后一道程序是压纸钱，表示此墓已由后人祭扫过，或向路人表示在此安息的前辈后继有人。扫墓完毕，人们还要折一些松枝带回家插在自家的门口，意思是向街坊四邻说明本户已履行了为祖宗祭扫墓地的责任。扫墓的供品以食品为主，常见的有光饼、豆腐、面点和糕团等，各有象征意义。其中，有一种主要食品是绝对不可少的，就是福州人特制的“菠菠粿”，也叫“清明粿”，是福州特有的清明节供祭食品。“菠菠粿”是用一种生长于南方的野菜——菠菠菜，压榨成汁，掺入米浆内揉成粿皮，再加入枣泥、豆沙、萝卜丝等为馅，包制而成的米团。青翠、浑圆的外形除了赋予菠菠粿春天的寓意外，也有希望先祖英灵万古长青的意思，同时表达了在清明这一天，故去的人和在世的人可以团圆的象征意义。旧时，清明节前后，福州家家户户都要做菠菠粿。如今，街上的食品店也开始大量出售，但食品店制作的“菠菠粿”风味远不及家庭自制的。研究表明，“菠菠粿”的制作大约源于唐宋年间的“青精饭”。宋陈元靓《岁时广记》卷十五引《零陵总记》记载说，当时人们用于寒食节的食品“青精饭”，其制作方法是“杨桐叶、细冬青，临水生者尤茂。居人遇寒食，采其叶染饭，色青而有光，食之资阳气。谓之杨桐饭，道家谓之青精干，石饥饭”。由此看来，南方地区民间清明节制作“菠菠粿”的习俗由来久远，而且此习俗一直广为流行。

5. 醴酪。说到清明节制作醴酪，现在似乎已经没有多少人知道了，即使略有所闻，也往往会认为是一种奶制品，其实不然。醴酪是我国民间清明节（寒食节）特有的一种古老的食品，实际上是一种麦粥、杏酪之类的流质食品。在明清年间，老百姓在清明、寒食期间进食杏酪、麦粥的情形就已经逐渐减少了，但仍有一些地区民间至今传承不绝。明高启《清明呈馆中诸公》诗云："新烟着柳禁垣斜，杏酪分香俗共夸。白下有山皆绕郭，清明无客不思家。"这说明在明代还有清明进食杏酪的习俗。及至清代，麦粥之食仅在部分地区有传承，而以面燕、枣锢为多见。清修《潍县志稿》云："'清明日'多以蜀秫、麦仁及各杂粮煮饭，此殆古者麦饭之遗俗欤。"这里的"麦饭"就是古代的醴酪。由此可知，醴酪是古代寒食的代表性食品之一，其念怀追远、慰安先辈英灵之意不言而喻，其中也寄托了人们祈求先祖保佑后人的希冀。关于醴酪的制作与传承习俗，早在一千六百多年前的《齐民要术》中就有较为详尽的记述。《齐民要术·醴酪第八十五》不仅为我们提供了两种醴酪的制作技艺，而且还给我们提供了古人寒食节吃醴酪的信息与民俗学资料："煮醴酪：昔介子推怨晋文公赏从亡之劳不及已，乃隐于介休县绵上山中。其门人怜之，悬书于公门。文公寤而求之，不获，乃以火焚山。推遂抱树而死。文公以绵上之地封之，以旌善人。于今介山林木，遥望尽黑，如火烧状，又有抱树之形。世世祠祀，颇有神验。百姓哀之，忌日为之断火，煮醴酪而食之，名曰'寒食'，盖清明节前一日是也。中国流行，遂为常俗。然麦粥自可御暑，不必要在寒食。世有能此粥者，聊复录耳。"由此可知，至少在魏晋南北朝时期，人们在寒食节所食用的代表性食品就是醴酪，既是为了纪念亡故之人，又是借以祈求先祖亡灵能够保佑世人平安吉祥。

除了以上几种具有代表性的清明节食品之外，各地还有许多饮食习俗，都含有求吉利避灾祸的寓意。

在我国山西南部地区，清明节前家家户户都要蒸大馍。大馍的中间夹核桃仁、红枣、花生之类的干果，故而又称子福馍，取意子孙满堂，多子多福，有祈求祖宗神灵保佑家族薪火相传之意。此外，家家户户还要做黑豆凉粉，切成薄块浇上汤汁而食。这实际是一种冷食，属于寒食节的遗风。当地还有在清明节驱蝎避害禳灾的习俗，人们把从山上铲来的萎蕤草在自家的炕席上反复搓拉，俗信以为此举可以驱蝎子之毒害。而在山西北部地区，人们习惯用生发的黑豆芽做馅儿，包玉米面包子食用，取保佑晚辈茁壮成长的意思。在晋西北地区，民间讲究用黍米磨面做成薄饼，俗称“摊黄儿”，因为“黄儿”是黄金的象征，有祈求财富之意。在我国南方的浙江湖州地区，清明节这天则是家家包煮五谷粽子，五谷粽子一来可作为上坟祭祀食品，二来也是家人外出踏青携带最方便的干粮。因此，当地民间有“清明粽子稳牢牢”之说，有希冀生活平安稳定、五谷丰登之意。

清明节前后，正值我国南方地区螺蛳肥美之际，人们逐渐把吃螺蛳的习俗与清明节的趋吉寄托相结合。南方民间素有“清明螺，赛只鹅”的说法，清明节这天，人们用针把螺蛳肉挑出来做成菜肴，俗称“挑青”，寓有青苗茁壮成长之意。清明节这天，南方普遍有办社酒的习俗，一般是同一宗祠的人家聚餐，那些没有宗祠的人家则是同一高祖的各房子孙们聚餐，有慎终追远、思念祖先之意。社酒的菜肴用料没有什么讲究，荤以鱼肉为主，素以豆腐青菜为主，酒以家酿甜白酒为主。因为清明节有在外的人回家上坟祭祀的习俗，社酒聚餐又包含回家团圆、一年平平安安的意思，所以在我国南方的一些地区民间有“清明大似年”的说法。除了白天家族的社酒餐聚，人们非常重视在清明节的晚上全家吃上一顿团圆饭。清明晚间的饭桌上几乎与过年的年夜饭一样丰盛，而且都是一些有吉祥寓意的传统菜肴，如炒螺蛳、糯米藕、发芽豆（豆芽）、马兰头等。江浙地区的养蚕人认为这几样菜都跟养蚕有关。把吃剩的螺蛳壳往屋顶抛，据说不仅螺蛳壳的滚动声音能吓跑老鼠，毛毛虫还会钻进壳里做巢，不再出来骚扰蚕宝宝，保佑蚕丝业发达兴旺。吃藕时出现藕断丝连的现象是祝愿蚕宝宝吐的丝又长又好又多。吃发芽豆是博得“发发发”的口彩，寓发财之意。吃马兰头等时鲜蔬菜是取其“青”之色,以合“清明”之“清”,取一年清心顺利、没有烦恼之意。在浙江温州民间则有吃棉菜饼的习俗。棉菜饼顾名思义就是用棉菜做的一种饼，也有人称之为“清明饼”。棉菜是在清明时节才会有的一种应时野菜，学名鼠曲草。“棉菜”二字是根据温州方言而来的。在当地，做棉菜饼很有讲究，人们将挖来的棉菜洗净晾干，放入捣臼中捣碎，取菜汁调成米粉面团，包裹馅料蒸制而成。棉菜饼和“菠菠粿”相似，其寓意也与之相同。

由于清明节是追思怀古的节日,有的地方还在清明节进行“占卜”以求吉祥。在我国四川民间，当地妇女采取应时的荠菜花，沾上植物油后投入水中，油水碰撞出现水花，人们观察水面花纹的变化，以卜吉凶，称为“油卜”。这种“油卜”的结果大多数为“吉”象，是人们祈求吉祥平安的一种表达形式。

（四）三月三修禊节

农历三月三是我国古代的“上巳节”，又称“修禊节”。民间传说这一天是西王母的生日，古时以农历三月上旬巳日为“上巳”，魏晋后始定为农历三月三日。南朝宋范晔在《后汉书·礼仪志》载:“是月上巳，官民皆洁于东流水上，曰洗濯祓除，去宿垢疢，为大洁。”由此看来，农历三月三日洗濯驱祓的习俗由来久远。所谓“祓除”就是古人在三月三这天到河边洗去身体污垢，达到保健的目的，也借洗涤的形式却病禳灾。这一活动后来被文人、士大夫演变为在水边饮宴嬉戏，郊外春游的节日活动。晋王羲之《兰亭集序》记录的就是晋代文人“上巳节”曲水流觞的活动，唐宋文人沿承之。宋吴自牧《梦粱录》中载:“唐朝赐宴曲江，倾都禊饮踏青。”在唐代，文人考中进士，皇帝于三月三日赐宴曲江，于是出现了全京城都出来禊饮、踏青的盛况。现在，我国汉族及许多少数民族地区仍传承“三月三”这个传统节日，只是原来“洗涤祛垢”的内容与意义已经逐渐淡化，成为举行盛大的庙会、春游、休闲、游乐、开展集市贸易活动的综合性节日。当然，今人在节日间求吉求平安的意义仍在。这一天，各地也有不同的饮食，并赋予其不同的吉祥寓意。

1. 荠菜煮鸡蛋。清明节吃鸡蛋的习俗在我国南北方民间流传甚广。湖南的洞庭湖区，至今还保留着三月三吃荠菜煮鸡蛋的习俗。“荠菜”又称地菜、田儿菜等，是初春生长在田头地角的一种常见野菜。自古以来，荠菜就被人们认为是一种鲜嫩可口、营养丰富的野菜，传统中医药学认为荠菜具有和血利水、清肝调脾胃等功效。民间认为清明节吃了用荠菜煮的鸡蛋有去风湿、强身健体的功效。所以当地民间至今还流传着“三月三，地菜当灵丹”“吃了地菜煮鸡蛋，鹅卵石头踩得烂”的民谣。荠菜是一种应时应节的蔬菜，有迎春之意。同时，人们还通过清明节吃荠菜煮鸡蛋的习俗，在医疗水平不发达的年代寄托祛病除疾的心理和愿望。除了用荠菜煮鸡蛋食用外，许多地方的人们还把荠菜煎水当茶饮和把荠菜加工成应时的菜肴食用，其中更多的是表达对春天的美好愿望。据史料记载，春天吃荠菜是我国民间由来已久的传统习俗，《诗经》就有“谁谓荼苦，其甘如荠”的吟咏，以此算来已有两千多年的历史了。宋代词人辛弃疾也有“春入平原荠菜花，新耕雨后落群鸦”的词作。清叶调元《汉口竹枝词》曰：“三三令节重厨房，口味新调又一桩。地米菜和鸡蛋煮，十分耐饱十分香。”这首竹枝词中的地米菜就是荠菜。荠菜不仅营养丰富，还能对治疗多种疾病有帮助，现代医学科学也证明了这一点。在传统中药里，荠菜的药用价值非常高，被誉为“菜中甘草”。传统医学认为：荠菜味甘、性凉，归肝、脾、肾经，有和脾、利水、止血、明目等效用。荠菜的食用方法很多，可拌、可炒、可烩，还可用来做馅或做汤，色泽诱人、味道鲜美，是一道药食同源的美味佳蔬。因此，不仅在湖南，在全国各地，清明节吃荠菜都非常普遍，而且吃法多样：煮鸡蛋、制作菜肴、做馅料、榨汁等。因“荠菜”的谐音是“聚财”，每到三月三这天，除了食用之外，有的地方妇女们还会采摘新鲜的荠菜花插在头上，除了有展示春天的意味，还寓意聚集财富。如此吉祥、美好的一种野菜成为清明节最常见的应时食品，也就是情理之中的事情了。所以，清明节这天，村民把挖来的荠菜和鸡蛋、红枣、生姜一起煮熟享用。荠菜经过如此炮制，不仅具有祛风寒、利水清火、防治头痛头昏等疾病的效果，而且有聚富集财的美好寓意，既增添了节日气氛，又寄托了美好愿望。

2. 曲水流觞。据史料记载，“曲水流觞”的习俗在西周初年已经形成，盛行于魏晋南北朝时期，唐宋以后各代相沿成习，距今已经有两千多年的历史。所谓“曲水流觞”就是在每年农历的三月初三，人们到附近的河边去野餐饮酒，届时分散在上游的人把盛有美酒的酒杯投入缓缓流动的水中，让酒杯随流而下，分布在下游不同位置的人则将漂到面前的酒杯从河水中捞起，一饮而尽；除“曲水流觞”外，当时还有“曲水浮素卵”“曲水浮绛枣”的习俗，即将鸡蛋或红枣放入水中顺流而下，等候在下游的人们将漂到自己面前的鸡蛋、红枣取来食用，以此为乐。这些民间节日习俗都富有吉祥寓意。酒的本身具有一定的药用作用，有杀菌消毒的效果，且又象征健康长寿，故“曲水流觞”有消病驱疾之意，旧时多为有条件的文人所喜爱。“曲水浮素卵”“曲水浮绛枣”多为民间行为，尤其适合全民参与其中。在当时民间，卵喻怀孕，是婚配的象征；红枣寓意早生贵子。“曲水浮素卵”“ 曲水浮绛枣”反映了老百姓祈求婚姻美满、早生贵子的美好愿望。

3. 五色糯米饭。五色糯米饭是包括壮族在内的许多南方少数民族“歌圩节”的标志性吉祥食品。农历三月三，在壮族民间又称“三月三歌节”或“三月歌圩”，是一个以娱乐活动为主要内容的节日。活动内容丰富多彩，其中就有许多富有吉祥寓意的节日美食。关于歌圩节的来历说法不一，但其中“刘三姐”的传说流传至今。根据史料，“歌圩节”大约形成于唐宋年间，在《太平寰宇记》中有“壮人于谷熟之际，择日祭神，男女盛会作歌”的记载。虽然没有提及歌圩节的具体时间，但我国南方每年谷熟的第一时间就是在农历的三月份，由此可推断农历三月为了庆祝丰收，人们利用祭祀的形式表达感激之情，载歌载舞，不论男女。这同时也说明当时的歌圩非常盛行。宋元以后，壮族山歌的发展尤为突出，歌圩也成了文化娱乐和男女谈情说爱的场所，并出现了抛绣球的游戏。女子将绣球抛给自己心爱的男子后，双双退出歌场，互赠定情信物。到了清代，更是发展为成千上万人参加的大型活动。1934年编的《广西各县概况》记载，当时广西有二十六个县有歌圩活动的，几乎遍布广西各地。歌圩节这一天，家家户户都要做五色糯米饭，染彩色鸡蛋，用来欢度节日。壮族的男女青年借歌圩节互相认识、结交，甚至谈情说爱、托付终身。由于少数民族居住的寨子相距较远，人们见面、交流的机会较少，于是通过节日的形式聚集青年男女，给他们提供交流机会。次日，男女青年对歌，如果双方情投意合，就互赠信物，以之定情。其中，还有抛绣球、碰彩蛋等有趣的活动。抛绣球主要是娱乐，也作定情信物。当姑娘看中某个小伙子时,就把绣球抛给他。碰彩蛋是互相取乐承欢，亦有定情之意。歌圩节最有代表性，不可缺少的食品是五色糯米饭。制作五色糯米饭要选上好的优质糯米，采来紫蕃藤、黄花、枫叶、红蓝草，浸泡出液，分别拌着糯米，然后合而蒸之为饭。五色糯米饭不仅色彩斑斓，艳丽无比，而且更有象征美好生活多彩多姿的寓意。同时五色糯米饭由于味道香醇、软糯适口而成为具有民族特色的风味美食，至今仍然受到人们的喜爱。五色糯米饭不仅是在三月三日食用，在农历的四月初八也是主角。人们用五色糯米饭揉成小团团，黏附在竹枝上，插于祖宗神龛前，再从水田中取回一蔸生长旺盛的禾苗，以南瓜叶包根，放在碗里，一并祭祀，祈求五谷丰登。这种风味食品与祭祖娱神活动融合在一起，充满民族、地方情趣。家人、情人往往共尝五色糯米饭，以期其乐融融、阖家幸福。也有的壮族聚居区于三月三制作乌米饭。乌米饭是将山上的一种野生植物乌稔树的叶子放到石臼中舂碎后，收到布袋里，连袋放到铁镬里加适量的水熬煮，直至释出紫黑色的汤汁，而后去掉袋里叶渣，将精选的糯米泡进汤汁，几小时后，捞起放到木甑里蒸熟即成。乌米饭色泽乌黑，香软可口。由于乌稔能起开脾、防腐的作用，故将乌米饭放在通风阴凉处，数日不腐。乌米饭具有与五色糯米饭相同的吉祥寓意，而且当地人相信，春天节日里食用乌米饭还有准备春耕、迎接稻谷丰收的象征意义。

4. 其他习俗。三月三为台湾、福建地区的“三月节”。据清乾隆年间《台湾府志》记载“采鼠麹草，合米粉为粿以祀其先”。这种粉粿类似江浙一带清明节的“菠菠粿”，是专门用于祭祀的食品，其寓意也与“菠菠粿”相同。在四川温江地区的武阳一带，人们将农历三月初三定为三婆娘娘的生日，家有三岁以下小孩的人家多会祭拜三婆娘娘。是日，备香烛、纸钱，杀鸡、割肉祭拜，因为民间俗信认为三婆娘娘负责守护从新生到三岁之间的婴幼儿。通过祭拜三婆娘娘可以保护婴幼儿平安无恙。南方的布依族于三月三日杀猪祭社神、山神，吃黄糯米饭，各寨三四天内不相往来，为的是保护自己寨子的社神、山神不受外来打扰，保一方平安。福建地区的畲族以三月三为谷米的生日，家家吃乌米饭，祈求五谷丰登。黎族称三月三为“孚念孚”，为预祝“山兰”（山地旱谷）和打猎丰收的节日，祭祀山神的食品非常丰富，其意是祈求山神保佑五谷丰登、猎获有得，此日也是青年男女自由交往的日子。

（五）谷雨与海祭

谷雨是二十四节气之一，清明后的第十五天为谷雨。这时日行至黄经 30 度，天气暖和，麦苗生长和春耕春种都迫切需要水分，如果这时候有雨降下，对作物将十分有利。可见“谷雨”就是“雨利百谷”的意思。旧时北方农家多于此时种秫，有“清明忙耘麦，谷雨种大田”之谚。谷雨之后就是每年农耕的开始，民俗认为按时播种是特别重要的事情，所谓“雨利百谷”也就是求个五谷丰登的好兆头，而真正想获得丰收还是要付出辛勤的劳动。养蚕农妇习惯在这天扫蚕祭拜蚕神，祈求桑旺蚕健，吐丝又白又长。据说春天的香椿芽过了谷雨，梗就会长骨头而老韧不可食，于是谷雨日采摘香椿芽也成了一项流传至今的习俗，人们以此祈求开春有个好兆头。谷雨对于山东沿海的渔民来说具有特别的意义。他们认为谷雨这天百鱼靠岸，可以出海打鱼，于是就有了在谷雨这一天祭海、祭船、祭海神娘娘的习俗。由于旧时没有动力船只，出海全靠人力或风力，一旦遇上狂风大浪，渔民们难以控制，经常发生危险。所以，这一习俗也是祈求出海捕捞能够得到海神娘娘的护佑。这一习俗传承至今演变成渔民的传统节日“渔民节”或“打鱼节”。祭祀海神娘娘是男人的事情，事先全村渔民集资购买各种供品，等到谷雨日村里的男性公民聚集海岸，将一头猪宰杀脱毛，取出腔血涂抹猪的全身后将其摆上祭台，另外把预先蒸好的十个大饽饽、一缸高粱烧酒等祭祀品一一摆放于祭台上，然后备好香纸、鞭炮若干。祭祀吉时一到，主祭人焚香烧纸，大家鸣放鞭炮，渔民们面对大海三叩头，祭拜海神娘娘。祭祀活动结束后，在海边的沙滩上铺上门板，渔民们席地而坐会餐聚饮，共食祭余。大碗喝酒，大口吃肉，划拳猜令，直喝得天昏地暗。现此风俗在山东的文登、荣成、乳山等沿海地区仍有流行，以祈求在新的一年里出海打鱼能够安全、丰收。1992 年起，这一具有特色的祭海活动演变为“荣成国际渔民节”，但因谷雨时节沿海的气温太低，不适合游人海上娱乐，后将“荣成国际渔民节”改至每年的七月下旬举行，但当地人在谷雨日仍举行祭海仪式。

二、米面粽香祈夏安

夏季是我国农业生产最为繁忙的时候，但人们依然没有忘记通过节日里的美食来寄托获取粮食丰收、保佑吉祥平安的心理愿望。由于夏季有了稻、麦的收获，节日食品便以米、面制品为多见，并被赋予不同的吉祥寓意。

（一）四月八吃乌米饭

我国大多数地区都以农历的四月初八为“佛诞节”，此节在我国南方地区尤其盛行。顾名思义，佛诞节就是佛祖诞生的日子，是佛教传入中国后兴起的节日。佛诞节虽然与佛教有关，但是又有中国传统文化的特点，节日中的浴佛、斋会、结缘、放生和求子等活动被赋予了吉祥的寓意。浴佛一般是在佛殿或露天净地举行。浴佛的方式是在寺庙前置一小浴亭，亭内供释迦牟尼佛像，旁边有大缸贮满用来浴佛的"佛水"。佛水是用甘草、百香草等多种中草药熬煮而成的。众信徒一一持勺舀水，用少许淋浴佛像，余即饮之，取驱祸禳灾，消除百病的意义。斋会又名"吃斋会""善会"，由寺庙的僧家召集，遍请善男信女们在农历四月八日赴会，念佛经、吃斋饭，就是所谓的"吃斋念佛"。由于要吃斋饭，与会者须交"会印钱"，人们也借此机会表达对佛祖的尊敬，更有祈求佛祖保佑全家平安的寓意，是一种祈吉求安求福的心理表达。斋饭以素食为主，有面条、蔬菜、豆制品等。在浴佛期间，与会者和一般前来观礼的人们都有向寺庙讨要"佛水"的习俗，人们俗信将佛水带回家让家人喝下去能够消灾驱祸。在南方许多地方，在佛诞节人们也要吃乌米饭。据说早年间乌米饭是专门用来敬奉佛祖的供品，后来渐渐演变为浴佛的特色食品。民间俗信认为用乌米饭敬佛祖会得到佛祖的欢心，从而能够获得佛祖的护佑，这也是祈福的心理表达。

在南方侗族聚居区，农历四月初八也是一个传统节日，但与佛教没有关系，人们称为"黑饭节"。每年到这一天，人们要专门制作一种黑色的糯米饭，有纪念和祈福的寓意。此习俗主要流行于湘、黔、桂三省（区）交界地带，以当地的侗族、苗族人家为主。侗家黑米饭的制作方法十分讲究，在四月初八的前两天，人们把从山上采来的当地人称为"杨桐"的嫩叶以及枫树嫩叶用水洗净，然后用碓臼捣碎泡在一大桶井水中，浸泡一夜后取墨黑的汤液，再用纱布滤去杂质后，将糯米倒入如墨的汁液中浸泡，待糯米泡胀且变得乌黑发亮后，沥干水分，用传统的甑蒸熟即成。除了香喷喷的黑糯米饭外，还用腌制的酸鱼、酸肉和陈年腊肉制作成各种菜肴，再备自家酿的糯米酒，全家人聚餐欢度这一传统节日。民间俗信认为这一天吃了黑米饭的人可以健康成长，强壮有力量。当地民间还流传着许多与黑米饭有关的传说。

有的地区还把吃乌米饭与神话故事“目连救母”联系起来，于是就增加了黑米饭是孝子纪念亲人的寓意。其实，杨桐叶是一味草药，传统医药学认为有清热解毒、利尿消肿、健脾补肾的功效，与具有补中益气功效的糯米搭配做成米饭，就有了强身健体的作用。黑米饭、乌米饭，尽管称谓不一，但都成为每年四月初八的标志性节日食品。除了祭祀之外，人们于节日期间互相赠送乌米饭，有互相祝福平安、祈求多福消灾的意思。

（二）端午节吃粽子

农历五月初五的端午节是我国传统节日中名称最多、含义最丰富、活动内容最多样的一个节日。根据文字释义，“端”是初、开始的意思，“午”在古代与“五”通用，合起来就是五月第一个五日。端午节又称“端阳节”“五月节”“天中节”“女儿节”“诗人节”“解粽节”“龙节”“龙舟节”“菖蒲节”等。从史籍上看，“端午”二字最早见于晋周处《风土记》曰：“仲夏端午……进筒粽，一名角黍。”端午节是我国汉族及许多少数民族共同的传统节日。这一天必不可少的活动逐渐演变为吃粽子，赛龙舟，挂菖蒲、艾叶，熏苍术、白芷，喝雄黄酒。据说，吃粽子和赛龙舟，是为了纪念屈原，所以中华人民共和国成立后曾把端午节定名为“诗人节”，用以纪念屈原。至于挂菖蒲、艾叶，熏苍术、白芷，喝雄黄酒，则据说是为了驱五毒之害，压诸邪之伤，求吉祥保平安。端午节的主要吉祥食品如下：

1. 粽子：端午节吃粽子，是我国各地民间一个历史久远的传统饮食习俗，而粽子也因此成为端午节标志性的吉祥食品。粽子，又叫“角黍”“筒粽”。其食用历史由来已久，而且花样繁多。据专家学者考证，粽子本来只是我国民间普通的食品。至于端午吃粽子的习俗是为了祭祀和纪念屈原的说法也是后人附会形成，反映了民众的心愿。根据史料记载，“寒食节”吃粽子的习俗要比端午节纪念屈原吃粽子的习俗起源早。至今，有些地方还有清明前一天与清明当天吃粽子的民间食俗。但无论是纪念寒食节还是祭祀屈原，粽子似乎与节日的祭祀纪念活动密切相关。相传粽子代表着天地阴阳和合之意，与早期人们的自然崇拜有关。晋周处《风土记》中记载："俗以菰叶裹黍米，以淳浓灰汁煮之，令烂熟，于五月五日及夏至啖之，一名粽，一名角黍，盖取阴阳尚相裹，未分散之时象也。"由此看来，在魏晋时期，粽子是在五月初五和夏至之间这段时间内的应季食品，而不是现在的端午节标志性食品。而且因为当时粽子的原料似乎以黍米为主，所以叫作"角黍"。《齐民要术》还有关于"角黍"的加工技艺的记录，当然这两本书都是记载北方人吃粽子的情形，南方人的粽子是以糯米为主要原料的。无论是糯米还是黍米的，早期的粽子都是单一的原料，后来人们逐渐在粽子里添加各种寓意吉祥的肉、果等食材，如鸡肉、猪肉、板栗、红枣、赤豆等，并包制成多种形状，使粽子的吉祥寓意更加丰富。唐宋以来，粽子还用作交往的礼品，端午节前亲朋好友把家中制作的粽子互相赠送，既有节日的祝福，也有情感的寄托与交流。明清以后，粽子的种类越来越多，花样也越来越丰富。据李时珍《本草纲目》记载："古人以菰芦叶裹黍米煮成，尖角，如棕榈叶心之形，故曰粽，曰角黍。"据记载，明清时期人们在粽子里面附加的食材已有豆沙、猪肉、松子仁、枣泥、胡桃等。端午节吃粽子的习俗一直沿袭到今天，每到农历的五月初，中国百姓家家户户都要浸糯米、洗粽叶、包粽子，以备端午节吃粽子之用。现在端午节吃粽子求吉祥的意义虽然逐渐淡薄，但年轻人给长辈送些包有大枣、松子仁、核桃仁等原料的粽子，依然含有祝福长辈健康长寿的意思，当然更有亲情意味的表达，以及晚辈对长辈的尊敬。粽子在民间还有求子多福的吉祥寓意，此俗起源于唐代。据说唐代玄宗皇帝，端午节在宫中吃了一种"九子粽"后，龙颜大悦，赞不绝口，欣然赋诗一首，其中有云："四时花竞巧，九子粽争新。方殿临华节，圆宫宴雅臣。"[①]九子粽是粽子的一种，即为九只粽子连成一串，有大有

① 蒲积中：《古今岁时杂咏》徐敏霞，校点，辽宁教育出版社，1998，第234页。

小，大的在上，小的在下，形状各异，非常好看，并且用九种颜色的丝线扎成，五彩缤纷。九子粽大多是作为馈赠亲友的礼物，如母亲送给出嫁的女儿、婆婆送给新婚儿媳等。因为“粽子”谐音“中子”，民间有吃了“粽子”能得儿子的说法。“九子粽”的馅料一般为大枣、花生和红糖，寓意甜甜蜜蜜、早生贵子。社会发展到今天，粽子不仅端午节可以吃到,日常也可以随时吃到,已经成为人们餐桌上的寻常食品。

2. 煮鸡蛋：端午节除食用粽子之外，北方许多地方民间还有在此日用艾叶煮食鸡蛋的习俗。鸡蛋必须是当天日出前新煮的，煮鸡蛋的时候要加入新鲜艾叶，早餐全家人吃粽子和煮鸡蛋。端午节一般没有供祭活动，但在少数养蚕的地区，人们有用鸡蛋、水饺供奉蚕姑娘的习俗，同时焚香烧纸祈求蚕茧丰收。端午节吃鸡蛋据说具有避五毒和益阴的作用。由于旧时人们的居住环境不如现在好，有时会受到各种有害小动物的伤害，民间对虫、蝎、蛇、壁虎、蜥蜴等较为恐惧。人们于此日采取将艾叶或菖蒲插在门上、饮雄黄酒等方式以避之，并以吃益阴的食物助阴之生，避五毒之害。中国民间传统认为，日出前为上，所以日出前煮的鸡蛋是取其“无阳不生，阳生阴长”之意。在江西南昌地区，端午节除吃粽子外，还要煮茶蛋和盐水蛋吃。蛋分鸡蛋、鸭蛋、鹅蛋等。蛋壳涂上红色，用五颜六色的网袋装着，挂在小孩子的脖子上，意谓祝福孩子“逢凶化吉，平安无事”。河南、浙江等地区的农村每逢端午节这天，早起的主妇将事先准备好的大蒜和鸡蛋放在一起煮，供一家人早餐食用。有的地方还在煮大蒜和鸡蛋时放几片艾叶，这种吃法据说是为了避“五毒”，有益健康。

3. 喝雄黄酒：人们熟悉的《白蛇传》中的白娘子，就是因为经不起许仙的劝诱,喝了雄黄酒才显露了原形的。其实早在晋人葛洪《抱朴子》中就有记载：“昔圆丘多大蛇，又生好药，黄帝将登焉，广成子教之佩雄黄，而众蛇皆去。”《中国文化象征词典》中，就这段记载做了如下说明：黄帝部族发生了大瘟疫，听说广成子医道高明，派人前去讨教医治瘟疫的办法。广成子用雄黄装包，让他佩戴在身上，结果病治好了。这一说法倒也有科学道理。广成子其人既是巫师又是医生，可见用雄黄治病防疫的做法在我国远古时代就有了。端午时节前后，气候炎热，蝇虫飞动，毒气上升，疫病萌发。雄黄，橘红色，可入药解病毒。人们在同各种病魔斗长期的争过程中，发现饮雄黄酒、佩戴雄黄香包能驱邪解毒。清顾禄《清嘉录》记载："研雄黄末，屑蒲根，和酒以饮，谓之'雄黄酒'。"即在普通白酒里加上雄黄。可见在清代雄黄酒是端午节必饮的美酒。如旧时的建宁几乎家家酿雄黄酒，多为男人饮用，有些会喝酒的女人也可饮一点，但小孩不能喝，大人就用手蘸些许酒在小孩面庞、耳、鼻、手、心、足、心涂沫一番以起到驱邪解毒的作用。后来人们又在雄黄里加入艾叶、薰草等原料制成香包供妇女和儿童佩戴。装有雄黄的香包以药物之味，经口鼻吸入，使经脉大通，祛邪扶正，以达到驱邪解毒、祛病强身之功效。尤其可贵的是，雄黄、艾叶、薰草都能够挥发出一种奇异的香味，毒蛇害虫之类闻之远遁，既减少了传染源，又可起到杀除病菌、消除汗臭、清爽神志的作用，成为人们祈福保平安的心理慰藉。

（三）过半年吃饺子

过大年吃饺子是我国北方传统的食俗习惯，不足为奇。而在山东的一些地区，旧时还流行在农历的六月初一过"半年"的习俗。六月初一正好是一年之中，当地人过"半年"也像过大年一样，要包饺子、供祭品，祭祀诸神及列祖。

过半年的习俗，最为流行的是山东北部的宁津一带。胡朴安《中华全国风俗志》"宁津六月之两节"中记载了山东省宁津人家过"半年"的习俗。"宁津人民，每逢阴历六月初一日，家家皆食馄饨，名为'过半年'。究其源流，盖因前清光绪年间，此地瘟疫流行，死伤之人甚多。"这里所说的馄饨实际上就是饺子。"过半年"之因由瘟疫而来的传说至今在当地流传。相传在清朝的光绪年间，有一年入春之后不久，在山东的宁津一带，当地人莫名其妙地染上了一种瘟疫，且流行很快，无人能医。各村都有不少人因染上瘟疫无药可治而死，瘟疫严重的村庄到了五月中旬，已死人过半，其状惨不忍睹。人们眼看着四乡八邻一个个离开人世，地里的庄稼无人照料管理。有一天，从黄河岸边来了一位白胡子老头，他看到一个老太太在村头正准备埋葬自己的女儿，便上前问老人家的女儿是怎么死的。老太太噙着泪水说，今春此地流行一种瘟疫，非常厉害，无人能治，她家连同刚刚死去的小女儿共有七人被瘟疫夺去了生命，现在仅剩自己一人。白胡子老头听后略有所思，然后朝着躺在土中的小女孩吹了一口仙气，小女孩立刻醒了过来。老太太见此情形知是遇上了神仙，于是和小女儿拜倒在地求解救村人之法。那白胡子老头一捋胡须说，此瘟神乃系上天派去东海降魔的，路过此地，欲休息一日。天上一日，地上一年。所以此瘟疫不能用药治愈，待年终瘟神离去，瘟疫自然消除。老太太听后刚要问躲避之法，但已不见了白胡子老头的踪影。老太太赶忙回到村里把此事告知乡邻，人们凑在一起，纷纷出主意。其中有一人听后说，既然这瘟神要在这里过上一年，我们何不提前过年，再过三天，就是六月初一，正好是一年之半，我们干脆就提前过年，驱走瘟神。众人听罢，齐声赞同。于是分头筹备过年之物。为了达到驱瘟的目的，人们所备年货，一如新年之用。到了五月三十日子夜，人们点燃爆竹，摆上供桌，将包好的饺子，下锅煮熟后，全家像辞旧迎新一样共度佳节。那瘟神听到爆竹声声，看见家家包饺子过大年，以为年关已过，怕误了圣旨，急忙离开此地，向东海去了。“假年”过后，果然瘟疫消除，村子又恢复了往日的生机。从此以后，这一地区的人们就在每年的六月初一也过个年，以祈求上天降福免灾。因六月初一正好是一年的中间，所以后来就称作“过半年”。

（四）夏至吃凉面

二十四节气的运用，主要是在我国农耕文明的黄河流域，所以北方人对每一个节气都有着不同程度的重视。农历五月初的夏至日就是其中一个。每到夏至这天，北方各地尤其是山东、山西、北京、天津等地普遍要吃凉面条，俗称过水面，有“冬至饺子夏至面”的谚语。

山东东部沿海一带夏至日有荐新麦的习俗，一般是将新鲜的小麦麦粒放入锅里煮熟，儿童们用麦秸编一个精致的小笊篱，用小笊篱在锅里捞煮熟的麦粒吃，从形式上看是一种很有农家生活情趣的游戏，而人们更多的是通过新煮的麦粒来预测今年小麦的收成情况，有希冀小麦丰收的含义在里面。

另外，夏至后第三个庚日为初伏，第四个庚日为中伏，立秋后第一个庚日为末伏，总称伏日。伏日人们食欲不振，往往比常日消瘦，俗称“苦夏”。北方许多地方有入伏日吃生黄瓜和煮鸡蛋来治“苦夏”的习俗，入伏的早晨只吃鸡蛋，不吃别的食物。根据传统中医经验，鸡蛋清有清热解毒去暑的作用，伏日吃鸡蛋就是这个用意，并且希望整个夏天没有暑热之苦，平安度夏。入伏这一天，山东民间大都要改善饮食，胶东民间要吃面条，长岛民谣：“立秋馉饳（即饺子）入伏面。”面条一般为冷面，有凉爽祛暑之意。在山东的临沂地区还有在入伏日给耕牛改善饮食的习俗。人们于伏日煮麦仁汤给牛喝，据说牛喝了麦仁汤身子壮，能干活，不淌汗，不生病。当地有民谣：“春牛鞭，牯牛汉；麦仁汤，牯牛饭；牯牛喝了不淌汗，熬到六月再一遍。”因为旧时耕牛的健康对农业生产有着直接的影响，想搞好农业生产就必须确保耕牛的健康，于是人们就在入伏日改善耕牛的生活，祈求耕牛无病无灾，不受暑热侵扰，强壮健康。

三、瓜果糕饼秋时光

农历的七月到九月正值秋季，是丰收的季节，而人们在如此繁忙的收获季节也一如既往地让生活富有诗情画意。所以，在秋季我国传统的民俗节日也是非常多的。

（一）乞巧节与巧馃

我国农历的七月初七俗称七夕、七月七，民间相传为牛郎、织女双星相会之日，故又称为“双星节”。这个传说早在先秦时已经流行，但当时并没有留下七夕渡河的文字记载，大约是在汉代的《淮南子》中开始有了“乌鹊填河成桥而渡织女”的记载，另外，在汉应劭《风俗通义》中也有“织女七夕当渡河，使鹊为桥”的记载。晋唐以后，七夕所传承的主要内容是“七巧”，因“七”与“乞”谐音，所以农历七月七日又叫“乞巧节”。七夕乞巧的节日习俗大约起源于汉代，但较明确的文字记录是在东晋葛洪的《西京杂记》中，书中有“汉彩女常以七月七日穿七孔针于开襟楼，俱以习之”的记载，这是我国古代文献中所见到的最早的关于乞巧习俗的记载。在唐宋的诗词中，关于乞巧的习俗则有大量的描述，如王建的诗说：“阑珊星斗缀珠光，七夕宫娥乞巧忙。”到了唐代，乞巧的活动在宫廷中也非常流行，据《开元天宝遗事》载：唐太宗与妃子每逢七夕在清宫夜宴，宫女们各自乞巧，这一习俗在民间也经久不衰，代代延续。宋元之际，年间的七夕乞巧活动相当兴盛，甚至在宋朝的京城中还设有专卖乞巧物品的市场，世人称为乞巧市。《武林旧事》说：“以小蜘蛛贮盒内，以候结网之疏密，为得巧之多少。”据载，当时京都的街景非常热闹：“七夕前三五日，车马盈市，罗绮满街……至初六日七日晚，贵家多结彩楼于庭，谓之‘乞巧楼’。”从乞巧市购买乞巧物的盛况到富贵人家的乞巧楼，就可以推知当时乞巧节的热闹景象，也说明乞巧节是古代未婚女子最为喜欢的节日。

七夕的应节吉祥食品以“巧果”最为出名。巧果又名“乞巧果子”“巧馃”，以小巧玲珑、款式众多、各有寓意见长。用来制作巧果的主要材料是食用油、面粉、白糖、蜂蜜等。巧果的制作历史较为久远，当年北宋都城汴梁（今河南开封）市场上制作的七巧果称为“笑面儿”“果食花样”，巧果的形状丰富多彩，当时常见的有捺香、方胜等。据记载，宋朝时不仅老百姓自己加工乞巧果，更有专门的店铺加工、出售，而且出售时还有相应的节日礼品赠送。当时若购买一斤巧果，还会有一对身披战甲、形如门神的人偶相送，号称“果食将军”。巧果的花样虽然众多，不同的地区也有区别，但制作方法大致相同，技艺也比较简单。一般是先将白糖放在锅中熬成糖浆，然后加入面粉、芝麻，调制成柔软的面团，在面案上用擀面杖把面团擀成薄面片，再用刀切为长方块，然后折为不同形状的巧果生胚，放入热油锅中炸至金黄色熟透。一些心灵手巧的女子，还会用面团捏塑出各种与七夕传说有关的象形花样。除了必备的巧果，乞巧时还要用到应时的新鲜瓜果，手巧之人把瓜果雕刻成各种奇花异鸟的形状，或在瓜皮表面浮雕出各色图案，称为“花瓜”。乞巧节的习俗随着时间的推移，历史上的各个朝代形成了各自的食俗。例如魏朝流行于农历七月七日设汤饼，汤饼就是现在的面条，后世流行的“汤饼会”就是源于此；唐朝的乞巧节食品有“斫饼”，是用刀把面团切割成不同形状的面饼，而且是用来进奉宫廷的节日贡品；唐朝七月七的习俗为“晒书节”，三省六部以下，各赐金若干，以备宴席之用，称为“晒书会”。另外，民间俗信七夕是最适宜配药的日子，尤其是各种长寿丹丸制作的最好时机，据说用农历七月七的露水调配合成的药丸最有效。

七巧节乞巧的习俗在全国各地都有传承。在浙江的杭州、宁波、温州等地，人们会在七夕这一天制作各种小型巧果，放到油锅里煎炸后分送亲朋好友。晚上还会在干净的庭院里，摆上巧果、莲蓬、白藕、红菱等，家中亲友围坐在一起，遥望星汉明月，发思古之幽情。在山东胶东的荣成、文登等沿海地区则有生巧芽、烙巧花等习俗。生巧芽一般是在七月初一，姑娘们将绿豆、黄豆、高粱、小麦、玉米五种杂粮，分别盛在碗里，用温水泡使其发芽。七月七早晨，将五种芽割

巧馃

下，叫作“巧菜”，用它做面汤（即一锅煮的面条）喝。据说吃过巧菜、喝过巧面汤的姑娘做饭心灵手巧，婚后会受到丈夫和公婆的喜爱。当地有歌谣云："吃巧菜，喝巧汤，姑娘做饭喷喷香。"所谓“烙巧花”就是做“巧果”，是用面粉、鸡蛋、油、糖等食材和成面团，经过发酵后，反复揉成软硬适中的面团，用一种木制的磕子（一种雕刻了各种动植物形状的模具，有莲子、桃子、金鱼、狮子、小鸡、蝙蝠等，又叫果模）制成小的面食，上锅用慢火烙熟。过去民间还有请巧姐的习俗。年轻姑娘三五成群地聚在一起，先用彩色纸做个小纸人，画上眼睛、鼻子等，当作巧姐。然后，摆上香案、瓜果供品，双手合十，对着巧姐，闭目祈求赐巧。

在孔子的故里山东曲阜，人们则于七夕做巧果与巧灯。巧果与巧灯都有各种各样的造型，巧灯造型有菊花、荷花、月季、牡丹、芍药、玉簪、兰花、海棠、佛手、文官果、玉兰、梅花等花卉灯；有八仙过海、群仙祝寿、童子拜观音、福禄寿等人物灯。“乞巧节”在圣人之家的孔府也是一个非常隆重的节日，是日孔府组织厨师、佣人制作大量的巧果和巧灯，然后把巧果和巧灯作为节日礼品送给亲友。七夕之夜，从孔府大门沿中仪路到后堂楼各院门口，花园各路、各景点，都摆设巧果与巧灯，各庭院和花山顶上，摆以巧果为主的点心和茶水。入夜，府中人坐在庭院中仰望星空，遥想牛郎织女会面的场景。济南、惠民、高青等地的乞巧活动简便易行，只是陈列瓜果乞巧，如有喜蛛结网于瓜果之上，就意味着乞得巧了。在山东的鲁西南地区，民间在七夕有吃“巧巧饭”乞巧的风俗。一般是七个要好的姑娘集粮集菜包饺子，把一枚铜钱、一个顶针和一颗红枣分别包到三个水饺里。乞巧以后，她们一起吃水饺，据说，吃到钱的有福，吃到顶针的手巧，吃到枣的早婚。乞巧节的饮食，北方家庭一般是要准备面条、水饺、馒头和烙果子等。山东临沂习惯用储蓄的露水做面条，而山东潍坊则把七夕做的面条叫作云面，意为巧云。山东胶东地区家家户户烙“巧果子”，要么亲友之间相互馈送，要么用彩线穿起来，给小孩挂在脖子上，让他们边玩边吃。以上习俗都意味着祈求心灵手巧、吉祥如意。

（二）中元节与食瓜

农历七月十五日为中元节，在部分地区为农历七月十四日。人们在这一天祭祀祖先，供奉行礼，所以民间又称之为“鬼节”。供品以各色新鲜水果为主，其中西瓜必不可少，因而又称“瓜节”。另外，中元节还是一个带有宗教意义的节日。佛教传说，释迦牟尼十大弟子之一的目连，其母亲死后不幸堕入饿鬼道中，食物入口即化为烈火，苦不堪言，目连就求救于佛祖，佛祖为他念《盂兰盆经》，嘱咐他七月十五制作盂兰盆以祭其母。后来这个习俗传到民间，就形成了献瓜果、陈禾麻以祭先祖的惯例。其实，中元节正是各种瓜果成熟的时候，借以献祭，也有尝新的含义。中国自古就有把农业丰收的成果第一时间敬献先祖和各路神祇的风俗，谓之“尝新”，带有汇报献祭和祈求保佑的意味。中元节除了食瓜尝新外，全国各地还有放河灯的习俗，而且这些河灯的造型与农业丰收有关。如旧时山东的德州就有中元节放河灯的习俗，场面十分壮观。人们用瓜皮、面碗、纸张制成西瓜灯、茄子灯、南瓜灯等，并以街巷为单位制作特大纸船，纸扎目连站在船上手持九环禅杖。中元之夜，人们把灯具和纸船放入大河内，顺流而下，河上灯火通明，摇曳摆动，如同天上点点繁星。人们以此祭奠先祖，寄托对亲人的缅怀之情，表达对平安、吉祥、幸福的祈求，希望随着长流水和河灯的照耀，能够驱疾病消灾祸，子孙平安健康。在山东滕州也有放河灯的习俗，形式与德州大体相同，区别在于当地放河灯时还要摆香案，念佛经。和尚一边念经，一边朝台下撒小馍馍，小孩子蜂拥而上，一抢而光，据说吃了这些小馍馍能够消灾祛病，健康成长。山东长岛的渔民为了祭祀出海溺亡的亲人，在此日用木板、秫秸制成小船，船上供奉溺海者的牌位和祭品（时鲜瓜果、糖果、糕点），有的甚至装上棉衣、鞋帽及死者生前喜爱的生活用品，然后点燃蜡烛，由已经结婚的同辈男子将小船放入海中。山东淄川则把祖先请到家里祭祀，家家都在大门顶上插上五谷穗子，据说以五谷为马，寓意祭祀完毕后，好让祖先跨着马平安回去。民间俗信认为只有祖先平安骑马回去才能够护佑他们在世的子孙后代健康平安、吉祥顺和。

（三）立秋与尝新

立秋是二十四节气之一，标志着秋季的开始，据说这一天必有一两片楸叶凋落，表示秋天到了。旧时，山东各地的妇女、儿童在这一天争先恐后地采集楸叶或桐叶，剪成各种花样，或插于鬓边，或佩于胸前，以应节序。有人于天刚亮时采集楸叶熬成“楸叶膏”，据说用来敷疮疖有特别疗效。有的地方在立秋这一天，要到地里去挖一墩地瓜,看看长势,估一估丰歉,然后带回家煮食,叫作“开沟”。有民谣说：“开沟，开沟，看看地瓜收不收。”开沟尝新是祈求秋季粮食丰收。立秋的节日没有特别的食品，各地风俗不同。在山东的胶东地区这天中午人们一般吃水饺，当地有“立秋的饺子入伏的面”之谚语。在有的地方的习俗则是“入伏的饺子立秋的面”。其实,无论是饺子还是面条，旧时都是民间的珍美食品，日常很少食用，多用于节日或待客，所表达的含义都是节日的吉祥与快乐。除此之外，有的地方的人们在立秋时吃一种特别的食品——“菜豆腐”，山东东部地区称为“馇”，是一种用豆馇和杂菜粒煮制而成的粗糁食品。当地民谚说：“吃了立秋的馇，大人小孩子不吐也不拉。”其实这也是一种避祸祈福的美好寄托。

（四）中秋节与月饼

农历八月十五为中秋节，因为八月十五正是农历秋季的一半，也就是秋季的中间，由此而得名，亦称“八月半”“仲秋节”“团圆节”。古人以仲春二月十五为“花朝”，与之相对应，称仲秋八月十五为“月夕”。全家团圆是人们在中秋节的一种美好愿望，除此之外，人们还赋予中秋节丰富的习俗，比如赏月、祭月、拜月、吃月饼、赏桂花、饮桂花酒等。

中秋节赏月的习俗大约兴起于唐代，此前的史书不见记载，至宋代始称为中秋节，以赏月宴饮为盛事。明清时期节日风俗内容大增，至今中秋节仍是人们喜爱的重要节日，赠送礼品以月饼为主。月饼又称“团圆饼”，是最具代表性的节日食品，一到农历八月，市面上即应时出售，品种繁多。近年来，月饼的品种更是百花齐放，商家不断推出新品种以招徕买主。每年的八月，商家的“月饼大战”愈演愈烈，传统的节俗味越来越淡。

过去，中秋之夜拜月、赏月的习俗十分流行。月亮升起时，人们在庭院中对月设香案，挂上月光杩儿（月光杩上印制的是一个类似嫦娥的人物——太阳星君，下面还有一只小兔），然后摆上月饼、水果等供品，还要特别供上一捆青豆，是喂兔儿爷的。兔儿爷是身穿甲胄，兔面人身的泥塑，大小不等，有的骑虎，有的站立，中秋节儿童多买作玩具。布置完后，烧香礼拜。因为月属阴，所以拜月的多是妇女，旧时有“男不拜月，女不祭灶”的说法。老太太一边磕头一边祷告：“八月十五月正圆，西瓜月饼敬老天。敬得老天心欢喜，一年四季保平安。”

月饼原本是祭月时供品的一种，因为制作精美，口味美好，后来逐渐成为民间互相馈赠的礼品。明田汝成《西湖游览志余·熙朝乐事》曰：“八月十五日谓之中秋，民间以月饼相遗，取团圆之义，是夕人家有赏月之宴。”苏东坡以“小饼如嚼月，中有酥和饴”来赞誉月饼。相传我国古代就有春天祭日、秋天祭月的礼制。在民间，每逢八月中秋，也有拜月或祭月的风俗。“八月十五月儿圆，中秋月饼香又甜”这句民谚道出中秋之夜老百姓吃月饼的习俗。

关于月饼的起源说法不一，大多来源于民间传说。一说为唐朝军队的祝捷食品。传说唐高祖年间，大将军李靖奉命征讨突厥，取得了胜利。军队班师回朝那天正好是农历的八月十五。唐高祖李渊为他设庆功宴。这时有位吐蕃高人把一种精美的西域面饼献给了皇帝。唐高祖见到如此华丽的饼盒和小巧玲珑的圆形面饼，高兴地指着天上的一轮圆月说：“应将胡饼邀蟾蜍”，随即把这些面饼分赐给刚刚归来的将士和群臣，共享胜利的喜悦。因此饼是吐蕃人进献的，所以唐高祖称之为“胡饼”。从此以后，胡饼就流传开来，每到八月十五，就边吃胡饼边赏月。后来，胡饼改叫月饼。还有一种说法就是在北方民间一直流传的“八月十五杀鞑子”的故事。传说人们于农历八月十五月圆相约起义，但因元军封锁较严无法传递消息，后来人们便想了一个在圆形的面饼中夹带小纸条来传递消息的办法，不同地区的人们吃面饼时看到了消息，于同一时间起义驱逐鞑虏，并最终取得了胜利。因这种圆形的面饼恰恰是在八月十五夜晚吃的，人们为了纪念起义的举动，便于每年的八月十五制作圆形的面饼食用，后来人们就把这种饼称为“月饼”，相沿至今。

自明清以来，月饼就是中秋佳节必备的标志性节日食品，因为圆圆的月饼象征着团圆，而八月十五又是月圆之夜，给古人创造了无限的想象空间，并由此演绎出了中秋节的许多食俗和节日趣事。古往今来，人们都把月饼当作吉祥、团圆的象征。每逢中秋皓月当空之际，全家人团聚一起赏明月、品月饼，尽享天伦之乐。实际上“月饼”的名称出现得较晚，南宋《梦粱录》一书中有“小饼”“月团”等名称的记载。到了明代,“月饼”的名字才在民间逐渐流传开来。明清以降，人们开始把月饼与月亮联系起来，当时心灵手巧的月饼师傅，把嫦娥奔月的神话故事作为艺术图案印在月饼上，使月饼成为更受人民青睐的中秋佳节的必备食品。清代，月饼的制作工艺有了较大提高，品种也不断增加，供人们购买月饼的店铺到处都有，并有了亲朋好友之间互赠月饼的习俗。在中秋节的家宴及赏月活动中月饼都是主要角色。

明清年间，全国各地民间都有中秋节拜月的习俗，拜月的形式各式各样，其中也用到许多吉祥食品。在山东的微山湖湖区，人们把拜月活动称为“圆月”。太阳刚刚落山，同胞兄弟无论远近都必须到父母家中团聚，所以在山东又把中秋节称为“团圆节”，意义不言自明。全家人晚宴吃团圆饭，饭后共同等待月亮升起，然后焚香拜月，全家人分吃月饼。兄弟中有外出未归者，桌上亦必为之置碗筷，以示对游子的思念与祝福。在微山湖湖区旧时有以船为家的船户，拜月活动是在船上进行的，宴饮拜月之前，船主人要先在“将军柱”前摆一碗酒，祭祀船民信仰的“伙计神”，俗称“敬伙计”。农历八月十五这天，湖区以村或船帮为单位举行隆重的祭湖仪式，祭祀的对象是湖神等。祭品为鲜鱼、活鸡、整猪、整羊，猪要黑色，羊要白色，不许有杂毛，俗称为“乌猪白羊”，鞭炮以头数多为佳。祭时，将供品摆满船头，鞭炮加彩绸挂在大船桅杆上。点燃纸箔、鞭炮后，众人以长幼为序向船跪拜，磕头祷告，祈求湖里的赶鱼将军保佑丰收。祭毕，人们在大船舱内分食供品，以享祭祀给人们带来的福气和好运。

旧时山东潍坊的拜月习俗很有意思，人们对中秋节不仅特别重视，而且活动很富有特色。据清代的《潍县志稿》记载：“夜陈瓜果于庭院以供月，所有供品月饼而外，并以面蒸作月形食物，直呼之曰‘月’。系用面饼两层中夹以枣，面上四周镂各种花果及动物之类。”大人、小孩分别进行拜月，大人们在院里，孩子们在大门前，他们有的在小板凳上放个“月儿”饼，有的手托“月鼓”饼，臂绕圆圈，谓之“圆月”，边绕边唱道：“圆月了，圆月了，一斗麦子一个了！月儿光光，小儿烧香，月明圆圆，小儿玩玩。”与此同时，另一个儿童则手持一棵点燃的艾蒿，谓之蒿子灯，手臂绕动，一圈圈流星与“圆月”相应和。玩过一会儿，再回家分吃月饼。拜月之后，全家人一边吃月饼一边赏月，有的还备有酒菜，许多地方也谓之“圆月”或“玩月”。这样的拜月形式充分体现了合家团圆、快乐祥和的节日气氛。

济南人家过去农历八月十五祭月，供桌上要摆月饼、西瓜和节俗物“兔子王”。有的地方玩月时招集乡邻共饮，有的是朋友欢聚共赏，时间一般较长，有的地方甚至通宵达旦。而读书人一般在赏月时，以饮酒赋诗应答作对为乐，十分有趣，也是取团圆快

中秋月饼

孔府中秋赏月宴

孔府中秋供案

乐之意。

旧时，一般家庭的祭月和赏月是同时进行的，赏月活动是在晚饭后圆月初升的时候进行的。一家人在院子当中对设香案、供桌，供品仅设月饼、西瓜及应时水果，不设酒菜。也有的地方赏月时，老人对着天空中的明月给孩子们讲嫦娥奔月、吴刚砍桂、白兔捣药等故事。旧时农村的地主家庭，一般也在赏月时宴请佃户，佃户之间也互相邀请，商议退佃和租佃的有关事项。过去，山东曲阜的孔府每年都要举行规模较大的祭月、拜月活动，举办豪华的拜月宴，以展示圣人之家的与众不同。月饼在今天已经成为常见的食品，但旧时，每家过节只能买一两斤月饼，很是珍贵。拜月之后，大人把月饼分给全家人，条件好的家庭可以每人一个，而一般家庭是把月饼切开，每人分得一半或四分之一个月饼,孩子们已是高兴得不得了。全家人吃着水果、月饼，欢快的气氛一直可以持续到半夜时分。那种祥和、吉庆、合家乐融融的节日快乐，真正表达了中华民族健康向上的生活态度与人文精神。

月饼发展到今日，品种日益繁多，风味因地各异。其中京式、苏式、广式等月饼广为我国南北各地的人们所喜食。中秋节除了吃月饼外，晚上一般都要举行家宴。随着生活水平的提高，各大酒店都有承担“中秋节”家宴的业务，许多家庭现在选择在酒店欢度中秋。

（五）重阳节与重阳糕

农历九月九为重阳节，是我国秋季一个具有特别意义的传统节日。

孔府拜月上香仪式

供品摆祭仪式

“重阳”又称“重九”“九日”。因为“九”是单数中最大的数字，而单数在我国传统文化中为阳数，九是阳数中最大的单数字，两个九即为“重九”，也叫作“重阳”。重阳的叫法最早见于春秋战国时期，楚国大夫屈原的《远游》中就有“集重阳入帝宫兮”的句子。据晋人葛洪《西京杂记》记载，汉代九日已有饮菊酒、吃花糕、插茱萸等众多饮食习俗，以后历代相沿，因此有的地方还把“重阳节”叫作“茱萸节”和“菊花节”。

重阳节在山东民间各地非常流行，旧俗在这一天有登高的民俗活动。据南朝梁吴均《续齐谐记》记载：汝南有一个叫桓景的人跟随道士费长房游学，有一天费长房告诉桓景说，今年九月九日你家会有灾难发生，你应该赶快回去，告诉家人九月九日这一天，人人在胳膊上系带一个香囊，然后登上附近的山饮菊花酒，你家的灾祸就可以消除。桓景回家按照道士所说的一一照做，并在九月九日一大早全家人一起登山游玩，饮菊花酒，直到日落时分才回家。回来后，只见家里的鸡犬牛羊全部暴死院中，但全家人因为外出而躲过了此难。此事后来一传十，十传百。到了第二年，人们害怕灾难降临自己家，就纷纷模仿桓景家登高饮酒，并因此沿袭成为我国民间的习俗。由此看来，旧俗九月九日人们登高是为了避灾祸保平安，但随着后来的发展，登高避祸消灾的本意逐渐被淡化甚至消失，取而代之的是登高望远、出游野餐、朋友聚饮等娱乐休闲活动。唐宋时期，除了登高，重阳节又增加了秋季赏菊的习俗，还以十日为小重阳，宋代以后，重阳节登高之类活动只在少数文人雅士中流行了。

重阳节与登高避祸相联系，随之诞生了民间吃“重阳糕”的风俗。因为“糕”与“高”谐音，重阳糕最早是庆祝秋粮丰收、喜尝新粮的用意，之后民间才有了登高吃糕，消灾避祸，步步高升的吉祥用意。沿袭至今，“重阳糕”就成为重阳节的标志性食品。重阳糕也称为“花糕”，是重阳节主要的吉祥食品之一，流行于全国大部分地区。重阳糕在南方是用米粉制作而成，在北方则是用面粉添加多种干果、糖料等制作而成。制作的方法也因地域不同而有所差别，主要有烙、蒸两种，蒸好的重阳糕上还要插满五色小彩旗。重阳糕或单层或多层，多层重阳糕每层中间要夹裹馅料，糕的顶上要印上双羊的图案，“羊”与“阳”谐音，取“重阳”的意思。

我国各地民间制作的重阳糕不仅香甜可口，而且花样丰富。北方的重阳糕一般是以面粉蒸制而成的，有单层双层或多层之分。双层或多层的重阳糕，中间夹以枣、栗、花生之类果品，单层的则把枣、栗插于面团表面，有的还插上彩色小纸旗，谓“花糕旗”，有的上面按放两只面塑的羊，因“羊”与“阳”谐音，以此取重阳之，谓之“重阳花糕”。重阳节食“重阳糕”的习俗由来久矣，但正式见诸文字是在宋代，如宋吴自牧《梦粱录》卷五记临安（今杭州）重九之俗：“此日都人店肆以糖面蒸糕……插小彩旗，名曰‘重阳糕’。”其后如明刘侗、于奕正《帝京景物略》卷二亦载北京重九之俗：“糕肆标纸彩旗，曰‘花糕旗’。”这种插小旗在花糕上的传统，迄今不改。究其原因，是一般市民因受都市地貌和物产资源的限制，欲登高避祸或采集茱萸多有不便，故以食糕代替登高、以插纸旗代替插茱萸，其用意则是祈福避祸，消灾趋利。当然，重阳糕的文化意义重在一个“糕”字，人们便借此谐音以及制作花糕时所使用的各种佐料如枣、栗等的谐音，表现呈祥纳福、驱灾避祸的趋吉心理。明人谢肇淛《五杂俎》引宋吕原明《岁时杂记》称，民间习俗，于九月初九“天明时，以片糕搭儿女头额，更祝曰：‘愿儿百事俱高。’此古人九日作糕之意”。明代的资料还记载说，九月九日，民间有以粉面调和蒸糕的习俗，糕的上面置放用面捏的小鹿数枚，号“食禄糕”。到了清代，重阳节还增加了父母此日迎接出嫁的女儿回娘家吃花糕的习俗，清人《帝京景物略》一书中有重阳日“父母家必迎女来食花糕”的记载，民间则有“九月九，搬回闺女歇歇手”的谚语，意思是借节日机会，让女儿回娘家做短暂的休息，因为重阳节前后正是秋收农忙的季节。此外，如果女儿出嫁后一直没有生育儿女，则借吃娘家花糕的机会表达祈福求子的愿望。因此，娘家所制作的花糕中要加入大枣、栗子、瓜子仁等佐料，糕面上还要绘制各种与生育有关的吉祥图案，隐含着“早生贵子”“多子多福”的寓意。

民间制作的重阳糕

重阳节的花糕既是节日食品又是节日赠品，在济南以东地区，重阳节母亲要给出嫁的女儿送花糕，花糕在山东的胶东地区又叫菊花糕。济南以北地区，重阳节母亲不仅要给出嫁的女儿送花糕，而且还送秋冬应季的衣物。济南以西地区，包括邻近河北省的一些县市，重阳节要请女儿回娘家吃花糕，故重阳节又有“女儿节”“女节”之称。

重阳节在我国还有饮菊花酒或酿菊花酒的传统习俗。菊花酒在古代被看作是重阳必饮、祛灾祈福的“吉祥酒”。据说汉代就已有菊花酒，魏时曹丕曾在重阳赠菊给钟繇祝寿。晋代葛洪在《抱朴子》中记河南南阳山中人家因饮了遍生菊花的甘谷水而延年益寿的事。梁简文帝《采菊篇》中则有“相呼提筐采菊珠，朝起露湿沾罗襦”之句，就是描述当时人们采菊酿酒的情景。直到明清年间，菊花酒仍然盛行，在明代高濂的《遵生八笺》中就有记载，是盛行的健身饮料。在山东的鲁西南地区，旧时有在重阳节酿造菊花酒的习俗，当地谣谚说：“九月九，九重阳，菊花做酒满缸香。”山东东部沿海地区也有重阳节制作菊花酒的习俗。有的地方人们还要在这天采桑叶、竹叶等入药或晾干为茶，据说重阳节采的桑叶当茶喝能去瘟避邪。个别地方民间这天习惯煮辣萝卜汤喝，说是“喝了萝卜汤，全家不遭殃”。

近年来，许多地方把重阳节称作“老人节”，节日期间慰问老人，组织老年人举行文体活动和旅游活动，祝福老年人健康长寿，给传统的民族节日增添了新的内容，使其更富有时代气息。

此外，我国南方的彝族、白族、侗族、畲族、布依族、土家族、仫佬族等少数民族也有在九月初九过节并吃糕饼的习俗。这些少数民族所制作的是一种黏性食品，即用糯米面团经过捶打制成，因此也叫“打糕”“糯米粑粑”等。如贵州锦屏、剑河、天柱一带的侗族人民过重阳节都要打糯米粑吃，相传是纪念侗家农民起义英雄姜映芳率领起义军反抗官府取得胜利；而湘西土家族的节日打糯米粑则有辟恶禳灾之意。

四、馄饨粥香消寒意

每年的冬季，是我国农业活动较少的时候。为了庆祝一年的农业丰收，各种各样的民间庆祝活动也在这农闲的时候展开，其中最隆重的就是过大年。由于在第一章中已经对过大年的节俗有过详细的介绍，所以本节仅介绍冬季最常见的几个节俗。

（一）寒衣节与摆供

每年农历十月初一被称为“十月朝”“祭祖节”“冥阴节”等，民间则多称为“鬼节”。旧时这一天，无论是大户人家，还是一般农家都要祭奠先亡之人，谓之送寒衣，此习为在寒冷的北方流行尤其久远。寒衣节、清明节、中元节，并称为一年之中的三大“鬼节”。同时，这一天也标志着严冬的到来，所以也是人们为所关心的人送御寒衣物的日子。山东民间这一天普遍上坟添土祭祖，以东部地区为例，烟台大部分农村从霜降后开始扫墓，没有固定日期，但至迟不能超过十月初一，多在十月初一当日五鼓时分上坟祭祖。山东其他地方也有在傍晚到祖坟扫墓的。这天上坟除了烧纸外，还用彩纸剪做衣帽焚于墓前，叫作“送寒衣”。人们通过祭祀活动为故去的先人送去过冬的衣服。这其中蕴含着慎终追远、缅怀亲人的意思，也通过“送寒衣”的行为祈愿先人的在天之灵保佑儿女子孙吉祥平安。在山东鲁西南地区，寒衣节是一个比较重要的祭祖节日。祭祖活动往往以家族为单位，由族长率领祭祖坟，祭祠堂，尔后大摆宴席，公布账目，商议事宜。有的宗族每年举行庙会三天，唱大戏，祭祖坟，这一习俗至今传承不衰。也有的地方是在节前一天，家长领着儿孙上坟添土，一律用衣服兜土，据说谁兜的土多，谁的后人兴旺。节日凌晨，家长又率儿孙带着丰盛的供品上坟，焚香烧纸，奠酒叩头，祈求先祖护佑生者。有的人家因经济条件限制，只带两碗饺子上坟祭奠，叫作上小坟。一般于是日早饭后，由族长带着大家，带着三十大碗食物、特别制作的“上坟”馒头，于祖坟前摆大供、上大坟，在坟地添新土压纸钱，同时由族长向大家介绍死者的名字和主要生平事迹，以此缅怀先祖及祈求护佑后人平安幸福。而在山东中部的淄博、潍坊等地，民间在农历十月初一这一天要做若干小馒头，傍晚上祖坟时把小馒头抛撒到荒山野地，然后焚化纸钱，俗称“祭孤魂”。儿童于祭仪举行时争抢小馒头，俗信吃了这种馒头可以健康长寿。在江苏等地民间有是日吃“红豆饭”的习俗，当地人们把农历十月初一当作悼亡节来过，以红豆饭为奠。

少数民族妇女打糯米粑

由此看来，农历十月初一虽然是一个给先人“送寒衣”的日子，但无论上祖坟还是祠堂，也无论是摆简单的祭祀食品，还是摆三十碗食物的大供，抑或是撒上坟的小馒头、吃红豆饭，其目的只有一个，就是祈求先祖保佑在世的家人平平安安，万事吉祥。因而，祭祀的食品无论多寡都是吉祥食品。

（二）冬至馄饨

冬至是二十四节气中一个重要的节气，从这一天开始我国白天逐渐增长，夜间逐渐缩短，是一个阴阳开始转换的节点，故古代有“冬至而阳生”的说法。旧时没有时钟的年代，民间在这一天的中午以门前的日影为观测目标，发现此后每天的日影会逐渐缩短，证明白天在逐渐增长，故民谚说“过了冬，一天长一葱”，因此冬至日又称为“长至”。在古代,人们对冬至非常重视,冬至被当作一个隆重的节日对待，所以民间有“冬至大如年”的说法，而且有庆贺冬至的习俗。《汉书》记载说：“冬至阳气起，君道长，故贺。”经过一个长冬，人们终于迎来了阳气的回归，在御寒条件不好的古代，自然给人们带来了温暖的希望，是一件可喜可贺的事情。《晋书·礼下》记载说：“魏晋则冬至日受方国及百僚称贺，因小会，其仪亚于献岁之旦。”庆贺冬至的隆重程度仅次于过大年，说明古代人对冬至日非常重视。

冬至是一个岁时节日，经过了数千年的积累发展，形成了一套独特的冬至节令食俗文化。常见的如冬至吃馄饨、饺子、汤圆、赤豆粥、黍米糕等，尤其是在我国的北方，馄饨几乎成为冬至日的标志性吉祥食品。我国民间冬至吃馄饨的风俗，历史传承较为久远。早在南宋时期，就有临安人在冬至吃馄饨的记载，据说开始是为了祭祀祖先，此后便逐渐流行起来，故民间有“冬至馄饨夏至面”的谚语，且流传至今。但随着时间的推移，如今的冬至日人们已经把吃馄饨换成了吃饺子，当然在我国饮食文化史上，饺子与馄饨早期的时候指的是同一种食品，本来就没有严格的区别，明清以后由于面食品种日益增多，馄饨和饺子才被逐渐分开。

关于冬至为什么吃饺子，民间有许多有趣的传说。其中最有代表性的是吃“捏冻耳朵”的故事。相传河南南阳医圣张仲景，为官期满告老还乡，在回家乡的路上见到许多贫穷的南阳乡亲由于衣不遮体、食不果腹被寒冬所困，有的冻伤了手脚，有的冻伤了耳朵。张仲景见状就叫弟子们在南阳城的东关搭起了草棚，买来了羊肉、辣椒和一些驱寒的药材，一起加入锅里煮熟后捞出剁碎，调制成馅料，再把面团擀成面皮，加馅包成像耳朵一样的食品，再放入锅里煮熟，连汤带水一起盛出供人们驱寒果腹。他的弟子们还给这种面食起了一个“驱寒矫耳汤”的名字。乡亲们吃了张仲景的“矫耳汤”，手脚、耳朵的冻伤都治好了。此后每年冬至这天，当地的人们就会自制“矫耳汤”来吃，一是为了御寒，二是为了纪念医圣。人们还纷纷传说吃了冬至的矫耳不冻人。由于“矫耳”与“饺（儿）”谐音，而饺（儿）就是饺子，所以后来人们就称它为“饺子”了。由此看来，古人冬至吃饺子是为了御寒，避免冻伤。现今春节等节俗所赋予饺子的许多美好寓意是人们在后来的生活中逐渐积累形成的。

吃汤圆也是冬至的传统习俗，在我国江南地区尤为盛行。“圆”意味着“团圆”“圆满”，冬至吃的汤圆又叫“冬至团”。南方民间有“吃了汤圆大一岁”的俗语，也反映了人们对冬至的重视。“冬至团”既用作祭祖的供品，表达怀念与祈福；又作为馈赠亲朋好友的节日礼物，以示友情与祝福。

除了北方的饺子、南方的汤圆外，北方还有不少地方在冬至这一天有吃狗肉和羊肉的饮食习俗。由于冬至过后天气进入一年最寒冷的时期，而传统中医认为狗肉、羊肉都属热性食品，有强壮身体、壮阳补虚的功效。北方人冬至吃狗肉的习俗据说与汉代的刘邦有关，相传汉高祖刘邦还没有当皇帝的时候，有一次在冬至这天吃了樊哙送给他的煮狗肉，寒冷的身体顿时温暖起来。待他登基当了皇帝后，还念念不忘冬至吃过的狗肉。后来这一习俗在民间被传承下来，直到现今许多地区民间还保留着在冬至吃狗肉、羊肉的习俗。不过，现在许多人冬至吃狗肉等食品，更多是由于冬季滋补的原因，希望通过冬至进补，祈求来年有一个健康强壮的身体。

在我国江南水乡的广大地区则有冬至夜全家欢聚一堂共吃赤豆糯米饭的习俗。相传这是为了驱逐疫鬼，祛除残害百姓的疫病。民间传说旧时有一个叫共工氏的首领为大家做了许多好事,挽救了许多生命，可是他却有一个不成器的儿子，依仗父亲的威望作恶多端，老百姓非常痛恨他。共工氏这个不肖的儿子后来恰巧死于冬至，但是死后又变成一个疫鬼继续残害老百姓。当地民间传说这个疫鬼最怕赤豆，于是人们就在冬至这一天吃赤豆饭以驱避疫鬼，防灾祛病。其实，这是人们借助冬至的饮食行为来表达对疾病的痛恨和对健康的向往。在我国台湾地区至今还保存着冬至用“九层糕”祭祖的传统。九层糕共有九层，是用糯米加工而成。人们用糯米面团捏成鸡、鸭、龟、猪、牛、羊等吉祥动物造型分别寓意福、禄、寿、喜等，然后分层蒸制而成。祭祀仪式之后，人们还要大摆宴席招待前来参加祭祖的宗亲们。大家开怀畅饮，相互联络感情并一起分享九层糕，民间称之为“食祖”，取祈福平安之意。

“冬至饺子夏至面”的食俗在山东大部分地区广为流行，沿袭至今。除吃水饺外，有的地区人们还要摆家宴喝酒，据说喝酒是为了暖身子，吃饺子是怕冻掉耳朵，与河南的冬至习俗相近。山东的鲁西南地区有冬至“蒸冬”的习俗。临沂人蒸冬用五谷杂粮面蒸窝头，邹城人蒸冬为蒸饽饽,传说“蒸冬”是为了祈祷来年扬场时有风。民谚说：“蒸冬蒸冬，扬场有风。”古代“蒸冬”是为了庆贺阳至，冬至以后阳生，正如杜甫诗中所写“冬至阳生春又来”。古时候南方人用糯米粉做成米丸，叫作团圆子或冬至团，以象征团圆，现在仍有传承。北方人蒸饽饽和蒸窝头，也是由团圆子来演变。

晚清到民国初年,南方一些地方的名门望族对于冬至日尤其看重，全族人要在族长的带领下，打开祠堂大门，供奉猪、羊、鸡等“牺牲”和吉祥饼，举行礼祀神明的祭祖活动。仪式结束后，全族人要按照每家男性人数的多少分领吉祥饼。吉祥饼是当地的一种特色芝麻饼，象征家族人丁兴旺，只分配给男性家族成员，称为“丁”。还有一些大户人家在居住地没有祠堂家庙，就在自己家里举行祭祖仪式，并且加工制作一种叫作“冬至小年羹饭”的特色食品，专供冬至时家祭使用。祭祀活动结束后，全家人将“冬至小年羹饭”连同其他祭祀食品一起食用，借此祈求祖先保佑家人平安吉祥。冬至祭祀过程还有许多讲究，例如所陈设的物件、家具禁止使用红色，如果是红色的家具就要用浅色的桌围布覆盖起来，蜡烛要用绿色的，甚至就连蒸制的祭祀馒头也要在上面加盖蓝颜色的戳子，民间说是为了“压火”保平安。每年冬至的前一天晚上，称为“冬至夜”，所有出嫁的女性不能够再回娘家过夜，以示全家团圆（旧时民间习俗女性出嫁后就是婆家人）。还有民间俗谚说：“嬉嬉夏至日，睡睡冬至夜。”因为冬至这一天的夜最长，全家人要好好睡一夜，有长长久久的寓意。有一些地方民间在冬至这天，睡觉前要用热水洗脚，据说冬至晚上洗洗脚，可以防止寒冷的冬天双脚冻裂。还有地方有冬至夜“圆梦”的习俗，所以冬至这天要比平常睡得早一些，以祈求做个好梦，民间俗语有“冬至前夜梦最灵”的说法。而且冬至早晨起来，大人小孩都要相互说出自己的梦，年长者还要为年轻人和小辈“圆梦”，此时长辈就借机会说一些吉祥鼓励的话，以激励年轻人学有所成、事有所长。也有的地方冬至这天人们趁太阳没有出来，把预先准备的萝卜抛掷到自家的屋瓦上，晒制成萝卜干之后收集起来挂在墙壁上，俗称“冬至萝卜”，据民间俗信说可治痢疾等病。

（三）腊八节与腊八粥

农历十二月初八为腊八节。我国的腊八节历史久远，大约源于古人的“腊祭”活动。关于腊祭，历史典籍中多有记载。《礼记·郊特牲》记载：“伊耆氏始为蜡，蜡也者，索也。岁十二月，合聚万物而索飨之也。”这段文字表述得很清楚，说天子在十二月祭祀八神，叫作“腊八”，而“腊”的意思就是“索”，到了年终，天上地下的神灵鬼怪就要向人间索取祭祀的食品。同样，人间也希望通过祭祀向神灵祈求庇护保佑。故腊八粥以八方食物共煮一锅，是合聚万物、调和天地各方神灵之意。因此说，“腊祭”是原始先民庆贺农业丰收对苍天的报酬之礼，是农耕文化的重要节庆。汉应劭《风俗通义》曰：“腊者，猎也，言田猎取禽兽，以祭祀其先祖也。或曰腊者，接也，新故交接，故大祭以报功也。”由此看来，腊八习俗的起源是非常早的。

不过，根据民俗学家的研究，我国先秦时期的腊祭日，是没有固定日期的。直到汉代阴历制实施以后，官方才以冬至为时间起点，确定冬至后的第三个戌日为腊日，南北朝以后逐渐固定在腊月初八。到了唐宋年间，此节又被蒙上宗教色彩。相传释迦牟尼成佛之前，绝欲苦行，饿昏倒地。一牧羊女以杂粮掺以野果，用清泉煮粥将其救醒。释迦牟尼在菩提树下苦思，终在十二月八日得道成佛。从此佛门定此日为“佛成道日”，诵经纪念，相沿成节。到了明清，敬神供佛更是取代祭祀祖先、欢庆丰收和驱疫禳灾成为腊八节的主旋律。据史料记载，在两宋时期的都城开封府，各大寺庙都在这一天举行浴佛会，制作七宝五味粥，因为是在腊八这天吃这种粥，所以叫腊八粥，又叫佛粥。后来民间也做腊八粥，甚至朝廷也做腊八粥，以赠百官。宋人吴自牧撰《梦粱录》卷六载：“此月八日，寺院谓之‘腊八’。大刹等寺，俱设五味粥，名曰‘腊八粥’。”孟元老《东京梦华录》记载，十二月初八日，各个寺院送七宝五味粥给门徒，称之为“腊八粥”。宋代大诗人陆游诗中说：“今朝佛粥更相馈，反觉江村节物新。”说的也是腊八送粥之事。由此可见，此时腊八食粥已成民间习俗，而且，当时帝王还以此来笼络众臣。元人孙国敉作《燕都游览志》云：“八日作‘腊八粥’，以米、果杂成之，品多者为胜。此盖循宋时故事。”到了清代，雍正三年（1725），清世宗将北京安定门内国子监以东的府邸改名为雍和宫，每逢腊八日，在宫内万福阁等处御厨煮腊八粥并请喇嘛僧人诵经，然后将粥分给王公大臣品尝食用以度节日。《光绪顺天府志》又曰：“每岁腊月八日，雍和宫熬粥，定制派大臣监视，盖供上膳焉。”这是清代御厨制作“腊八粥”的情况。

其实，腊八节吃腊八粥是我国民间早已有的习俗。腊八粥是一种在腊八节用多种食材熬制的粥，也叫作七宝五味粥。最早的腊八粥是用红小豆来煮，后经演变，加之地方特色的融入，内容逐渐丰富起来。在民间，关于“腊八粥”或“腊八饭”的风俗传说很多。在河南，腊八粥又称“大家饭”，据说是纪念民族英雄岳飞的一种节日食俗。当年岳家军在朱仙镇连连胜利，却被朝廷的十二道金牌召回去，在回师途中，将士们又饥又饿，沿途百姓纷纷把各家送来的饭菜倒在大锅里，熬煮成粥分给将士们充饥御寒。这天正好是腊月初八。随后岳飞在风波亭遇害。为了纪念岳飞，每逢腊八，河南民众家家都吃“大家饭”以示对岳飞的怀念。

腊八粥的制作工艺全国各地大抵相同，但使用的配料有所区别，一般以各色杂豆、米类及干果为主料。南宋周密《武林旧事》中记载：“用胡桃、松子、乳蕈、柿栗之类做粥，谓之‘腊八粥’。”从此，民间也称它为“五味粥”。其实，书中记载的这种粥仅仅是在米中添加了五种配料而已。《金瓶梅》所记的配方是：“银厢瓯儿里粳米投着各样榛松栗子果仁梅桂白糖粥儿。”明代《明宫史》所记的配方为：“（宫内）先期数日，将红枣捶破泡汤，至初八早，加粳米、白果、核桃仁、栗子、菱米煮粥，供佛圣前；户牖、园树、井灶之上，各分布之。”清人《清嘉录》所记的配方是：“（苏州）居民以菜果入米煮粥，谓之‘腊八粥’；或有馈自僧尼者，名曰‘佛粥’。”《红楼梦》中则是以各色米豆加红枣、栗子、花生、麦仁、香芋五种菜果合而制成。清富察敦崇《燕京岁时记》说：“腊八粥者，用黄米、白米、江米、小米、菱角米、栗子、红豇豆、去皮枣泥等，合水煮熟，外用染红桃仁、杏仁、瓜子、花生、榛穰、松子，及白糖、红糖、琐琐葡萄，以作点染。”这是非常讲究的腊八粥，带有宫廷色彩。

在我国的陕北一带，腊八这天熬粥除了用多种米、豆、干果之外，还要加入豆腐和猪肉，成为一种名副其实的“肉粥”。这可能与当地冬季严寒有关，因为肉粥有足够的热量能够起到御寒的效果。腊八粥通常是在前一天晚上浸泡米豆，第二天清晨煮制，全米料的粥以甜味为主，如果是肉粥则以咸味居多，也有的是依个人的口味、嗜好自己确定。当地还有吃完腊八粥以后，把剩余的米粥抹在门上、灶台上及门外的树上的习俗，据说这样有驱邪避灾的效果，也祈求来年五谷丰登。民间俗信腊八这天忌吃青菜，据说吃了青菜庄稼地里杂草多。在陕西南部的汉中地区，腊八要吃杂合粥，分五味和八味两种，五味粥用大米、糯米、花生、白果、豆子煮成，而八味粥是在五味粥的基础上，外加肉丁、豆腐、萝卜煮制而成。腊八这天人们除了吃腊八粥，还得用粥供奉祖先和粮仓。在我国甘肃的兰州、白银地区，腊八粥煮得很讲究，用大米、豆类、红枣、白果、莲子、葡萄干、杏干、瓜干、核桃仁、青红丝、白糖、肉丁等煮成。煮熟后先用来敬门神、灶神、土神、财神，祈求来年风调雨顺，五谷丰登，然后分送街坊四邻和亲朋好友以示祝福，有祈求大家平安之意。天津和北京的腊八粥近似，讲究的家庭一定要在腊八粥里加入莲子、百合、珍珠米、薏仁、大麦仁、秫米、黍米、芸豆、绿豆、桂圆肉、白果、红枣及糖桂花等，色、香、味俱佳。所加入的这些食材大都有吉祥的含义，象征合家团圆、百年好合、顺心如意、甜甜蜜蜜等，都是对美好的生活希冀。

山东各地在腊八这天吃腊八粥极为普遍。旧时孔府规定“腊八粥”分两种：一种是用薏米、桂圆、莲子、百合、栗子、红枣、粳米等熬成的，盛入碗里后还要加些“粥果”（雕刻成各种形状的水果）作为点缀，专供孔府主人及十二府主人食用；另一种是用大米、肉片、白菜、豆腐等煮成的，是给孔府里当差的喝的。山东德州的腊八粥是用八种粮食和果品制作的，其中必定有枣象征吉祥。腊八粥的枣寓意“早”，栗寓意“力”，意思是早下力气争取明年五谷丰登。人们习惯把腊八粥做得稠一些，黏糊糊的，黏是“连”的谐音，意味着连年丰收。黄河入海口家有新妇的垦荒人家，腊八日用黄米、红枣制糕，名为“吃碗糕”。即墨把腊八节作为农家的节日，据说取自“七人八谷”，是对谷的纪念。荣成、文登等地旧时是在早餐时喝腊八粥，所谓的粥是用剁碎的菜叶加上豆沫熬好，属于以粥代粮的食品。腊八节晚饭则要吃水饺。水饺是胶东农家最好的饭食，这似乎是对早餐的一种补偿。邹城把腊八作为济贫的日子。这天只要叫花子上门，无论贫富人家，有求必应。旧时邹城的舍饭习俗是把全村的粥、糕集中到庙堂施舍，此俗现已失传。但邹城东部乡镇至今仍有往院子里的果树上抹“腊八粥”的习俗。据传说，果树喝了“腊八粥”来年结果多。旧时，莱阳、海阳地区在腊月初八这天用荞麦面、雄黄、朱砂、菜叶同兔子血混合做成丸子，据说幼儿吃了能解痘毒。过去山东不少地方有在腊八那天酿酒、酿醋的习俗，叫腊酒、腊八醋。济南民间于此日家家户户把剥皮的蒜瓣，放到加有糖的醋液里腌制成“腊八蒜”，醋香微辣，十分可口。武城、沂南民间俗信当年的新媳妇必须回娘家过腊八节，否则会对婆家不吉利，“吃了腊八饭，一家人要散；喝了腊八米（粥），一家穷到底。”实际上这是通过一种驱祸祈福的祈求，让女儿在节日期间回家与分别已久的亲人团聚。

第四章　礼俗饮食中的祥瑞人生

我国是文明古国，素有“礼仪之邦”的美誉。几千年来，我国各地始终以尚礼重节为美德，在人们的日常社交活动，尤其是婚丧嫁娶、喜庆寿诞等活动中，无不充满了纯朴的礼俗礼节。而这些人生礼仪的活动又每每和饮食习俗密切相关，甚至在有的活动中，食俗礼仪还占有决定性的地位。虽然在食俗礼仪中残存着一些封建迷信的内容，但其中的大部分有益于敦化民俗民风，更多的则是人们借助礼仪习俗中的饮食行为和典型食品来表达避祸祈福的愿望、对生活的美好希冀，使平淡的生活充满无限欢乐吉祥的气氛。本章以人生中的几个重大礼俗活动为主要内容，介绍我国民间在传统的生育、婚嫁、寿诞、丧葬等礼仪活动中的饮食习俗及其所表达的吉祥如意的象征意义。

一、生育之喜中食品的吉祥意义

我国各地的生育礼仪习俗与饮食有着密切的关系。人生下来的第一件事就是饮食，所以自婴儿出生的那一刻开始，饮食习俗也就和整个生育礼仪有机地结合在一起，形成了别有情趣的生育食俗。许多食品成为生育礼俗活动中的重要角色，承载着人们对美好生活的希冀。

传统的生育礼仪习俗，我国古人称为“诞生礼”，也被叫作人生开端礼或者是童礼。诞生礼一般是指从妇女求子、保胎到临产，以及孩子三朝、满月、百日，直至周岁的整个阶段内，所举行的一系列仪礼仪活动。诞生礼起源于古代的生命轮回说，我国传统的生命观是既重视生也重视死，因此古代把诞生视为人生的第一大礼。生命的繁衍是人类长久以来的大事，以各种不同的礼仪活动来庆祝生命的降临和初期的成长，由此形成了我国诞生礼的许多特殊习俗与特有的饮食习俗。

（一）求子与保胎

旧时人们会进行一些“祈子”活动，包括求医问卜等，而与饮食关系密切的就是“舍饭”。许多富裕家庭通过“舍饭”来行善积德，希冀苍天赐个孩子给他们。舍饭也有多种形式：一是向寺庙、道观等捐赠钱粮以求保佑。二是“街施”，通常是在每年的腊八当天进行，在大街上向过往的民众施粥；还有一种情况，是不孕的妇女在平日每餐做饭时将米留下少许，这样一天天积累下来，到了腊八这一天，做成粥饭在大街上施舍给孤寡老人和生活贫困的人。以上几种“舍饭”的情形都是为了积累善德之功，实现生育儿女的愿望。我国腊八有喝“腊八粥”的节日习俗,所以做粥时祈子的妇女往往要放些果物在里面，其中大枣、栗子是不可少的。枣、栗子与“早立子”谐音，以此表达她们早得子的期望。舍饭这一祈子仪式在北方有些地方旧时经常见到。腊八那天一大早，祈子的妇女就取一升米做成米饭或熬成米粥，做饭熬粥时还要一边烧火一边念叨：“为子省下一把米，为子省下一把面，留到腊八去舍饭。”饭做好后，就抬到街上施舍。这种做法在物质生活条件匮乏的过去是十分受欢迎的，而且舍饭者也坚信不疑会得到神灵的佑护。但是现在，随着人们的物质生活水平大幅度提高和对生育知识的了解，舍饭祈子行为已不多见。

我国民间祈子的习俗与饮食有关的除了“舍饭”外，旧时，有的地方还由婆婆在元宵节那天把邻居家制作的面灯拿来给儿媳妇煮了吃，因为灯盏有承续烟火的意思。也有一些地方盛行吃红皮鸡蛋祈子的习俗，鸡蛋又叫“鸡子”，民间认为是男性的象征。一般是由婆婆到一个不相识的生子人家登门道喜。不过，她道喜是次要的，主要是为了给她的儿媳妇讨要一枚红皮鸡蛋，若碰巧是喜家发的第一枚鸡蛋就更好了，俗信吃了这讨来的红皮鸡蛋，妇女就能够怀孕。还有一些地方，祈子的妇女每到大年初一早上都要躲在自家的屋门后偷偷地吃一个煮鸡蛋，吃时一定不能让别人看见，否则就不灵验。除鸡蛋之外，民间俗信妇女日常多吃一些有生子寓意的吉祥食物，如喜瓜、莴苣、子母芋头等，甚至采用如“偷瓜送子”“喝阴阳水”等办法都可以达到生子的目的。人们通过这些特色食品表达生育子女的美好愿望。

对于孕妇来说,则要按照民间的传统习俗进行饮食保胎。实际上,我国民间“保胎食俗”是根据传统中医的食疗与胎教并重观念形成的。老百姓借助民俗的方式祈求妇女孕期和生育过程健康无恙、顺顺利利。

在大多数地区民间强调“酸儿辣女”的俗信。其中的寓意是通过孕妇对于酸、辣口味的嗜好来判断孕妇怀的是男是女。从科学层面看,孕妇在怀孕初期一般胃口较差，适当多吃点酸、辣口味的食物，有助于增进食欲，确保饮食营养的供应，也是一种健康平安的保障。

人们普遍认为孩子出生后的健康状况与母亲的饮食行为有着密切联系，所以为了保证生个健康聪明的孩子，整个家庭总是尽量满足孕妇的饮食要求，确保足够的营养。通过民间吉祥俗信来保障妇女孕期的营养供应不失为一种有效的措施,也是一种求吉心理的表现。于是,民间就有了让孕妇“一人吃两人饭”的习俗，同时强调多吃荤食、浓汤、油饭、青菜与水果等，也是为了让孕妇加强营养，保证胎儿健康发育。其中既有科学道理，也符合民间的求吉心理。

我国民间还有催生方面的食俗，讲究也有很多，都是为了祈求能够顺顺利利地生儿育女。“催生”食俗的历史非常悠久,宋吴自牧《梦粱录》中就有详细的记载：“杭城人家育子，如孕妇入月，期将届，外舅姑家以银盆或彩盆，盛粟秆一束，上以锦或纸盖之，上蔟花朵、通草、贴套、五男二女意思，及眠羊卧鹿，并以彩画鸭蛋一百二十枚、膳食、羊、生枣、栗果，及孩儿绣棚彩衣，送至婿家，名‘催生礼’。”所送食品寓意“早生贵子”“早得千金”的吉祥愿望一目了然。当然，这样的“催生礼”肯定不是一般百姓之家可以办得到的。饮食催生的习俗一直在我国民间传承至今，如浙江地区，娘家在女儿临产之前,预先送喜蛋、桂圆、大枣和红漆筷等到亲家,寓含“快生贵子”“喜得圆满”之意。在湖南的一些地方，有条件的家庭里娘家妈妈给女儿做一顿饭，一般是二至五道菜肴面食，分别称作“二龙戏珠”“三阳开泰”“四时平安”“五子登科”。饭食必须让女儿一次吃完，意谓“早生”“顺生”“母子平安”，祈求生育顺利平安。我国的侗族则是由娘家送米饭、鸡蛋与炒肉到女儿的婆家，七天一次，一直送到平安分娩为止，这种希望女儿平安生产的心理愿望就寄托在“催生礼”或“催生饭”里。

所有的这一切其目的都是为了祈求生育过程母子平安。

（二）红蛋“报喜”与米粥“看喜”

当一个新的生命呱呱坠地时，家里的人就要在喜悦的气氛中开始为之奔忙了。忙活的第一件事是向邻里好友、亲戚报告喜讯，民间谓之“报喜”。报喜通常分为两项内容：一是在自家门上做某种标记，以告知全村人家里喜添人丁；二是向产妇的娘家报喜，告诉他们产妇母子平安。

先说喜家在自家门上做“报喜”标志的习俗，至今在有的农村仍有传承。这一习俗在我国有着悠久的历史，古代文献《礼记·内则》中就有“设弧”“设帨”的记载。所谓“设弧”“设帨”就是生了男孩就在自家大门左边悬挂一张弓，而生了女孩就在大门右边悬挂一条佩巾。现在我国各地在婴儿出生后在门上悬挂某种吉祥物品以报喜的习俗就是古代“设弧”“设帨”的遗存。不过，“十里不同风，百里不同俗”，虽然各地都有类似“设弧”“设帨”的习俗，但时间不太一致，有的是在婴儿降生当天，有的是在第三天，表现形式也有所不同。有的地方称这一习俗为“挂桃符”，将桃枝挂在屋门正中间，桃枝上要系两棵大葱、四个大枣、四个栗子和二头大蒜，并根据桃符从门上掉下来的时间来预测孩子将来定亲、结婚的早晚。所用的桃枝主要的作用就是避邪禳灾，祈求平安。“桃符”中的大葱是期望孩子长大后聪明伶俐，能干大事；大枣和栗子就是希望孩子能早早地成家立业，早生儿育女；大蒜是要孩子长大后能打会算，会过日子。总之，都是寄寓吉祥平安、生活美满、人丁兴旺的美好期望。也有的地方有“挂红子”的习俗，用一尺见方的红布，拴住一角，再用红线串上栗子、大枣以及染红的白果和花生，与红布一起挂在大门上，这也是求吉避邪禳灾之意。大红的颜色从来都是喜庆的象征，是将家中喜添人丁广而告之的意思。其他吉祥食品如栗子、大枣、白果、莲子和花生等，其寓意基本与前面所说的相同，白果和莲子是希望孩子将来多生育的意思，“白”与“百”谐音，花生是说将来女孩、男孩都会有，人丁兴旺，都是美好吉利的寓意。

给产妇娘家报喜是民间生育礼俗中很重要的组成部分，也是非常重要的礼仪形式。报喜的时间各地不尽相同，旧时北方大多数地区通常是在孩子出生的第三天才向外报喜，其原因是过去医疗条件不发达，土法接生婴儿安全保障有限。三天之后确保母子平安才向外发布喜讯。还有的地方要根据所生婴儿的性别来确定报喜的时间，如有的地方规定生了男孩就是第三天向产妇的娘家报喜，如果是生了女孩就是第六天报喜，不过也有的地方当天就去报喜。

前去报喜的人也有讲究。过去有身份的人家通常是派贴身的佣人去，一般人家则派弟兄去，现在多是女婿亲自去。在南方有的地方是孩子的父亲带上一只大公鸡、一壶酒和一篮鸡蛋去岳母家报喜。如果生的是男孩，就在壶嘴上插一朵红花，如果生的是女孩，则要在壶身上贴一个红“喜”字。公鸡和鸡蛋（又称鸡子）既是男性的象征，也有吉祥的寓意。因为“鸡”与“吉”谐音，大凡民间吉庆之事鸡和鸡蛋是少不了的。女婿到达后，岳母家立即备宴招待女婿和乡邻，以示庆贺。在我国北方有的地区是派遣近门的晚辈或是近亲 10 岁左右的两名男孩去报喜。报喜的仪式及所带物品的种类和数目各地也不尽相同。有的地方是带几枚熟的红皮鸡蛋，一定要是单数的，避免双数，因为“双”与“妨”谐音不吉利。人们希望新生儿趋吉避害，但也不希望小孩会“妨”害家人和他人。有的地方除了带红鸡蛋外，如果是男孩就再带一本书，如果是女孩就再带一朵花，这样一看就知道生的是男是女。最有意思的是有的地方民间除了送熟的红皮鸡蛋外，还要额外放一个生鸡蛋在里面，取“生”的意思，也就是希望继续生育、子孙满堂之意。在山东有的地方报喜不带鸡蛋，而是要带上二十个一斤左右重的大馒头，产妇的娘家必须全部留下，否则便认为生的小孩不好养，娘家也要回些东西，所回的礼物各有寓意，包括十九个鸡蛋和四碗小米。这些食品既是孕妇的营养品，同时也有祝福与求吉的寓意。还有的地方报喜时要带上四升麦子,回来时捎着娘家给的红鸡蛋、大油饼，并且在回来的路上，要送给碰到的第一个人红鸡蛋，有“同喜”的意思，也希望得到所有人的祝福和护佑。

民间生育“报喜”之后,还有给“踩生”人喝“踩生酒”的习俗。所谓“踩生”就是小孩出生后，第一个来到喜家看望小孩的人。“踩生”人不能够特意安排，是顺其自然的事情，喜家对“踩生”人非常重视，要安排酒菜招待，叫作“踩生酒”。据说，“踩生”人会对孩子的性格、未来产生重大的影响，人们都希望“踩生”人品德高尚、学富五车，象征未来孩子长大成人后也能够成就一番事业。

通常邻居或亲友闻知谁家添了喜就要前去贺喜，尤其是产妇的娘家人就要带些礼品前去祝贺，由于所带的礼品大多为食品，因此俗称“送粥米”,也叫“送米”“送汤米”“送祝米”“送糖米”“送乳汁米”“看欢喜”“看喜”等。

邻居或亲友前去贺喜也要带一些礼品。旧时民间“看欢喜”所带的礼品一般是些吉祥食品和孕妇的营养滋补食品，诸如鸡蛋、小米、点心、面粉、红糖、肉、鸡之类。一是让产妇补补身子；二来也有街坊邻里相帮相助的成分在里面；三是送去一些吉祥如意的祝福，让大家共享喜庆与欢乐。如在山东济南，通常是在婴儿出生后的第三天，由亲友中的女眷前来贺喜，并送鸡蛋、小米、红糖、糯米和挂面等食物。家庭条件好一些的还要再送母鸡、肘肉、面粉等。婆家则要用预先染红的红鸡蛋回礼，以表同喜和谢意，希望得到亲朋好友及街坊四邻对孩子的护佑。

在北方大部分农村,一般街坊邻里“看欢喜”的主要食物是鸡蛋,至今仍然如此。一是旧时鸡蛋是农村一般家庭最好的营养滋补食品；二是鸡蛋俗称“鸡子”，有祝贺喜得贵子之意。送贺礼的时候为了讨吉利还有许多讲究，如鸡蛋、米面之类的食物不能够用篮子盛放，有“竹篮打水一场空”的暗喻，是不吉利的，而是要用包袱包着送到喜家，谓之“抱福”。同时，鸡蛋的数目也有讲究，有送一百个的，取让婴儿长命百岁之意；也有送一千零一个的，取千里挑一之意；也有送六十六、八十八、九十九个不等，分别取六六大顺、恭喜发财、长长久久之意。

（三）产妇餐与坐“月子”

就在家里人忙着四处报喜的时候，还有一件不可忽略的事情，就是给产妇准备产后的第一餐。北方各地对产妇的第一餐都非常重视，而且有一定的讲究和寓意，由于不同的地方习俗有所区别，因此，产妇的第一餐也是形形色色。

在山东济南，民间讲究产妇要喝“全汤”。“全汤”由多种有滋补功能的山珍海味组成，一般在十种以上，放入陶罐子中熬煮至料软汤鲜，意为十全十美、平平安安，实际上就是为了给产妇增加营养，并使其能够快速产生奶水。

“全汤”

在山东东部地区，产妇的第一餐除了鸡蛋、米粥之外，必须吃一种油炸食品，如油条、炸面鱼之类，据说是为了帮助产妇的子宫收缩，快速恢复体力。也有的地方民间要求产妇第一餐只能吃小米稀饭和煮鸡蛋，小米稀饭中一定要添加红糖，有甜甜蜜蜜、喜事连连的含义，民间俗信认为红糖有补血作用。

我国产妇产后都有坐月子的习俗。产妇分娩后，身体虚弱，以滋补、防寒为要，民间传统是三日之内不能下床，一个月之内不出门，称为“月子”。月子里的产妇三餐饮食很讲究，目的就是让产妇吃得好，有营养，给产妇创造快速恢复体力的条件。为此，民间赋予许多食物吉祥寓意或禁忌。通常坐月子的产妇，三餐主要是加上红糖的小米粥或糯米粥和煮鸡蛋，还要喝些猪蹄汤、老母鸡汤和鲫鱼汤等，为的是既滋补产妇的身体，又可保证奶水充足，还能驱除风寒。在许多地方，产妇必须要喝老母鸡汤和鲫鱼汤，除了滋补、催奶之外，还有一定的象征意义。母鸡总是带着一群活蹦乱跳的小鸡，意为产妇也如母鸡一样能把自己的孩子养好，并希望儿女成群、多子多福；鲫鱼要熬成白色的汤，象征着奶水充足，而且有母乳有“余”的意思，象征孩子有吃不完的奶水，确保孩子健康成长。

产妇坐月子期间忌吃豆制品，以防“岔奶”，就是不下奶的意思；忌喝大米饭，因为大米性凉，不宜产妇的身体；忌吃刺激性和生冷的食物，对产妇的身体和产奶都不利。在医学科学还没有普及的年代，人们借助一些与饮食有关的习俗来为产妇和新生儿求吉避害，当然，其中一些食俗并没有道理。

（四）吃“喜面”与喝“满月酒”

1. “洗三朝”为之求福。婴儿出生的第三天，我国大部分地区，民间有给婴儿“过三日”的习俗。过三日，也叫作“三朝”“洗三”。给婴儿“洗三”的习俗由来已久，主要流行于南方，特别是湖广、岭南地区。据说“洗三”是为了洗去孩子身上的污秽之气，能够干干净净地成长，且聪明伶俐。宋代《太平广记》称：“越俗，其妻或诞子，经三日，便澡身于溪河。返，具糜以饷婿，婿拥衾抱雏，坐于寝榻，称为产翁。”洗三朝的习俗发展到唐宋两代已非常盛行。宋孟元老《东京梦华录》曰：“……大展洗儿会。亲宾盛集……浴儿毕，落胎发，遍谢坐客。”这些文字记述了洗儿的仪式和盛况，祈求小儿聪明富贵、无灾无难。宋代苏轼在一首《洗儿》诗中说得很清楚。其诗曰：“人皆养子望聪明，我被聪明误一生；惟愿孩儿愚且鲁，无灾无难到公卿。”

流行于湖广及我国其他地区的“洗三”之俗，其为孩子求吉避害，希望孩子聪明伶俐的心愿由此可见一斑。

据我国许多地区民间俗信的说法，所有婴儿都是送子娘娘馈赠的礼物，所以孩子出生的第三天，送子娘娘要亲临凡间察看小儿的生命情况。若小儿精神饱满，身体健壮，家中喝喜酒，吃寿面，便认为家人疼爱孩子，可放心离去。反之，如果孩子无精打采，家里也没有庆祝活动,会认为家人不爱孩子,便马上带孩子走,这就意味着婴儿夭折。其实，这是中华民族通过这种形式让世人对生命产生敬畏之心。对于老百姓来说是非常惧怕婴儿夭折的，所以就会通过“洗三”的礼俗形式来祈求婴儿健康平安。这样的求吉食俗在我国民间代代传承。

传统的“洗三”之礼是非常讲究的，洗礼举行之前，婴儿家里要清扫房屋，备好香烛，宰杀好鸡、鸭，备好鸡蛋等食物用品，做好宴请亲朋好友、街坊四邻的准备。是日，主家的女眷们首先要忙着往烧柴火灶里的大铁锅上，放进艾叶、菖蒲、金银花、樟树叶、紫苏、雄黄等物料，然后倒进几大桶清凉干净的井水，将水煮沸。水中所加的药材均具有灭菌消毒、去火清热的功效，以此表征“洗三”婴儿去灾避祸、健康平安的寓意。待锅里水温降至适度后，用木瓢舀进一只消过毒的木制洗澡盆中，便开始给初生的婴儿洗浴。洗礼一般由年长的婆婆、奶奶主持，边洗边吟唱一些诸如“洗洗头，做王侯；洗洗身，做富翁；洗洗手，荣华富贵全都有；洗洗腰，一辈更比一辈高；洗洗脚，身体健康不吃药”等吉祥话儿。在洗礼的同时，还要拿根筷子点上些食物汤汁，象征性地在婴儿的嘴巴上涂抹一下，也是边涂边念：“吃了鱼，有富余；吃了糕，长得高；吃了糖，保健康。”在中国传统民俗中，就是借助这样一些吉祥食品寄寓人们对新生儿美好的愿望。

在我国湖北武汉，旧时一般家庭做“洗三”之礼时，多以艾叶和草药煎汤，水中还要放一个鸡蛋。待水温适宜之后，将婴儿抱到澡盆中洗浴。产婆或有经验的老妇人给婴儿沐浴洗涤时，口中念诵“长命百岁”“狗头狗脑”之类的吉祥语。洗浴结束，再用煮熟去壳的鸡蛋为婴儿滚身，从脊背滚至臀部，谓之“滚屁股蛋”，以求去除胎毒，消除疫病，祝福婴儿肌肤嫩白、健康成长。当地民间歌谣云：“我家有个小宝宝，出生三天洗个澡；圆圆的鸡蛋身上滚，滚出五毒百病消。”民间信俗认为滚过后的鸡蛋具有了一定的神力，所以要送给“祈子”的妇女吃。最后由长辈给婴孩戴上饰物，更换新襁褓。此日产妇的至亲如姑姑等要前往祝贺，贺礼中一定要有大葱和铜钱，俗称“葱使小儿聪明，钱可使孩子将来富贵”，祈求婴儿将来聪明富贵。

婴儿“洗三”这一天，主家还要多备一些熟鸡蛋，并把蛋壳染成红色，一是分赠给前来贺喜的亲友、乡邻，二是由孩子的父亲用提篮装上，送到婴儿姥姥家去“报喜”，俗称“吃红鸡蛋”。清冯家吉在《锦城竹枝词百咏》中，曾形象地描述了当时人们举行“洗三”礼的场景：“谁家汤饼大排筵，总是开宗第一篇。亲友人来齐道喜，盆中争掷洗儿钱。”所描写的是小儿洗三，长辈要出洗钱，主家要大排宴席，并要请吃面条，借以庆贺道喜、祝福孩子平安的热闹景象。

在浙江的绍兴地区，民间至今有喝“三朝酒”的习俗。孩子出生三日，旧时当地喜家要举行“三朝”礼，内有开奶、开荤等象征性仪式，还要请当地有经验的妇女用手指或筷子一边将几滴黄连水抹在婴儿嘴上，一边说：“好肉肉，三朝吃得黄连苦，来日天天吃蜜糖。”然后，又用糕、糖、酒、鱼等混成的汤水抹在婴儿嘴上，并且口中念念有词：“吃了肉，长得高；吃了酒，福禄寿；吃了糖，日子甜；吃了鱼，年年有富余。”

2. 吃“喜面”为孩子祝福。在我国北方大部分地区，小孩出生后的第三天喜家有用面条招待街坊四邻和亲朋好友的习俗，谓之“吃面”“吃大面”“喝喜汤”“喝喜面”。其实，这是古代“汤饼会”习俗的遗存。人们通过吃“喜面”的聚会形式，借以答谢街坊四邻和亲朋好友，希望孩子能够得到街坊四邻和亲朋好友的祝福。

旧时我国各地民间都有给新生儿做“汤饼会”的习俗，至今仍有沿承。古代的“汤饼”就是现在的面条。山东地区多在小孩出生的第三天，置办酒席，邀请亲朋好友、街坊四邻共享。亲朋好友则借此机会持礼前往庆贺，饮酒结束，所有人一起吃面条，谓之“喜面”。山东东部地区农家尤重此俗，一般是于婴儿出生后的第三日，煮大量的卤面，除了宴席男客食用外，还要用大海碗盛之，让大一点的孩子或近亲侄子、外甥等一一分送邻居好友，也叫喝“喜面”。邻家接喜面后，要在碗内回压鸡蛋数枚或硬币之类，以为答谢。但也有的地方做“三朝”不请客，只分送面条，到了婴儿出生的第十二天，给孩子做“日子”，也叫过“十二日”。此日，主家要设盛宴请已经送过贺礼的街坊四邻、亲朋好友，以示庆贺与感谢。十二日宴席酒菜之外，主食就是面条，对未赴宴的邻家，仍以大碗盛“喜面”相馈，以表谢意。我国民俗中，面条是“长寿”和“长长远远”的象征，请大家吃“喜面”的寓意不言自明，主要是为了得到街坊四邻和亲朋好友对孩子的祝福，希望孩子能够健康成长、长命百岁。

3. 摆“满月酒”为孩子祈福。婴儿出生后满一个月那天称为满月，主家要置备酒席，恭请亲朋好友喝“满月酒”，以示庆贺。因为，满月之后，产妇“坐月子”也就结束了，此时对母亲和婴儿的许多禁忌也解除了。喝“满月酒”在我国各地非常流行，一般家庭都要在这天给婴儿“过满月”，或称“做满月”，并宴请宾客。宴请的礼节非常讲究，需要在之前的两三天发请帖给亲朋好友。接到请帖的亲友这天要携带鸡蛋、点心、礼馍及儿童所需的服装、玩具等前来，庆贺母子平安。姥姥、舅舅的贺仪尤其讲究。如我国南方有的地方外婆家送的礼品有寿桃、红鸡蛋、花生、福寿糕及四季衣物。礼品除了实用之外，更是对孩子平安健康、吉祥如意的祝福。现在除了礼品之外，一般还要送一定数目的“喜钱”。

（五）百日吃“岁”期长寿

婴儿出生一百天，称为“百岁”，我国各地都有为婴儿过“百日”“百岁”的习俗。给婴儿过“百岁”的习俗源于何时已不得而知，至少在唐宋年间已经流行。据宋代史籍资料记载，“百岁”本作“百晬”。“晬”

就是终了的意思，也就是孩子一百天过完了的意思，特指婴儿满百日。宋人孟元老《东京梦华录》:“生子百日，置会，谓之‘百晬’。至来岁生日，谓之‘周晬’。”可知，“百晬”“周晬”分别指庆贺婴儿满百日、满周岁而举行的礼仪宴会。婴儿满百日的时候，民间有很多饮食习俗，而且大多寓意吉祥。

1. 多样食品寓“百岁”。有的地方孩子满百日时，姥姥家要送一百个蒸制的“饽饽”，因为“蒸”与“增”谐音，谓之“蒸（增）百岁”，“饽”与“百”谐音，所以姥姥送一百个饽饽，就是希望孩子能够长命百岁、健康长寿。如果有人此日送钱也是一百，谓之“百岁钱”。还有的地方，家里人怕孩子体弱多病，就在百日这一天到街坊邻里挨户乞讨钱粮，表示给孩子吃“百家饭”，或到每家乞讨一根线，纫佩于小孩的脖子上，曰“百家线”。民间认为孩子吃了“百家饭”或佩带了“百家线”可以长命百岁。我国北方有的地方，婴儿百日之时，父母要用白米做“白雪糕”，到村头的十字路口分给 100 个人吃，“糕”与“高”谐音，以预祝婴儿高高兴兴活到百岁。在我国的广东地区，百日有给婴儿吃食盐的习俗，俗称“吃味”，寓意孩子从此开始尝到人生百味，能够健康成长。还有的地方孩子百日这天，父母给婴儿买来猪肠、猪肚、猪腰、猪肝，煮粥喂婴儿吃，俗称“补肚”或吃“猪八件”。人们俗信，小孩“补肚”或吃了“猪八件”以后，五脏六腑都健康，能够增加消化能力，日后身体强壮、长命百岁。山东有的地方，孩子满百日时姥姥要再次登门探望，需缝制一条裤子为贺礼。裤子里边塞满了大葱和特制的馍馍。裤子给婴儿穿上，要让婴儿使劲蹬出藏在裤腿内的馍馍和大葱。大葱寓意孩子聪明，而馍馍则唤狗食之，意为“狗剩”，表示孩子不会受到伤害，能够健康成长。

2. 特色面食寓“百岁”。在山东的东部地区，最有意思的百日吉祥食品是一种被称作“岁”的特色面食，为其他地方所没有。“岁”用白面发酵蒸制而成，长条圆形，中间粗，两头尖，形似旧时织布机上用的线穗。“岁”蒸熟后，还要在上面染红点或彩画各色花形，作为百日的特别礼品。“岁”有大小两种,婆家娘家都要做。娘家送小的,多为一百个，取长命百岁之意。另有大个的，长约半尺，用木梳在上面压上点纹，或画上各色寓意吉祥平安的图案。婆家蒸的，主要用来回赠。于百日第二天,将大个的“岁”用刀斜切成段,分送邻里亲友,以示共贺，希望得到亲朋好友的祝福。除了“岁”之外，有的地方还要蒸 100 个插枣的小饽饽，其意与“岁”相同。

（六）抓周测吉祥

抓周，古代还称为“试儿”“试晬”“期扬”“拈周”“试周”等，是在小孩满一周岁时，大人在孩子面前摆上各种玩具、生活用具、学习用品及其他器物，让孩子随意抓取一个物件，以此来卜测日后孩子的前途、性情和志趣的活动，此习俗至今在我国民间仍有传承，流行不衰。

据史料记载，抓周的习俗在我国由来已久，发展到宋代时已经非常成熟并广为流行,不论是在南方还是北方。宋孟元老《东京梦华录》中记载 :“至来岁生日，谓之‘周晬’，罗列盘盏于地，盛果木、饮食、官诰、笔砚、算称等经卷针线应用之物，观其所先拈者，以为征兆，谓之‘试晬’。此小儿之盛礼也”。其中所描述的是北宋时期民间抓周的习俗。吴自牧《梦粱录》中也记载“罗列锦席于中堂，烧香秉烛，顿果儿饮食，及父祖诰敕，金银七宝玩具、文房书籍、道释经卷、秤尺刀剪、升斗等子、彩缎花朵、官楮钱陌、女工针线、应用物件，并儿戏物，却置得周小儿于中座，观其先拈者何物，以为佳谶，谓之‘拈周试晬’。其日诸亲馈送，开筵以待亲朋”。吴自牧所记载的是南宋大户人家为小儿举行的抓周活动，所供小儿抓取物件的品种之多，非普通家庭可为，并且还要设宴招待亲朋好友。自元以来，抓周习俗在民间尤其盛行，大多被称为“期扬”，直到清代以后才有“抓周”“试周”的称呼出现。

明清时期，民间给孩子举办抓周仪式，中午设宴款待亲友，一定要吃“长寿面”，以示庆贺，并祈求孩子健康长寿。抓周仪式一般都是在中午吃“长寿面”之前进行的。一般的百姓人家，由于经济条件有限，方式也多简化，仅用一铜茶盘，盘内任意摆放《三字经》《百家姓》《千字文》等书，一支毛笔，一个算盘，一套烧饼油果，若是女孩则加摆铲子、剪子、尺子、针线等物件。讲究一些的大户人家则在床前陈设大案，在上边摆放印章、经书、笔、墨、纸、砚、算盘、钱币、账册、首饰、花朵、胭脂、吃食、玩具，如果是女孩还要加摆铲子、勺子等炊具，剪子、尺子等缝纫用具和绣线、花样子等刺绣用具。小孩子所抓物品中，唯有食品是不可缺少的，如油饼果子、烧饼、炒果、干点心之类。然后，由大人将小孩抱来，端坐在储物盘或案前，不能给孩子任何诱导和指示，让孩子随性挑选，视其先抓何物，后抓何物，以预测孩子长大后的前途志向、兴趣爱好等。如果孩子抓到的是吃食之物，则预示孩子将来虽然不一定大富大贵，但一辈子有饭吃，饿不着。从平安健康的角度看，子女一辈子不愁吃不愁穿的日子就是吉祥平安了。抓周仪式结束后，主人便和客人一起饮酒吃“长寿面”。有的地方还要把专门制作的“岁糕”拿出来和来宾一起享用，这种“岁糕”和面食“岁”的寓意是一样的，既有长命百岁之意，又有年年长高之意。长辈们对小孩的前途则寄予无限的厚望，祝贺孩子年复一年吉庆平安，健康成长。

在我国南方许多地方则把“抓周”叫作“得周”，在浙江绍兴有的地方也叫“闹周”，当地民间习俗认为“得周”是人生中很重要的一个时间节点，得大办酒席以示庆贺，称之为“得周酒”。不过，“得周酒”的举办也要视各家的经济条件而定，因此丰简、规模差别较大。旧时，有的大户人家不仅要办丰盛的酒席，还要延请戏班子唱戏凑热闹，以示庆贺。酒席中，除了一些象征长命百岁的食品外，当地出产的状元红或女儿红是必不可少的。男孩要喝“状元红”，预示孩子长大有出息，希望是个状元郎；女孩则喝“女儿红”，其中的吉祥寓意不言而明。主家不仅要用“得周酒”款待亲朋好友，还要把用米、面制作的“得周馃”，如糍粑、寿桃、寿馒头等，分送亲朋好友和左邻右舍，让大家分享快乐和幸福。

二、生日寿辰最重寿面、寿桃

我国各地民间都有给家中老人庆寿的习俗，这也是中华民族孝敬老人的美德良俗之一。但在我国，所谓寿诞，一般是指六十岁以上的老年人，每至诞生日举行庆贺活动称为“做寿”或“办寿”；而不足60岁的人，也有的在诞生日举行一些庆祝或纪念性活动，叫作过“生日”“生辰”。另外，还有给死去的先人做“阴寿”的习俗，旧时在一些大家庭、官邸如清代年间的孔府尤其重视此礼。无论是给老人做寿，给年轻人过生日，还是给死者做阴寿，无不与饮食有关。现列举一些常见的寿庆饮食习俗，以展现我国传统寿诞食俗中养老祈福、祥和吉庆的淳朴之风。

（一）寿宴与做寿

旧时老人寿日要举行贺寿仪式，一般有条件的人家此日门前要悬灯结彩，鼓乐齐鸣，堂上摆香案，红烛高照，红毡铺地。做寿者被称为“寿星”，端坐香案正中，前来贺寿的客人按辈分，或按年龄、职位分列两旁，司仪赞礼，贺客依次向寿者拜寿，如平辈拱手为礼，晚辈鞠躬或跪拜，都同时致贺词。贺寿仪式结束，主家要举办寿宴，一为寿星祝寿，二为答谢亲朋好友。

1. 吃寿宴。拜寿仪式结束后，主人请客人入席，吃祝寿宴。宴席开始一般是先吃茶点，茶要选用“老君眉”之类，为的是讨个长寿的口彩。茶点为寿桃、寿糕、寿饼之类，都是与祈求长寿有关的吉祥名称。寿桃有长寿逃避病灾之意，寿糕则有祈求高寿之意，等等。宴席的规格为十大盘十大碗，意为“十全十美”。旧时六十岁以上的老人，一般都是子女双全、儿孙满堂，生活幸福美满，所以叫作“十全十美”。宴席最后要吃面条，意为“长寿面”。我国有的地方，还要在祝寿日的前一天晚上，全家置备家宴聚餐，民间叫“暖寿”。次日，方设宴招待亲朋好友。

寿宴菜肴

旧时殷实之家一般每年都为家人过生日。无论大人、儿童，通常不过是于此日改善一下生活而已，做些好吃的饭食，以示纪念和祈求健康长寿。但大人、小孩在主食上有区别。一般大人过生日中午吃面条，寓意能像面条一样福寿绵长，谓之“寿面”。而未成年的少年儿童则吃蒸米饭或蒸饽饽，这是希望青少年未来蒸蒸日上，能有出息。人们对六十岁以前的整数年龄，如三十、四十、五十岁等，较为重视，多于此日邀亲友相聚，设便宴加以庆贺，叫作“生日宴”，但亲友一般不送礼物。

在我国的大部分地区，民间又把寿宴称为“喝寿酒”。旧时“喝寿酒”是非常讲究的。如浙江绍兴地区民间就有这样的习俗，人每逢整十的生日要为之祝寿，举凡祝寿要办寿酒，这在当地已经形成了习俗定规。所以民谚说：“十岁做寿外婆家，二十岁做寿丈母家，三十要做，四十要岔，五十自己做，六十儿孙做，七十、八十开贺。”十岁时，以外婆家为主办寿酒，还要送祝寿的礼品。二十岁生日的时候就已经结婚了，所以是岳母家办寿酒，也要送袍褂、文房四宝、馒头、糕饼等礼物，是为外孙或女婿祝福和庆贺。这个年龄段办寿酒虽然没有“寿庆”的资格，但符合“逢十”庆祝的习俗。三十岁到了而立之年，已经成家立业，可能事业有成，所以也要做祝贺生日的寿酒，一般是自己办，以示庆贺。四十岁的时候，绍兴人旧俗不搞生日庆祝活动的，因为绍兴话的“四”与“死”同音，不吉利，所以四十岁的生日是要岔开的，意思是躲开不吉利的年岁，这与旧时北方人四十一岁被民间称为“王八年”视为不吉利同义。我国旧时称“人生七十古来稀”，所以对七八十岁的老者来说，人的七十、八十岁是难得的高寿，何况这时膝下儿孙成群，家业成就足可为人称道，是要大摆宴席、大张旗鼓地进行祝寿活动的，用美味佳肴丰盛寿宴款待亲友，并接受亲朋好友的祝贺。在绍兴，办这种寿酒颇讲究，不仅要福禄佳酿，菜肴也与寿比南山、长命百岁等吉祥寓意有关，尤其寿宴上要有用面粉做成的寿桃、寿馒头、寿面、寿饼等，象征福、禄、寿、喜一应俱全。寿宴结束后，还要把这些祝寿的食品分送乡亲邻里和亲朋好友，一为分享寿诞之乐，二来也让大家沾点福气。如果是在所谓的“四世同堂”“五世同堂”的家庭，除了儿孙晚辈要向老人叩头行礼之外，有条件的还要请摄影师拍摄全家福照片留作纪念，以示家族发达、人丁兴旺，老人尽享天伦之乐。

现如今，人们的生活条件越来越好，给孩子过生日、给老人办祝寿宴已经蔚然成风，而且形式多样。旧时过生日、办寿宴都是在家里请人帮忙筹备，现在已有各种各样的寿宴仪式，包括传统的祝寿礼仪、热闹的生日派对等，其中的祝福和希望是相同的。

2．做寿的讲究。民间给老人做寿是很讲究的。首先是对做寿年份、性别的一些礼俗规范，如男性老人做九不做十，就是说男性老人到了五十九岁，就可做六十大寿了；女性老人则做足不做零，也就是女性老人一定要到足岁做寿，如六十、七十等可做寿。我国的中原地区，老人六十岁以后，大部分是每年由家人近亲为老人祝寿，不举行大规模的庆祝活动，就是家宴祝寿。每五年一小贺，规模、范围较之平常年份要隆重一些；每隔十年做一次大规模的祝寿活动。也有的地区给老人祝寿的时间不是在整数的年份，而是选择一些特别的年份，给老人举办大规模的祝寿活动与宴会，如六十六、七十三、八十八、九十九等。民间把八十八岁称为“米”寿，九十九岁称为“白”寿，把一百零八岁称为“茶”寿。每遇到这样的年份，要异常隆重地大力操办祝寿活动，因为不是所有的人都能够如此长寿。还有的地区给老人祝寿的时间不是按生日，而是多选定农历正月的日子：“六十六，取初六”“七十一，正十一”“七十三，年初三”“八十、九十，年初十”“八十四，年初四”，就是老人六十六岁的祝寿日在当年的正月初六，七十一岁的祝寿日放在当年正月的初十一，以此类推。

其次，是习俗仪礼对于寿宴以外吉祥食物的应用习俗。对此，我国各地不尽相同，但都有讲究。如“六十六，吃块肉”“七十三，吃条鲤鱼猛一窜”“七十七，吃只鸡”。我国安徽有的地方，老人到了六十六岁，女儿要为老人做六十六个馒头，包六十六个水饺，买六斤六两猪肉送到娘家祝贺，取“六六大顺”之意。到了七十一岁的时候，子女要炖只老母鸡给老人吃；到了七十三岁的时候，子女要给老人买一条大鲤鱼等，都含有吉祥祈寿之意。当地俗语有“六十六吃块肉，吃了肉活不够”“七十三，吃条鲤鱼蹿一蹿”“七十七，吃只鸡，吉星高照寿无比”。显然，在生活条件较差的年代，这实际上是人们通过祝寿活动多给老人增加一些营养滋补食品，为的是给老人增强营养。这是我国养老习俗中的传统美德。

（二）祝寿吉祥食品

给老人做寿，亲朋好友、儿女子孙、近亲晚辈等按例都要前来祝寿，在置备的寿礼中，有很大一部分是必不可少的吉祥食物。而且寿宴中的食品有许多是有讲究、有寓意的。

这些吉祥食物种类繁多，虽各地有别，但各有美好寓意。常见的有鱼、肉、鸡、酒、寿面、寿桃、寿糕、寿饼、寿饽饽、糖果等，下面列举几种寿宴吉祥食品简要叙述之。

1. 长寿面。我国各地民间几乎都有生日吃“长寿面”的习俗。长寿面作为一种标志性的祝寿吉祥食品，是晚辈给长辈庆寿时准备的，它一方面代表了儿女对长辈的孝心，一方面则表达人们对健康长寿的美好愿望。据说，民间吃长寿面的习俗源于汉武帝时期。相传，汉武帝虽然雄才大略，但特别崇信鬼神和算命相术。有一天汉武帝正在与几位大臣聊天，当话题议论到人的寿命长短时，汉武帝说：“古书上讲，人的人中长寿命就长，如果人中一寸长，就可以活到一百岁。”坐在汉武帝身边的东方朔听了以后就不觉笑了起来，几位大臣莫名其妙，都责怪他对皇帝无礼。这时汉武帝也好奇地问东方朔笑什么，东方朔不紧不慢地解释说：“我不是笑陛下，而是笑古代的彭祖，人活一百岁，人的人中是一寸长，据说彭祖活了八百岁，那他的人中就有八寸长了，那他的脸有多长啊。”众人听后也跟着笑了起来。中国古人的智慧就在于，人的长寿不是靠脸长来实现的，却可以想个变通的办法表达一下自己长寿的愿望。习惯上，人们也把脸又称为“面”，于是就有了“脸长”即是“面长”的逻辑，而长长的面条恰恰适合人们用以表达长寿的心理愿望。这种生日吃“长寿面”的习俗是中华民族独有的饮食文化，面条由此成为祝寿的吉祥食品，这一习俗一直沿袭至今。民间吃长寿面的时候还有讲究，如山西、陕西等地区，要给“老寿星”单独上一碗面，面条越长越好，寿面上桌后，先从碗里挑出一根最长的面条搭在横放碗沿的筷子上，以示快乐长寿之意，由老人先把这根面条吃掉，然后大家再一起吃寿面。

寿面

2. 寿桃。传统的民间祝寿宴席中寿桃是必不可少的吉祥食品。其实，用于祝寿宴的寿桃有两种。一是用新鲜的桃子，二是用面粉加工成的桃型饽饽。为什么用桃祝寿，称为寿桃呢。这首先得从桃本身说起，桃子作为水果，具有甜、鲜、纤维素含量高等特点，尤其含有丰富的抗氧化、抗衰老的维生素 E，桃子里的果糖有滋补强身的作用，特别是纤维素对缓解老人的常见病如动脉硬化、便秘都有好处。民间有“桃养人”和“宁吃鲜桃一口，不吃烂杏一筐”的谚语，说的就是桃子有养生延寿的作用。我国传统的中医学也有同样的认知，传统典籍有“玉桃，服之长生不死”的文字记录，其他中医典籍也有桃“令人益寿”的记载。李时珍《本草纲目》引用古籍说：“桃乃西方之木，五木之精，仙木也。味辛气恶，故能厌伏邪气，制百鬼。”也就是说桃木有驱邪扶正的功能，所以用桃子祝寿也就有了驱邪扶正、祝颂祈寿的寓意了。

在山东民间，至今流传着孙膑用桃给母亲祝寿的故事。传说历史上著名的军事家孙膑，自幼离开家乡到千里之外的云蒙山拜鬼谷子为师学习兵法，不觉一眨眼就是十二年过去了。这一年的五月初五，孙膑猛然想到今天是老母亲的八十岁生日，于是向师傅请假，准备回家看望多年不见的老母亲。孙膑的师傅看到他如此孝心，欣然同意，并顺手从院子里的桃树上摘下一个桃子送给孙膑，并说：“你在外学艺多年，未能报答母亲的养育之恩，我今天送给你一个桃子，带回去给令堂祝寿。”孙膑叩头辞别师傅回到家里，把师傅送给他的桃子双手奉送给母亲。老母亲接过新鲜的桃子，高兴地吃了起来，一个桃子还没有吃完，老母亲脸上的皱纹不见了，全家人见状都非常高兴。孙膑知道这是师傅赋予桃子神力所致。但村里的人们听说孙膑的母亲吃了桃子变得年轻漂亮了，也都想让自己的父母长寿健康，于是就效仿孙膑的做法，在父母亲过生日的时候奉送新鲜的桃子祝寿。但是新鲜的桃子不是四季都有，旧时又没有保鲜技术，于是人们在没有鲜桃的季节里，就用面团做成寿桃给父母拜寿。

除了孙膑的故事，民间还有“王母娘娘蟠桃会”的传说，把桃子传得神乎其神，使桃子似乎真有了延年益寿的功能。所以，民间用桃来祈福，把桃子称为“寿桃”，寿宴中总少不了它。在传统的民俗画中，寿桃更是经常表现的内容之一，如桃合灵芝称“仙寿”、合蝙蝠称为“福寿”，多见于《蟠桃献寿图》之类的年画中，寄寓延年益寿之意。其实，“桃”与“逃”谐音，吃了桃子，民间俗信就认为有逃脱了病魔、厄运、不幸等不吉利的境地之意。总之，桃子与仙、寿、吉祥连在一起，既缘于它丰富的营养价值，也不外乎中国传统文化的创意。

民间用面团制作的寿桃，讲究的是面白、个大、馅香而喜庆。山东有的地方要在祝寿日的前几天，给老人专门制作一个大寿桃和一百个小寿桃，献于宴席之上，大的代表老人，小的代表老人子孙满堂。也有制作五个大寿桃的，谓之“五子拜寿”，以“五子拜寿贺高堂，蟠桃盛宴表敬心”为寓意，表达了后辈对老人的孝敬之心。自制的面塑寿桃，实际上就是将一般的“饽饽”做成玉桃的形状，蒸制时要使整个面桃中间开裂，当地人谓之“笑了”，再在上面贴上用面做的“寿”字。除寿宴使用之外，还于此日馈赠亲朋好友，以示庆贺同乐。总之，无论是鲜桃，还是用面加工的寿桃，因为寓意美好，是寿宴不二选择。

寿桃

3. 长寿糕、饼。在我国北方的许多地区，给老人祝寿的吉祥食品还有长寿糕、长寿饼之类。旧时民间制作的长寿糕类似一种花糕，多层发酵面团镶嵌蒸制而成，有“蒸蒸日上，寿高无比”的说法。上面有大枣、栗子等点缀，染画上各种图案，以图吉利喜庆。长寿饼如今在一般的食品商店里有卖的，民间自己制作的长寿饼一般以柔软、香甜为特色，老年人食后易于消化。因为赋予祈寿、吉祥的寓意，所以祝寿宴席上也多有呈现。

4. 老板鱼。在荣成石岛等山东东部沿海地区，民间的生日宴或寿宴中所用食品多讲究寓意。其中有一种名叫“老板鱼”的海鱼是祝寿宴席中必不可少的食品。此鱼学名孔鳐，形不典，味不美，但肉质较为细嫩。旧时渔民多不常食，但逢生日寿宴却必设此为肴。盖因“老板”谐音“老伴”，宴中上了“老板鱼”有祝夫妻白头偕老、永为伴侣之意。

5. 吃刀肉。在我国各地民间有“六十六，吃刀肉”或“六十六，吃块肉”的说法，意思是一样的。即在老人过六十六岁生辰的时候，由老人的女儿割一块肥瘦兼有的长条形猪肉送给老人，为之祝寿。这肉之所以被称为“刀”,那是有讲究的。首先,猪肉的重量必须是偶数，如六斤六两、八斤八两等；其次，必须是一块整的，指的是割肉时一刀下去，恰到好处，不多不少。对于老人的女儿来说，祝寿的礼品有许多，如寿桃饽饽、寿面、寿酒、寿幛、寿帐、衣服之类，即使家境再贫穷，其他贺礼可有可无，唯独猪肉不能少，所以就有“六十六，吃姑娘、姑爷一刀肉”的说法。其实，这也是古籍所载“七十可食肉”养老旧俗的遗风，至今在我国北方许多地区相沿成习。

（三）阴寿祭酒

给已经死去的先人做“阴寿”，也叫作“冥寿”，是我国一些地区一直传承的习俗。但一般农家于此日备些饽饽、包子及死者生前喜欢吃的食品，全家和亲友到死者坟前祭奠，在墓前摆祭，奠酒、化纸钱。

山东东部地区人们到先人坟墓前摆祭时所用的大饽饽，也称为祭祀饽饽，是专门为各种祭祀活动制作的。此种饽饽和其他祭祀食品的不同在于饽饽的造型是饱满的半球形，有点像坟头的形状。一般的饽饽上面可以有裂口，甚至喜庆用的饽饽必须有大的裂口，俗称“笑”了，以寓喜庆之意。但用于祭祀的饽饽是绝对不可以“笑”的，也不可以在上面进行任何花里胡哨的点缀。因为，那是对祭祀活动的大不敬。

旧时有社会地位的大家庭，如孔府则要为死者设“阴寿宴”。即逢死者生日的那天，先挂死者的画像于厅堂里，画像前设大红供桌，摆上各种菜肴、细点、寿桃、米酒之类。本家晚辈盛装打扮，一一到画像前磕头祝“寿”。拜“寿”人要在供桌上的银杯中斟满酒，向画像举一举，然后倒在地上，这就是“阴寿祭酒”的习俗。“酒”与“久”谐音，有“长寿”的意思，把酒洒在地上，酒能够渗透到地里去，意为被死者饮用。既是对逝者的追远纪念，也是祈求死者保佑在世的人平安吉祥。祭祀活动结束后，于中午举行家宴，招待亲友，共进午餐。

三、男婚女嫁喜宴与龙凤饼

在中国传统的伦理社会中，婚嫁不是个人的私事，而是一个家庭、一个家族、一个村落的大事。因此，自古以来就形成了男婚女嫁过程中一系列的礼仪习俗，从议婚、订婚，到迎娶、结婚仪式，以及整个新婚蜜月都有极其复杂冗繁的礼仪礼节与习俗规矩，这些都是为了保证婚姻仪式的顺利进行，也是为了充分营造婚嫁迎娶活动热烈、吉利、喜庆、祥和的氛围。其中，各种各样的吉祥食品始终伴随着整个婚娶过程，而且每一样食物、食品所代表的意义和发挥的作用是不可或缺的。

（一）订婚食礼

我国传统的男女婚姻之事，必须是在"父母之命，媒妁之言"的情况下完成的。之前媒人起到了穿针引线的作用，与双方的父母进行商量、沟通，称为议婚。等到双方父母议定后，便需要举行一个正式的订婚仪式，古时候叫"传大启"，或谓之"纳征"，是正式缔结婚姻必不可少的礼仪程序，其仪式比较隆重。订婚仪式中，最重要的是下聘礼，先由男方将柬帖放入一个特制的红漆礼盒内，礼盒内还要放有简单的订婚礼物。有的地方除了要在礼盒中放入银手镯、银耳环、红头绳、银圆一类的物件之外，尤其要在礼盒内放入食盐、艾草和麸子，皆取其谐音寓意。"盐"与"缘"谐音，象征彼此有缘，要终生吃一锅盐即生活在一起的意思。"艾"与"爱"音同，表达夫妻相识相爱、永不分离的意思。"麸"与"福"谐音，因为有缘、相爱在一起，就会有福同享，有难同当。还有的地方是在一个红包袱里，放上婚书、红麸子（谐音洪福）、红糖（意为甜美）、香、艾和一对穿着红线的针（意为千里姻缘一线牵），包袱在民间则有"抱福"的意思。我国北方各地民间订婚下帖习俗是有许多区别的，但在礼仪中搭配一定的吉祥食物却是共同的。有的还要另备喜盒，喜盒里盛放各种食品点心，也有的干脆叫食盒，也有的地方食礼直接为水果、酒、鸡、鹅等。总之，这些用于订婚的食品，都是吉祥、祈福，祝福婚姻美满的符号，表达了人们对于婚姻的美好希冀与愿望。

山东东部地区还有一个特别的习俗，就是在女方的回礼中，必须有两叠宽二寸、长二尺擀好的面条生坯，表示女方同意婚事。回礼送到男方后，男方要在招待亲朋好友的酒宴中将其切成宽面条煮食，谓之“宽心面”，表示女方满意，婚事已成定局的意思，也是对美好婚姻的祝愿。在山东北部地区则要送“四色礼”，包括猪肉四斤，俗称“一刀肉”或“鸳鸯肉”，猪肉要从中间割一刀，但不能割断，表示婚姻既成，就血肉相连的意思。馒头四斤，挂面二斤，大米二斤，装入食盒后还要再放一把麸子，寄寓对生活的祝福与对未来生活的期待。其他还有簪珥首饰、布帛衣服等物。女家收到后，将自己的柬帖和回礼请媒人和女方所聘传启人带回。女方的回礼中有二百个俗称“喜盒子”的夹馅饼，其中有两个大的喜饼，表夫妇好合之意。此外，还要将男方的“鸳鸯肉”从中间割开，留下一半，另一半送回，并在原食盒内的麸子上撒一把白面粉，谓之“夫妻见面，有福同享”。女家要用男方的馒头、米面招待亲友，希望得到亲朋好友的祝福。柬帖回传到男家后，男家要设宴款待传启人和亲朋长者。男家除把两个大的“喜盒子”（就是两个大的馅饼）给女方的公婆和夫婿吃外，其余的二百个小“喜盒子”要向亲朋好友和街坊四邻散发，谓之“散喜盒子”，向全村人宣示婚事已成，希望得到大家的祝福。

在我国南方的许多地方，至今订婚时“礼饼”是不可少的。订婚礼饼是由女方指定数量后由男方送过来的。过去是男方家里自己制作，现在可以到饼铺定做。在福建某些地方，把礼饼称为“饼头”。传统习俗中新娘自己是不能吃饼头的，不然到了夫家会“打破鼎”。礼饼是女方用来分给亲朋好友享用的，表示吃了“饼头”就是婚事已定，让亲朋好友都知道、都喜庆。礼饼的样子有很多种，有圆形的，上面压有龙凤呈祥、凤凰穿牡丹、荷花莲子等图案。还有的小饼做成鸳鸯形状，每两只鸳鸯背靠背用红线扎在一起，为一份礼品，再搭配一只“囍”字饼。新郎新娘的长辈每家分得一对。在南方许多地区，订婚用的礼饼也叫作“茶饼”。所有来参加订婚仪式的亲戚家都要送，或六块，或八，或十块，或二十块不等，馈送茶饼的数量多少，要根据亲戚、朋友的亲疏、辈分 、远近而定。其实，类似的茶饼日常也有店铺制作销售，是可以定做的。但一般有喜事的人家为了表示诚心，大多都是自己做,或者是特别订制。要把茶饼做得好吃、风光,有面子，于是就让饼铺把茶饼额外加糖或加厚，或者要求做成特别的吉祥式样。

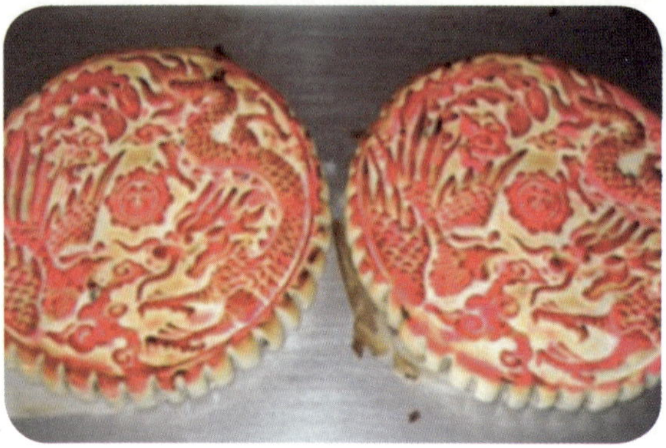

福建民间的“饼头”

福建民间的“鸳鸯饼”

我国许多少数民族订婚也有一定的食俗礼节，而食俗中所寓意的美好希冀也是一样的。如在贵州居住的苗族人，他们长期从事农耕勤劳朴素，性格奔放好客，形成了苗族青年男女的婚姻爱情从古至今以自由恋爱为主的特点。他（她）们一般是在传统的“晒月亮”“跳花节”“对歌”“赶街”等集体活动中认识结交另一半。男女青年认识结交后，经常以对歌等形式来了解对方、交流感情，待双方都认为性格合得来的时候，有了感情基础，就通知双方的家长，双方商定一个时间，由男方家长请寨子里或邻寨中德高望重的老人到女方家里提亲。提亲的时候，礼节非常重要，男方家请人送两只大红公鸡给女方家里，女方家里收到这两只大红公鸡后，必须当众杀死，取两滴血放在酒里混合后，让男女双方饮下，表示百年好合，相伴到老。鸡心、鸡肝不切破，按原样煮熟吃下，表示男女双方永远不变心，有肝胆相照的意思。鸡肠子也不切断，洗净煮食，表示长相厮守，永不分离。喝鸡血酒和吃鸡心、鸡肝、鸡肠时，还要由德高望重的老年人说一些婚姻美满、百年好合之类的吉利话，讨个口彩。这样的仪式过后，婚事也就定下来了。

在我国其他一些地方，更多的是通过送“彩礼”的形式来确定儿女的婚事。“彩礼”也叫“聘礼”，其中吉祥食物是必不可少的，一般有糖果、干菜及酒、肉、鸡、鹅之类。山东东部地区的“送彩礼”富有特色，并把“送彩礼”称为“送年猪”。北方民间传统的婚事大都是在农历的腊月进行，进入腊月后，男家选择吉日宰杀一头大肥猪，去掉内脏，不剥皮，用开水烫后褪净猪毛，然后用颜料将通体洁白的整猪染成红色，并在猪头上挂上红绸，再附上小麦四至八升、大米一至二升，委托媒人或其他人用骡马送到女家。猪肉是财富和富有的象征，一头整猪则表示对婚事的认真程度，表示男方愿意用全部的家财赢得女方的认可。慎重起见，“送年猪”之前，男家必须征求女家的意见，让媒人传话问女家“吃不吃猪子”。年猪是不能白吃的，接受了就代表女方同意婚事，然后就需要准备嫁妆，商量迎娶结婚日期。如果女家不吃，就表明不同意“送彩礼”，男家可以只备些被褥衣服等物品，送到女方的家里，叫作“送表里”。不过，一般情况下女家都同意“吃猪子”，即送彩礼。旧时，能够送得起一头猪的彩礼，说明男方的家境不错，象征女方嫁到这样的家庭是幸福的，是一桩吉祥和美的婚姻。

（二）结婚吉祥食品

传统中国民间的结婚礼仪习俗非常讲究，仪式烦琐，不做赘述。在此，仅就结婚过程中的吉祥食物进行简要叙述。

1. 吃“离娘饭”。在山东南部山区至今流传着一种姑娘出嫁日吃“离娘饭”的习俗。“离娘饭”，顾名思义是女儿出嫁离开母亲时吃自己家里的“最后”一顿饭，有道别饯行之意，也表达女儿的恋恋不舍之情。因为按照传统的伦理关系，女儿出嫁后就成为别人家里的人了，所以婚后再回家吃饭就是客人的身份。“离娘饭”一般在婚期的头天晚上进行。据民间俗信，新娘只有吃好这顿饭，将来的日子才能甜美幸福、福寿绵长。其实，“离娘饭”也有安慰女儿的意思，就是让女儿到了新的家庭中，要一心一意地劳动和好好地生活。吃“离娘饭”时，饭桌上按长幼落座，新娘的母亲张罗酒菜，并要亲自掌勺烹饪饭菜为女儿送行。“离娘饭”的主菜是新郎家上午派人送来的一只公鸡和一只母鸡，用雄雌两只鸡来制作“离娘饭”，取百年好合、大吉大利的意思。另外，还要配一碗水饺、一碗面条、一碗米饭。饺子预祝新人早生贵子；面条则寓意婚姻天长地久；米饭就是白头偕老之意。吃“离娘饭”时，还有一定的仪式，饭菜备齐后，母亲首先落座，然后新娘的姐姐起身，恭恭敬敬端起米饭双手递给父亲，父亲接过绕桌一周递给新娘的哥哥，哥哥接过饭碗，再庄重地送给即将离家的妹妹。之后准新娘马上衔上三口饭，吐在早就放在桌子上的手帕里，婶子或嫂子迅速将手帕包拢装进新娘的衣袋，让她第二天带到夫家去。仪式结束后，大家开始吃喝谈笑，新娘要说些感谢父母养育之恩、叔婶哥嫂教育之情的话，长辈们要再对新娘交待一番，表达依依惜别之情。这时新娘若悲喜交集，情不自禁落下泪来。晚辈的侄儿、侄女见了会高兴地说这是给他们家里留下的“金豆子”，引得新娘破涕而笑，大家也就一起同乐。

2. 上轿要吃宽心面。在山东济南，新娘上轿前要先拜祖先再拜别父母，然后吃一小碗宽条面，谓之“宽心面”，这是父母嘱托女儿到了新家之后遇事要放宽心。俗有“下轿包子（即水饺）上轿面”之说。也有的地方是新娘子拜完了天地之后，在新房里和新郎一起吃宽心面。类似习俗我国各地皆有，但吃的食物却有不同。在山东东部地区，一般女儿临行前要吃由母亲亲手包的水饺，饺子多为素馅，叫“上轿饺子”，而且所吃的饺子必须是偶数，寓意出嫁后办事顺顺利利。

“宽心面”

新郎、新娘同吃“宽心面”

3. 喝“交杯酒”。新婚夫妇入洞房之后，新郎、新娘要喝合卺酒，吃合卺饭。合卺酒俗称“交杯酒”“合欢酒”“合婚酒”。“卺”是一个葫芦分成的两个瓢。“合卺”就是夫妇分瓢共饮，表示从此合为一体。现在一般用一根红线系两个酒杯，或是一根红线两头各系一枚铜钱分别放在酒杯中，斟满酒后，新郎、新娘各执一杯同饮，饮半杯后换杯再饮，但铜钱不能扯出杯外。为了热闹，红线是越短越好。还有的是新郎、新娘各端一杯酒，男左女右交臂同饮，取“夫妇相亲相爱，同甘共苦”之意。

新郎、新娘喝交杯酒

喝交杯酒专用酒具

喝完“交杯酒”之后，就

是吃合卺饭。合卺饭一般有面条、饺子、芋头等，有的地方把合卺饭中的饺子称为“子孙饺子”。还有的地方新娘要先吃鸡蛋，而且煮得半生不熟，吃的时候会有人故意问“生不生”，新娘一定要回答“生”，意即生养孩子；然后再吃大枣、栗子之类，寓意“早生”“立子”。山东东部沿海地区，新娘则要吃老板鱼一盘，寓意“相伴到老”；豆腐一盘，寓意“兜福有余”；海蜊子一盘，寓意顺顺利利“早生贵子”；合菜一盘、年糕一盘，谓小日子过得年年发财、步步走高；点心饽饽一盘，谓子孙满堂；宽面条两碗，谓财宝川流不息、滚滚而来。喝过合卺酒，吃过合卺饭，新郎告退。这时，招待宾朋的酒宴已经开席。最尊贵的客人是女方的来客，必须在正屋坐上席，由男方安排相应的人陪席，其余按亲戚和乡邻分别设席。新郎要给客人让酒一番。如果是白天娶亲，一般在傍晚喝合卺酒、吃合卺饭。在山西有的地方，新娘进入洞房坐床后，先让家人捧出面一碗，叫通心面，让新娘先吃新郎后吃，实际上只是用筷子象征性地动几下，并不真吃。

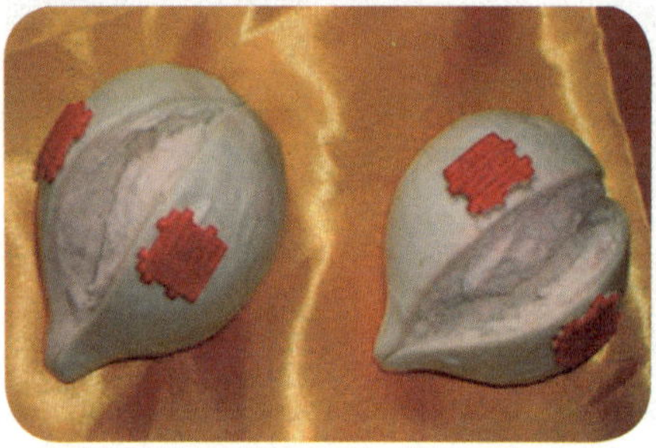

喜饽饽

鸳鸯嬉戏馍

4. 撒“喜饽饽”。“喜饽饽”的种类有很多，形体较大的是当礼品使用的。小的“喜饽饽”是为了撒帐用的。从新娘入房坐帐，就开始闹洞房了。过去，新娘坐帐要坐三天，其间不能挪动，为此新娘在婚礼前几日就要注意饮食，以免出现难堪。在北方许多地方，白天（主要是第一天）闹洞房时，由保护新娘的女伴或小姑等人拿出一些提前由新娘子在娘家准备好的、造型为各种吉祥图案的“小饽饽”，其中掺杂糖果、花生、

喜果、喜糖

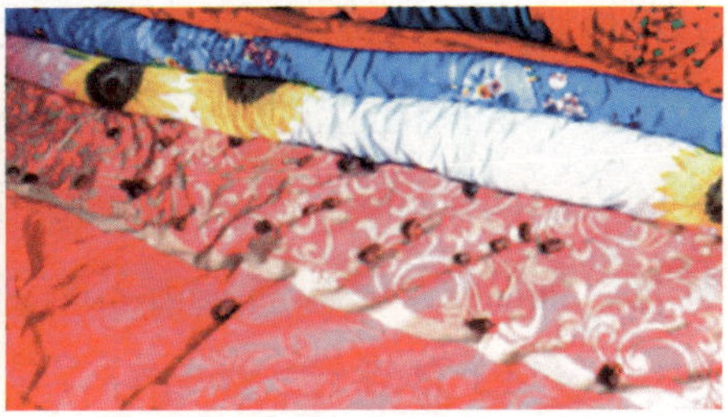
新房床上撒的栗子、大枣

栗子等吉祥食物，向窗子外面的人们扬撒，闹洞房的人们便从外面争抢“喜饽饽”，然后再向屋子里扬撒，惹得前来闹洞房的人东奔西窜，争抢“喜饽饽”，好不欢喜热闹。扬撒“喜饽饽”的时候，扬撒人嘴里还要念念有词：“东一把，西一把，来年生个胖娃娃；前一把，后一把，好好孝敬爹和妈。”热闹中不仅祈求吉祥如意，而且还有寓教于乐的作用。山东东部沿海地区，则是在新娘坐床时，由男家女傧相从窗外向屋里投掷大枣、栗子、花生、硬币、糖果等，边投口中边念“小两口甜蜜蜜，早生儿子早得济”之类的俗语。大枣、栗子、花生，取其谐音，为早生儿女、多生儿女之意。新房的床上也要撒一些，也是同样的寓意。

闹洞房后的中午，新娘、新郎要一起吃第一顿新婚饭，食品主要有煎鱼、水饺、莲子状饽饽、蒸鸡等，寓有未来生活财富有余、蒸蒸日上，夫妇像并蒂莲一样相伴百年等吉祥之意。这一习俗在许多农村现在还有保留，但较之旧时简单多了，新娘多是象征性地坐一上午。坐床时，亲戚朋友和街坊邻居都来看新娘，向新娘讨要糖果、点心吃，年轻的同辈男子让新娘点烟等。山东东部地区民间还流行一种随嫁妆一起带到婆家的“喜饼”，是在婚前数日内女方烙制的一种盛放在嫁妆中的小饼。喜饼是用面粉、鸡蛋、白糖调制面团，压成面饼烙制而成的，成品香、甜、酥。喜饼在嫁妆内分两份：一份由搬运嫁妆的亲友在路上吃，

婚礼用的鲤鱼、莲子饽饽

另一份则留待到“坐床”时由新娘开启箱柜取出散发给亲友。“喜饼”寓意夫妇欢喜相逢合为一家人，即百年好合之意，把喜饼撒给亲朋好友既表示同乐同喜，又有希望得到大家的祝福的意思。喜饼由于独具特色，现已发展成一种地方名吃。

5. 吃子孙饽饽。子孙饽饽是我国北方旧时婚礼仪式中给新娘、新郎特意制作的饽饽。旧时以为新婚夫妇食后可多子多孙。《儿女英雄传》第二十八回：“进门便放下金盏银台，行交杯合卺礼。接着扣铜盆，吃子孙饽饽，放捧盒，挑长寿面。吃完了，便搭衣襟，倒宝瓶，对坐成双，金钱撒帐。但觉洞房中欢声满耳，喜气扬眉。”爱新觉罗·溥仪《我的前半生》第三章：“行过‘合卺礼’，吃过了‘子孙饽饽’，进入这间一片暗红色的屋子里。”此饽饽系男方纳吉之日送到女方家中的，计有荤素水饺各一盂，面一盂，枣、栗各一盘。俗称“油头粉面”。女家当时收下素馅饺子，以备三日后款待新婿用。荤馅饺子（即子孙饽饽）等食品随嫁妆返回男家，以备入洞房时食用。民国年间的《济南快览》中记载说：“新妇入房后，再行梳洗，与新郎喝交杯酒，互相斟饮，饮毕，则吃子孙饽饽。子孙饽饽者，男家于纳吉之日，以荤素水饺及面各一盂，枣栗一盘及绒花、鬏髻等，随送至女家，谓之油头粉面。此礼最重，惟不可缺者也。女家全收其素饺，以款三日后新来的新婿，而所返之荤者，即为此坐床时所食。食时，女傧相必问曰：‘生不生？’必答之曰：‘生。’取生子之音。俗谓上轿包子下轿面。”“子孙饽饽”所寓意的“子孙满堂”“相伴百年”之美好希冀不言而喻。此俗现已简化，但仍有传承沿袭。

（三）婚宴食物有讲究

婚宴在我国各地都非常讲究，菜肴多为鸡、鱼、肉等寓意吉庆之物。在山东东部沿海地区还有特别之处。婚宴之中，鱼必须整尾烹制，而且一定要用带鳞的鱼，俗有“无鳞不上席”之说，因无鳞鱼有“光棍”之嫌，不吉利。有的农村若无鱼，则用“木鱼”代替。如山东的招远等地，地处内陆，鱼不易得，价格昂贵，旧时贫家买不到鱼时，便用木头雕刻成整鱼的形状，挂面糊油煎烹制，上桌后只看不吃，全村备有一两条“木鱼”，谁家有婚宴，借来加热消毒后即可用以代替鱼肴。随着生活水平的提高，利用木鱼来代替宴席鱼肴的习俗现在已经不存在了。一般婚宴上鱼的时候，新郎、新娘子要到宴桌前给客人敬酒，一来是向亲朋好友表达感谢，二来则是希望得到亲朋好友的祝福。

在有些渔家的婚宴上，海蛎子（即牡蛎）是必备之物。蛎子谐音“利子”“立子”，寓新婚夫妇早得贵子之意。在我国的福建地区，婚嫁日当晚的宴席必上“太平燕”，称为“大菜”，新婚夫妇到各桌敬酒，对未曾叩拜的亲族要补行拜礼。客人饮宴要把全瓜（鱼）留给东家，表示对新人的祝愿：有头有尾、富足有余。

新郎、新娘子给客人敬酒

由于各地男婚女嫁的婚宴或饮食中，用到的吉祥食物较多，就不一一详述了，仅把婚宴或婚庆过程中经常用到的吉祥食物罗列如下：

莲藕：有佳偶天成和绵绵情长之意；

石榴：有子孙满堂、多子多福之意；

甜丁姜：有添子添孙、家丁兴旺之意；

发财芋：有财源滚滚、顺心如意之意；

大发糕：取发大财、步步升高之意；

松糕：有年年发财、步步高升之意；

煎堆：有金银堆满屋之意；

甘蔗：有开枝散叶、由头甜到尾之意；

椰子：谐音，寓有爷有子之意；

槟榔：有夫妻一条心到尾之意；

扁柏：又名“长有树”，有财宝用不尽之意；

茶叶：南方少数民族婚嫁必用，有矢志不移之意；

鸡：谐音“吉”，为大吉大利之意，在少数民族地区，还有家肥屋润的意思；

猪肉：猪为家中之物，“肉”与“有”谐音，家里“有”就是富裕的意思；

鱼：与“余”谐音，取其意，中原地区民间婚宴中鲤鱼尤其不可少；

寿桃：桃是长寿果，取长命百岁之意，有生活甜甜蜜蜜、长寿幸福之意；

麦穗：岁岁平安之意；

莲荷：多与其他食物配合使用，与梅花搭配为和和美美；和鲤鱼搭配为连年有余；和桂花搭配意为连生贵子；而一对莲蓬则寓意并蒂同心；

菱角：寓意伶俐，和大葱在一起寓意聪明伶俐；

红杏：寓意进士及第、幸运高中；

柿子：有事事如意、百事大吉之意；

葫芦：古代葫芦是用来装药的，传说从葫芦里倒出来的药能医百病，使人健康长寿，故葫芦有健康长寿之意；

兰豆：又名荷兰豆，果实饱满，与荷包、钱包谐音，象征荷包一生饱满；

葡萄：比喻丰收，象征事业及各方面都成功；

花生：寓意较多，一是长生不老之意，花生俗称长生果，民间多用花生来象征长生不老；二是生育之意，新婚夫妇祈求早生贵子必用花生；三是在不讲究计划生育的年代，人们希望生育时按性别交替地生，即男女都有的意思；

辣椒：椒与“交”“招”谐音，即交运发财，招财进宝之意，表示生意红红火火；

玉米：金黄色的玉米，有金玉满堂、生意兴隆之意；玉米多子，又有子孙满堂、多子多福之意；

白菜：菜与“财”谐音，表示财源滚滚之意；

瓜果：瓜生长成熟，能结出小瓜、大瓜，小瓜变大瓜，瓜又多子，用来比喻子孙延绵不断。

（四）婚后食礼食俗

在我国传统的婚庆仪式中，洞房花烛夜并不意味着婚礼的结束，还要完成包括送饭、敬茶、回门等一系列程序。

1. 小饭与抬头面。山东中部旧俗，女儿出嫁，当日无家人护送，仅遣弟弟或晚辈往男家送生面条，肉盒子（一种馅饼）一盘，咸菜一碟，稀饭一罐，名叫“小饭”，是预备新娘当日食用的。旧俗新娘三日之内不食男家饭。婚后第二天，女家又派人送面二斤，以备二日之用，谓之“抬头面”。三日早起拜公姑，合家吃饭，叫“团圆饭”。有的地方，“送饭”的内容非常讲究，结婚第一天，在新娘进家后女家派女眷送来水饺面条，煮得半生不熟的给新郎、新娘吃，这叫“送小饭”，寓意早生子女。当天晚上，女方家的尊长送来一种类似肉盒的馅饼，谓之夫妻好合，称作“送晚饭”。第二天清晨，娘家派人送来面食，叫作“送早饭”，有提醒新娘子早起梳妆打扮的寓意，俗称“送梳妆面”。这天中午，新娘的公婆会同女眷送来一定数量的酒菜，以敬男方的舅姑，有不忘孝敬长辈之意，称为“送大饭”。随后家人引新娘入厨房，行中馈礼。新娘在厨房用热油煎一盘米糕，取“年年见高”之意。现在由于婚礼都是在宾馆里举行的，坐床的习俗早已取消，吃“小饭”与“抬头面”的习俗也已经鲜有传承。

2. 敬茶。旧时在我国南方的许多地方，夫妻新婚后盛行敬“新娘茶”的习俗。所谓“新娘茶”就是新娘子给男方亲人敬茶的一种仪式，是新媳妇于婚典后第二天要做的第一件事，同时也是必不可少的礼仪程序。新娘要早早起床，梳妆打扮后，就要生火煮茶。“新娘茶”的用水有讲究，必须是男人到离家近的一口井，担取这一天中最早的那桶水，煮茶用的水和锅都不能有半点油星和污物，干净清洁图个吉利。

烧好水后，新娘子就服侍婆婆起床洗脸，而后由婆婆把预先准备好的一百个茶子、十抓茶叶双手交给媳妇。一百寓意新婚夫妇“百年好合”，茶子寓意子孙满堂。煮“新娘茶”所用的茶也有讲究，一定要用老茶叶，民间称为茶婆或婆婆茶，越老越好，取“老婆”之意，也有婚姻长久之意。新娘子接过茶子、茶叶再一次洗刷锅，觉得没有问题了，才放入茶子、茶叶煮茶。“新娘茶”第一杯敬丈夫，茶水中还要放一块四四方方的米花糖，意指男子汉大丈夫可以四海为家。丈夫接过妻子献上的茶时，新娘还要唱道：“送给一杯红红茶，望夫富贵又荣华，敬上一块四方糖，望我夫妻恩爱长。”吉庆祥和、祈求幸福之意显而易见。丈夫喝茶要喝到底，才能够显示出男子气概，接着是丈夫回敬妻子，新娘子则象征性地抿一抿，千万不能喝干，否则人家会说这个女人没家教，口大无财不中用。接下来新娘子给所有的宾客敬茶，由丈夫引着，按先长后幼、先亲后疏、先男后女、先近后远的顺序敬茶，以示新婚夫妇将来会尊敬长辈、孝敬父母。

3. 回门酒。新婚夫妇在男家的婚礼仪式后，要一同回娘家门，叫作“回门”或“回九”。“回门”的时间各地不同，有的是在结婚的当天进行，当晚返回男家，但大部分地区是在结婚后的第二天或第三天。这天新婚夫妇回到娘家探望长辈，娘家则要设宴款待，俗称“回门酒”。回门酒只设午餐一顿，餐后夫妻双双要赶在日落之前回家。女方的亲友们则在此日向新人馈赠礼品，以示祝贺。回门的酒宴在传统的婚宴中属于一般宴席，但菜肴的数量有讲究，一定要双数，新婚夫妇在大喜的日子里喜欢的就是成双成对。双数有吉祥如意的寓意，宴席有“八大碗”，八与“发”谐音，象征发财；有“十全十美”，十象征着完美；宴席也有十二个菜肴的，十二象征月月吉祥，一年顺利幸福。菜肴除了名称吉祥之外，在菜品的用料上也有讲究。传统民间回门午宴，首先鸡是不可少的，一般是作为大件菜第一个上桌的，象征着开门大吉、吉祥如意；其次，宴席中鱼是必须有的，象征年年有余。再次，甜味的菜肴是不能没有的，在北方有拔丝菜肴，南方用蜜

糖醋鲤鱼

拔丝苹果

汁类的菜肴，表示夫妻生活甜甜蜜蜜等。总之，回门宴席与其他婚庆宴席一样，主要是讲究美好、吉利、喜庆的寓意，喝酒、吃饭则是次要的事。现在城市的婚宴是在酒店里举办，大多是男女双方的亲朋好友、单位同事一起参加，没有单独回门宴席的习俗了，但酒席的菜肴还是有些讲究的，如山东济南的婚宴中“糖醋鲤鱼”“拔丝苹果”等是必备的菜肴，也是传统吉祥菜肴习俗的延续。“糖醋鲤鱼”制作成头尾上翘的造型，在民间寓意为“鲤鱼跳龙门”，希望婚后男方有朝一日能够飞黄腾达。“拔丝苹果”则有甜甜蜜蜜、长长远远的意思。

四、丧葬食俗与求吉祈福

养老送终、慎终追远，是中华民族颇为重视的礼仪活动。由于受到儒家文化的影响，丧葬习俗的礼节程序也因此冗繁多礼。我国北方各地一般故去的人从死亡到埋葬的程序大致相同，分为停尸、报丧、入殓、奠灵、出殡、服三等。其中与饮食相关并借助食品表达求吉祈福的事象几乎贯穿整个活动的始终，现择其要者，加以介绍。

（一）“倒头饭”与葬饽饽

人死之后，由亲属请人帮忙穿好寿衣，整理好遗体，放置床（或炕）上，是谓灵床。家人要在灵床前放一碗生米或其他杂粮、枣栗之类，上面再盖一张烙饼，放一双筷子，以供死者“食用”，谓之“倒头饭”。入殓之后，此碗则移至灵柩的头部。“倒头饭”明面上是给死者准备的，但实际上是寓意死者仍然和亲人团聚就餐。此举一是表示家人对死者的离世接受不了，二是希望死者能够像活着的时候一样护佑家人平安吉祥。所以有的地区还一日三餐盛饭于灵前祭之，意在让死者和家人共同进餐。民间俗信认为死者未下葬之前仍属家里人，如果在此期间能够好好对待他，他就能好好保佑在世的家人。在山东有的地方，死者下葬时，长子要把五谷囤上的烙饼拿出来，凡是送葬的亲属都要尝一点，寓意得到死者的护佑。也有的地方出殡前家人要蒸制若干嵌有红枣的小饽饽摆于供桌上，入葬时作为陪葬品，饽饽的数量要与死者的年龄相同，除了表达悼念之情，亦寓有求吉祈福之意。

山西大部分地方仪式大体与山东的相同，家人要给亡人供饭，给亡人的供饭又叫“朝夕奠”。死者的孝子（长子）跪在灵桌前，其他人跪在孝子后面。孝子一手举铜盘，盘中垫一块布。茶房将茶端来放于铜盘中，孝子双手向前方一举，茶房遂将茶端出供于灵前。然后，茶房又将做好的肴馔依次放入铜盘中，孝子依次托盘，再一一供在灵桌上。这种“朝夕奠”供死者肴馔的寓意和“倒头饭”相同，既有不忍亲人离去的象征意义，也有供祭死者，希望得到离世亲人的保佑。

我国东北地区的满族，还有“蒸糊食”的习俗。所谓“蒸糊食”就是用江米面捏成若干小人，蒸熟后摆在亡者的灵桌上。所捏小人，或八仙，或仿戏剧人物，文官冠袍带履，武将顶盔穿甲，色泽鲜艳。“糊食”要随下葬品一起埋到坟墓里，意思是亡者仍然可以享受幸福的生活。旧时满族也有摆供饽饽的习俗，出殡前丧家要供饽饽桌子——给死者准备的食物。饽饽有花糕、七星饼子等。供桌上的饽饽以节计算，都取单数，如三节、五节等，最多十三节。这些花糕、饽饽、七星饼子是专为死者所准备的且各有寓意，是希望死者逝后能够早登七星灵台，早日升天（升高），使在世亲人得到安慰，并祈求护佑在世的亲人平安幸福。

除了供桌之外，讲究的人家还要给亡者摆供饭菜，叫“祭席”。这种祭席有的是丧家自备，有的是亲友所送。亲友送的，有席票，也有实物。送实物的亲友，要在灵前上祭行礼，吹鼓手这时要吹打哀乐，祭席由茶房来摆。亲友送的祭席，一般由市肆酒楼饭店备办。有的还用素席，以冬瓜、茄子、豆制品、萝卜等为原料，做出鸡、鸭、鱼、肉等形状。由于传统民俗认为刚刚离世的亲人会给家人、亲朋好友带来悲哀和恐惧，人们通过祭席或者其他敬送食品的形式表达亲人、友人的哀悼之情，也借以驱赶人们的恐惧心理，并希望得到死者的在天之灵的护佑。

（二）送浆水

旧俗亡者不能当即下葬或火化，而是要设灵棚停灵祭拜。停灵一般有三天、七天、四十九天不等，但以三天常见。其间，丧家的儿女孙辈及近支亲戚要一日三餐到村头的土地庙“报丧”,也叫“哭丧”“报庙”。“报丧”中一项重要的内容是“送浆水”,也叫“送汤”“泼汤”“舍汤水”，是将由生水、面粉和小米混合成的一种粉浆（也有用少量的米直接熬成米汤的）装在一个黑色的陶罐中。一般男女眷属都要参加“送浆水”，最多有一天送七次的，一般以三次常见，民间所谓“为人难喝七顿汤”即指此，要送单不送双。

“送浆水”的仪式在我国北方较为隆重，一般是由死者的子侄用木盘托着“浆水”罐和香火、纸钱等，重孝子（即死者的长子）要趿拉着鞋，拖一根擀面杖，率领众孝子、孝眷按男女长幼次序排列队伍。女眷要一路哭哭啼啼。到了土地庙前，由领头人把浆水等摆在供桌上，大家齐声喊道：“爹（或娘），我们给你送饭来了。”“送浆水”意为给亡者送饭，也是一种象征，由于人多声大，大有公告的意味。殡葬前的最后一次“送浆水”声势最为宏大,叫作“送盘川”

或“送盘缠”，就是给亡者送赴黄泉的路费的意思。过去人们迷信认为只有死者在“奔赴”黄泉的路上不缺吃、不缺钱，才能够很好地护佑在世亲人的平安与幸福。

（三）吃丧饭

吃丧饭在有的地方也称为“白席”，就是出殡日丧家为招待前来参加葬礼的亲朋好友备的饭。因为丧宴讲究素净，食品以豆制品等为主，加之吃丧宴的人身穿白色的孝服，故名“白席”。

山西有的地方出殡这天早饭要吃得特别，一般是红粥、油糕、面条。据说这几样食品表示周周到到、顺顺利利把死者送走的意思。饭后进行祭奠活动，祭品有十七个白面馒头，也有用九个的。十七和九都是道教祭奠习惯用的数字，有祈求在世的亲人兴旺发达、长长久久的寓意。一般来说，中国民间的祭祀活动、丧葬过程的奠仪式等表面上看是为死去的人举办的，但实际上每一个事件、每一样物件、每一样食品都有着为在世亲人求吉祈福、避祸消灾的用意，希望得到已故去的人的护佑。也有的地方用来祭祀的白面馒头为十个，摆成两摞，每五个一摞。其他祭品则有猪头、羊、面鱼、酒等，表示死者到了阴间也有吃有喝。还有的地方祭品分大祭、小祭。大祭预备十二个面马蹄馍及猪、羊、鸡三牲，小祭用五斤白面做成十二个馍，祭奠时有的还要在引魂幡上悬挂苦命饼、打猪馍供亡者在路上食用，有一路走好的意思，同时也为在世的亲人祈求平安。

出殡前有的地方要设宴招待参加祭奠的亲朋好友，吃素席。素席由六到八个素菜组成，常见的素菜一般有豆芽、白菜、豆腐、面筋、黄瓜、粉皮、青椒等，主食是软米油糕。

有的地方在安葬后第二天早晨，孝子携带柴、炭、熟食到墓地吃饭祭奠，意思是结庐守孝，民间的习惯说法是给死者安锅。也有的是在服三（即出殡的次日）日，孝子齐吃爬山糕，然后在坟上给死者安灶，用砖垒一个象征性的灶门，下埋砂锅。为什么要给死者“安锅”？据说是为了让死者在阴间像在世一样好好地生活，民间俗信认为只有亡者在阴间生活得富裕美满，才能够高高兴兴保佑在世的家人平安无恙、幸福快乐。

山东济南旧俗，人死后第三日，丧家以瓦罐盛米汤（即用小米熬制的稀饭）赴土地庙，呼唤亲人，并遍洒米汤，谓之“送三”。出殡日，全家及送葬亲友一起食丧葬饭。在山东北部地区，此日晚要备八碗菜，并用祭礼上的菜品烩锅待客，名曰“八大碗”。这是借“八仙”之名，希望自己的亲人也能像八仙一样成为神仙，死后过着仙人一样的生活。故在有些地方“八大碗”就是丧宴的代称。

山东济宁地区的丧葬习俗由于受孔子儒家礼仪影响而颇为讲究，但“白席”以素食豆腐为主的习俗沿袭至今。据清代《济宁县志》记载，当时的县令“徐清惠公来牧是州，催令速葬，且谕之曰：‘丧葬称家之有无且食，丧则未尝饱，古有是言，即豆腐汤亦可以馔宾。’”其后济宁民间遂谓吃丧饭为“喝豆腐汤”。其实，在丧葬期间招待亲朋好友的宴席上，以素食为主并非仅喝豆腐汤，只不过以此来展示儒家始终以悲哀虔诚的心情为死者送行，并希望死者能够护佑家人的愿望。

在山东东部一带，出殡日丧家必备新做的豆腐一筐，祭奠灵柩后置于灵堂中。随后举行殡葬仪式，待下葬后，死者晚辈及亲属皆离开坟地，低头快步（但不能跑）抢着回家，到堂间抢食豆腐，谓之“抢福”。传说先吃到豆腐者必得逝者的护佑，而且所有后福无穷，全家平安。

（四）圆坟食祭

圆坟，是死者亲属为新坟添土祈福的仪式。一般是在死者下葬后的第三天，但也有在当天或第二天的，不同地区不尽相同。在山东西南地区，新坟堆成后，长子领头、亲属随后沿坟堆围成一圈，亡者是男性，则先左后右各转七圈，如是女性，则先右后左各转五圈，使坟周围留下清晰可辨的一个圆脚印圈。俗谓子孙为亡者占了一块“领地”，实际上是子孙借此向已故的亲人祈福。山东济南的风俗则是先到坟上添土，再在坟前刨个坑，名为掘井，接着用镢头围着坟画个圆圈，称为划宅院，然后摆上祭品，哭着围绕新坟正转三圈反转三圈，烧化彩扎及亡者旧衣物。圆坟时用的食物各地也有区别，有的之前要根据死者享年和孝子人数包好用红糖作馅的小水饺。水饺分成两份，一份是给孝子的水饺，出发前在家里煮好吃掉。水饺寓意财富，红糖有甜甜蜜蜜的意思，孝子们圆坟前吃这样的水饺意为虽然亲人离世，但丧事已经结束，孝子或者是在世的人就应该恢复正常的生活。另一份则是上坟地圆坟用的水饺，行前煮熟放到铁壶中，另外带四个不熟的大菜包子，到坟地在东南西北四个方向将四个大菜包子埋下。孝子们依次用头“顶”一下埋菜包子的地方，有四方来财、万事顺心之意。小水饺则分给前来围观圆坟活动的小男孩们吃掉。俗信认为来看热闹的小孩子们能够吃到“圆坟”的水饺便可以得到逝者的保护，护佑他们平安成长。还有的地方是按“前七后八，腰里掖仨”将水饺埋到坟里，孝子以头顶一周，然后将大包子朝着居家的方向埋掉，希望四方财富都向自己家里滚滚而来。这样的圆坟习俗既有给新坟添粮食和感谢土地爷的意思，更是为儿女子孙祈福求吉。还有的地方是死者的儿子在圆坟那天带着铁锨和麦秸到坟地，先添土再点燃麦秸，然后围着坟墓正反各转三圈，并喊：“爹（或娘）你出来献火，金银财宝交给我！”圆坟的祈福之意不言而喻。

（五）奠七与烧周

旧俗从死者去世之日起，丧家儿女们要每七天到死者墓前举行一次焚香烧纸的祭祀仪式，谓之“烧七”，又称“奠七”。一般从“一七”烧到“七七”，有的地方甚至要烧到“十七”。“七”亦称“期”。七个“七”并不一定每期都祭，一般以“五七”为大祭，“三七”为次祭，其余为小祭。

在我国各地“烧七”习俗中，“五七”最为隆重，俗话说：“五七，三周年，不烧不周全。”到第五个“七”时，死者亲属要带着金银山、摇钱树、聚宝盆等纸活儿和食物供品、香、纸等去上坟祭祀。“烧七”

所带祭奠用的食品是很有讲究的，不能马虎。

在山东有的地区“一七”只上小供，包糖馅饺子，个数与死者岁数相同，由自己儿女到坟前进行祭祀就行了。糖馅饺子据说是告诉死者放心地走吧，家里都很好，是告慰死者的寓意。一般情况，到烧“五七”时则要给死者摆大供，要“五五”二十五个供菜，供菜全为生的。其中还有“包子供”，即有几个儿子包几碗素馅小包子（即水饺，山东许多地区把水饺称为小包子）。另外还要准备一些大菜包子，用大海碗盛装。每个大海碗下面放小包子，上面放一个大菜包子，然后横穿一双筷子，俗称“抄手扁食”，再加上祭祀馍馍二十五个。二十五个菜供、包子供、馍馍供一起在死者坟前铺开摆放，燃香、烧纸钱，众人叩头后把大菜包子连筷子一起埋在坟墓四周。“筷子”谐音“快”，菜包子寓意财富，以此表达前来祭奠的亲人希望在死者的护佑下四面八方的财富能够快快来到家里。其他各地在“烧七”的祭奠活动中所用的食品差不多，都有象征财富的食品作为供祭之品，求吉祈福的意愿显而易见。按照一般民俗规矩，“五七”是祭奠死者最大的一次活动，此日过后就意味着悼念死者的活动基本结束，也是亲人最后一次大规模的祭奠祈福仪式，所以人们通常对此格外重视，所有的亲朋好友都要参加。因此用于“五七”祭奠的食品也就特别讲究，为的是能够得到死者真正的护佑和赐福。

人去世满一年叫作周年，民间谓之“头周”。三年之内，每年忌日都要举行规模较大的祭祀仪式，民间谓之“烧周年”“烧周”。“头周”“二周”一般祭祀仪式较简单，最受重视的是“三周”，因为“三周”是旧俗守孝的最后日期，此后子女可以脱去孝服恢复正常的生活。同样，对死者来说，也不再享受特殊的祭祀活动，和其他先人一样，只是逢年过节享受子孙们的祭祀礼仪。因此，人们总是把家里最好的食品和死者生前最喜欢吃的食品在“烧三周”时祭献，在表达对死者的追悼和缅怀的同时，祈求死者的在天之灵能够保佑家人平安吉祥、人丁兴旺、圆满发财。如在我国南方有些地区，过“三周年”

时要吃一种“圆糕”，圆糕里面要包上甜馅，不论用什么食材作馅，糕一定要捏成圆形的，以示祭祀活动圆圆满满，在世的人也阖家团圆。

第五章　日常食俗中的祈福情愫

无论是生活艰辛的年代，还是食品丰富的光景，中华民族都是以一颗健康向上的心来迎接每一天升起的太阳。即便是在日常的饮食生活中，也总是在尽可能满足生理需求的基础上，以美好的心理状态赋予各种自然食品美好的寓意，以达到趋吉祈福的目的。在中国居民的日常饮食生活中，随处可见蕴含着吉祥意味的食品的身影。

一、待客之道：民间办席宴饮有讲究

（一）“饽饽”祈福走亲戚

古往今来，我国民间各地较为经常性的社交活动是亲戚、朋友之间的相互来往，称为走亲戚，而这期间就少不了礼尚往来。我国民间集中走亲戚的时间一般全年有两次。一次是春节期间，正月里亲戚间携带自制的过年食品，相互探望，谓之走亲戚拜年。旧时主要携带自家年前制作的花饽饽、年糕、汤团、点心，以及水果和烟酒等。这在山东有些地区又称为“吃年茶”。如清代《乐陵县志》记载：“亲戚、乡里交拜，履新，互相请席，名曰‘饮年茶’”。在山东的胶东地区农家，晚辈看望长辈所带的过年食品是非常讲究的。先说食品的品种，一般有蒸“笑”了的大枣饽饽。民间把中间裂口开花的大枣饽饽形象地称为“笑”，有喜笑颜开、笑口常开之意。过年走亲戚一般是晚辈给长辈拜年，“饽”谐音“百”，所以笑饽饽除了喜庆吉祥之意，还有祝愿长辈“百岁”的寓意。

蒸“笑”了的大饽饽

除大饽饽之外，还有用模具压制的象形花馍，现在一般称为“礼馍”，每一种礼馍都有一定的吉祥寓意。通常金鱼、鲤鱼造型的礼馍，象征吉庆有余；圣鸡、刺猬造型的礼馍，象征年年升级、健康长寿；元宝、莲子造型的礼馍象征招财进宝、子孙满堂；如意、圣件造型的礼馍象征万事如意等。外孙或外孙女看姥姥多带如意、神虫、元宝等，有祝愿姥姥、姥爷顺心如意、健康长寿、新年发财之意。若是拜访新婚夫妇，则多带鲤鱼、莲子、百合花等，寓意吉庆有余、早生贵子、百年好合等。各种生肖礼馍是同辈互相拜年或是长辈带给晚辈的礼物，据说孩子在过年时能够得到长辈馈赠的和自己生肖相同的生肖礼馍会幸福快乐、无病无灾、健康成长。另外还有各种油炸的食品，称为“炸货”“炸面花”等，种类有龙、凤、百足虫、翻花、麻叶、金鱼等。每一种都有独特的美好寓意，使用时也都有讲究，如看望夫妇双全的老年人一般用龙、凤和百足虫，有龙凤呈祥和长寿百年的寓意。再一类是烙制面点，多为模具压制的薄饼类，也是各种吉祥图案的造型，大多寓意健康长寿、平安发财、万事如意、年年有余等。

过年走亲戚所带的食品的种类和数目也有讲究，需要根据不同的对象进行搭配。一般来说，拜年走亲戚以蒸制的礼馍为主，有蒸蒸日上之意，人们都希望自己的日子越过越好。以炸制食品和烙制食品为辅，但搭配种类不限，可以全是蒸制的礼馍，也可以配合一两种“炸货”或一两种烙制食品。总的要求是以数量多为尊敬，因为民间是以礼品数量的多少来衡量亲戚关系的密切程度的。且礼品的数量必须为偶数，以示吉庆祥和、好事成双的意思。

其实，在以前的民间交往中，自制的花馍既是探亲的礼品，也是展示各家烹饪技艺的好机会。亲戚、朋友们就在这节日的交往中互相欣赏对方的食品制作技艺，使相互间的情谊更加融和。

另一次走亲戚的时间是在农历六月份，大部分北方地区都已经麦收，俗称“看伏”，但范围没有过年那么广泛，主要是在夏收之后，家长派自己的孩子去看望孩子的姥姥、舅舅、姑姑等长辈。在山东的胶东等地区，一般是用新打下来的麦子磨成面粉蒸制花饽饽，亲戚间相互赠送品尝。山东潍坊等地则相互馈送炒面。清代编写的《潍县志稿》曰："六月六日……又用新麦炒熟磨细，谓之'炒面'，亲串家互相馈遗。"由此看来，"看伏"的习俗有两种寓意：一是向亲戚报告粮食丰收的喜讯，让大家共享喜悦之情；二是向亲戚通报平安、合家无恙的意思。

（二）待客食品

中国人素来有热情待客的传统，但各地接待客人的规矩是有区别的，款待客人时的食物也有讲究。在山东的胶东地区，"干亲"是最被看重的，需用最高礼仪接待，客人也需携带重礼探亲家。旧俗若是男客进家，主人至少要煮四个糖水荷包蛋款待，这是最高的进门接待礼节，寓意亲情饱满、甜甜蜜蜜之意。然后是炒花生、瓜子、献茶、敬烟，以表其诚。未婚女婿或新婚后首次登门的女婿也是此种规格，其寓意也是甜甜蜜蜜、亲情浓浓、

生肖礼馍

贵客临门。

招待酒席也以寓意和谐、和美、和顺为目的。家里来了重要客人，特别是年节来的客人，要以酒席相待，有时还要请村里的长辈、有名望的人相陪。座席有严格规矩，以辈分、年龄、主要客人、次要客人为序。席的主位，即上首当中位置，为主要客人坐；主要客人的左手、右手边为陪客，下首为主人倒酒者。席位的安排不仅是对客人的尊敬，也是为了体现食礼食俗的和谐美好。如前所述，民间以干亲、新女婿为最尊贵的客人，招待尤丰，礼节备至。有的家庭不具备条件，则要借用别人家的长凳、八仙桌、太师椅等用具来办席。上菜也有讲究，有的地方是先上甜的点心，美其名曰“甜蜜”开场，有的地方则先上“肉丝面”，既有长长远远的意思，也有先补空腹的作用，说空腹喝酒伤人，先“点心点心”，然后再上酒上菜。菜以十六碗、十八碗、十大碗、四四席、十大盘八大碗等为标准，均取吉祥的偶数；菜品主要是鸡鱼肉蛋，但上菜的顺序有讲究，民间有“一鸡二和菜，三鱼四埋汰”的说法，意为吉庆开始、和顺其间、年年有余、埋汰晦气。旧时喝酒习俗要温烫热酒，斟酒叫“满上”“升上”“升一升”，干杯也叫“满上”，皆有祝福圆满高升之意。

客人喝酒越多越好，哪怕有点醉意，主人家才高兴，这叫“酒满心诚”。在山东酒后一般要上水饺，俗谓上马饺子下马面，民间俗称“滚蛋包子”，寓意客人走后从此就能够交好运。如果是家人或客人外出归来则要吃面条，面条有绳索之意，意为用绳索牵绊着不让家人或客人远走。也有的地方与此相反，叫作“下轿饺子上轿面”，是说迎接家人或客人的第一顿饭要吃饺子，庆贺团聚，而给家人或客人送行则要吃面条，意为长长远远。吃饭之前，全桌人还要“满”一个酒，即干一杯，叫“饭前盅”“满堂红”“全家福”。吃饭多少则没讲究，虽然民间有“劝酒不劝饭”之说，但主人还是会劝客人尽量多吃一点，如果是饺子、包子、汤圆之类，则要吃双数不吃单数，也是为了图个吉利和顺。

（三）宴饮吉祥食俗

自古以来，无论是婚庆祝寿还是丧葬祭祀，无论是岁时年节还是饯客送行，无论是祝贺高升还是乔迁之喜等，中国人大凡都要举办各种各样的宴席，以表达办事者或举办活动方的衷心谢意和为人处世的风尚，在希望得到亲朋好友祝福的同时，也希望宴席过后能够带来吉祥和好运。由此就形成了丰富多彩的宴席种类，也就形成了形形色色的宴席吉祥食品与吉庆食俗。由于各地宴席规格多样，宴席吉祥食品也繁丽多彩。以下选择几个城市为例，对民间宴席进行概述。

位于黄河中下游的山东济南是“龙山文化”的发祥地之一，中华民族的祖先很早就在这块土地上繁衍生息，创造了灿烂的黑陶文化。两千多年来，济南一直是连接东北、京津地区与东南沿海地区的交通枢纽。由于地理上处于南北要冲，来往的官员、客商、文人、骚客很多，因而此地的商业发达，民风淳厚，讲究饮食。清代《济南府志》曰：“惟济南水陆辐辏，商贾所通，倡优游食颇多。”其饮食筵宴之风尤炽，并逐渐成为齐鲁宴饮文化的代表，大约在周朝时始成雏形。在秦汉魏晋南北朝时期，济南宴席有了自己的丰富内涵，隋唐宋元时期的市肆饮食风格使济南宴席逐渐成熟，至明清时期，济南宴席达到繁荣期。民国时期受西餐影响宴席格式略有变化，加上孔府菜、鲁西运河菜、胶东菜的传入，济南宴席在丰富融合的过程中形成了独具特色的宴客模式。民国时期的“满汉大席”“燕翅全席”，则是当时宴饮风貌的极好写真。这些宴席无论简繁程度如何都体现一个主题，就是吉祥如意，表达互相祝福庆贺等心意。而办席的主人家也是想借助办宴席的机会对亲朋好友进行答谢，以祈求吉庆平安。

济南宴席种类繁多，各具特色。如有用原料命名的“燕菜席”“鱼翅席”“燕翅席”“海参席”等，旧时此类宴席官宦、大户人家多用，在展示自家实力的同时，也表达主家的一番诚心，以此赢得亲朋好友的祝福。有用单一食材制作的“全鱼席”“全鸭席”“全羊席”等，此类宴席有“十全十美”的寓意，多用于给老人祝寿用。用菜肴的个数命名的宴席最常见，如双六席（六碟、六碗、两大件）、三八席（八碟、八盘、八大碗、两大件）等，鲁中地区民间较为流行的“四四席”（四冷荤、四大件、四饭菜等），有四季平安、四平八稳、四方来财等美好寓意，很受人们的喜欢。山东大部分地区民间宴席的名称是以偶数命制的，如二、四、六、八等，尤其是婚嫁喜庆的宴席，因为偶数有成双成对的寓意。

四四席预席台面

无论宴席种类如何变化，其食品内容一般都是由冷菜、大件、行件、饭菜、点心、水果等组成。

冷菜又称冷盘、凉菜、冷荤，是整个宴席菜式中第一道同宾主见面的菜，素有开场菜“脸面”之称。冷菜做得好与坏，直接关系到整个宴席的质量。因此在制作上要求刀工细致，颜色新鲜，口味纯正，造型美观，做到色、香、味、形俱佳。冷菜的格式一般为四双拼（四荤四素）、四三拼（每一盘两荤一素）、一大花盘外带六个或八个小围碟。大花盘可拼摆成各种吉祥造型，一般根据宴席的性质而定，如是奠基、开业宴席则用孔雀开屏、凤凰展翅等；如果是婚宴可用龙凤呈祥、蝶恋花等；如果是寿宴则用寿比南山、松鹤延年等。围碟也可拼摆成图案双拼或单拼，与大拼盘相配合。

大件有的称大菜、头菜、正菜，是由高档、珍稀或完整的原料经烹调后装在大盘（或大汤碗）内上席的菜肴。大件在上菜顺序上是紧跟在冷菜后面的第一道热菜，也叫领头菜。在山东宴席中，有很多宴席的名字就是用第一道大件的名字命名的。大件在宴席中有二大件、三大件、四大件之分。大件菜肴在宴席中也有很多讲究，民间喜庆筵席中常见大件的为整鸡、整鱼、整鸭等，而且在许多地方鸡和鱼是必不可少的大件菜肴，因为具有“吉庆有余、完完整整、十全十美”的美好寓意。

婚宴扒全鸡

宴席冷菜一组

行件就是通俗说的炒菜，是跟随大件上的热菜，一般上一个大件，跟上两个行件，如是三大件的席便有六个行件。一桌席中，行件所用的原料不能重复。排菜时，相同颜色的菜要间隔上席。六个行件中必须有一道汤菜和一道甜菜。汤菜用料讲究，制作精细，一般是跟在第一个大件后面上席。甜菜则是最后上席的行件，尤其在婚宴中，一道“拔丝苹果”具有甜甜蜜蜜、长久平安的寓意。行件要与大件搭配协调，使宾主感到宴席丰富多彩。

饭菜是在大件和行件之后，吃主食时所上的菜，也叫收尾菜。饭菜的数量一般为二菜二汤（两荤两素），或一菜一汤。冬季也可以只上一个火锅。饭菜要求以清淡、素雅为主，但也可以加进些带有刺激性口味的原料，如辣、酸等。饭菜要比酒菜在口味上略重些，目的是让宾客增加食欲。传统宴席饭菜特别讲究，一般有八大碗、九大碗汤菜，多用“四喜丸子”“八仙过海”等吉祥名称的菜肴，以增加宴席吉庆有余、欢快喜乐的寓意。

点心是指酒席上的各种面点。在宴席中面点是配合菜肴的，有迎门点心、拴腰点心、扫尾点心。迎门点心是指客人在吃酒之前先吃的一道点心，吃后再饮酒就会感到舒服些，也表达主人对客人的诚心欢迎之意。拴腰点心是指在宴席上菜进行到一半时上的一道点心，既有调节宴席氛围的效果，更是主家意欲留住客人的意思。扫尾点心就是酒菜上完后，吃主食时所用的点心，多为甜味馅料制作，意为甜甜蜜蜜、友情绵绵。

水果一般都是在饭后上席。宴席上的水果讲究时令，如夏天饭后上冰镇西瓜，春天可上草莓、樱桃之类，秋天和冬天可上苹果、橘子、鸭梨、香蕉等。但不同的宴席水果的选用也有讲究，如寿宴多用苹果、佛手、鲜桃、龙眼之类，有祝愿长寿平安之意；如果是婚宴多选用樱桃、柑橘、香梨、荔枝之类，寓意甜甜蜜蜜、早生贵子。

下面是一桌普通的流行于广东民间的婚宴菜单：

百年佳偶好合宴

迎门点心：永结连理（美点双辉）

冷菜：喜庆满堂（迎宾八彩蝶冷盘）

热菜：红运当头（大红乳猪拼盘，大件）

浓情蜜意（鱼香焗龙虾）

金枝玉叶（彩椒炒花枝仁）

大展宏图（雪蛤烩鱼翅）

花好月圆（花菇扒时蔬）

拦腰点心：百年好合（莲子酥、百合酥）

年年有余（豉油胆蒸老虎斑，大件）

金玉满船（蚝皇扒鲍贝）

喜气洋洋（大漠风沙鸡）

如意吉祥（芦蒿香干）

良辰美景（上汤时蔬）

羹饭：早生贵子乐（枣圆仁子羹）

幸福美满（香米炒饭）

水果拼盘：万紫千红（合欢水果盘）

为了讨个口彩，广东民俗特别重视婚宴菜肴的命名，运用吉庆祥和的语言和有美好寓意的成语，赋予宴席美好的寓意。

无论南北方，正规宴席的客人座次都非常讲究。以山东民间为例，有两种情况。一是用炕桌，桌置炕上，面向外，左为首，右为次，余依次而坐。二是在屋内用方桌，每边坐两人，共八人。迎门面的左首为上座，上座左边为次座；两边左为三，右为四全家人围桌吃饭时，长辈坐上座，晚辈坐下座，尊者落座后其他人才可以入座。菜肴上桌，尊者夹菜吃饭，其他人才可以吃。传统用八仙桌座席，寓意客人都能够像饮中八仙一样尽情畅饮，并且个个长寿如八位神仙。

为了祈求吉庆，所有民间礼宴上菜的顺序和菜肴放置的位置也有规矩。旧时，济南章丘宴席对鱼肴特别看重，八盘之席，第四盘为鱼；十二盘之席，第六盘为鱼。在婚宴中，一般最后一道菜为鱼，取吉庆有余之意。过年的全家“福”宴最后一道菜也是鱼，取其谐音“年年有余”。上鱼时，鱼必全，端摆时，以鱼肚对着主客，鱼头则要对着长者或客人，鱼头对着哪位客人，那位客人就要饮酒三杯，然后大家方可吃鱼。这既是对主客或贵宾的尊重，也突显“吉庆有余”菜肴的重要性。因此，民间有“上鱼前必满酒，食鱼前必干杯”之俗。坊间俗信认为只有礼宴主人心满意诚才能够得到福佑。此外，在章丘境内普遍流行“客不翻鱼”的规矩，即使主家翻鱼也不说“翻”，而是说“正”过来，以示吉庆，也是讨个口彩。

饮酒的礼节是食俗中最重要的一部分，俗话说，“敬酒望尽兴，无酒不成礼”。山东人豪爽、好客远近闻名，酒礼则主要表现在斟酒、敬酒、劝酒等方面。旧时，济南普遍讲究“酒满敬，茶满欺”，酒要满才是敬客之意，不能像倒茶水一样只倒半杯，同饮之人应从长辈开始斟酒，以示敬老之意。一般来说敬酒方式有三种：一是给在座的每人敬一杯酒；二是重点给长辈、主人或重要客人敬酒；三是同辈之间互相敬酒。无论哪一种敬酒方式，敬酒者和被敬酒人都必须把酒杯倒满酒，既是表示对对方的尊敬，也是为展示自己的真心实意而得到大家的认可和祝福。对于他人的敬酒一般认为不能拒绝，拒绝既是对人的不敬，也有不利于自己的福佑，如果实在喝不了可以请人代喝。无论在宴席上互相敬酒还是罚酒娱乐，通常情况下以三杯酒为限，这也是民俗认为的以“三”为圆满吉祥的一种心理表现。

山东人饮酒还有其他一些习惯。如一人自斟饮，夫妻对饮，父子兄弟同饮，亲朋好友聚会干杯。自家人饮酒则多互相敬酒，极少劝酒，喝多喝少随意。亲友饮酒，则先敬后劝，适可而止，感情为重，主要是通过宴饮营造亲情合欢、喜庆快乐的氛围。个别酒宴不相识的人坐在一起，开始时互不了解比较拘谨，但通过互相敬酒增进了了解，有的甚至成了朋友。若遇喜庆家宴，熟人聚席敬酒劝酒频繁，气氛极其热闹。

鲁中古齐国地区对宴席礼仪特别看重。民国《临淄县志·礼俗志》载：“每食四簋，陈馈八簋，皆有限制。祭品以土产为贵，鸡、鱼、肉，加时菜四件即可，多不过八，烧烤未免过分，前辈宴客，八人一席，菜用八碟八碗，适合乎中。”宴饮保持古风文化的风格，宴席开门先上汤，且多以胡辣海参、鱿鱼为主，当地人喜辛香，汤中还放有花椒面。据说入席先吃点辛辣的食物可以刺激人们的味蕾，让人兴奋并可以多饮酒，把宴席带入热烈的氛围。博山宴席最为流行的“四四席”就是遵循传统筵席礼仪制度形成的。宴请重要客人时以配备四押桌、四干果、四鲜果、四蜜饯、四点心为“预席”之仪，“预席”结束，先上四味时令平盘凉菜，后逐渐穿插四大件、四行件、四汤盬。“四四席”头道大件一般采用高档原料制作，通常以海八珍（以鱼翅、海参为主）、禽八珍（以燕窝为主）、山八珍（以熊掌为主）、草八珍（以猴头为主）为原料，使“四四席”不仅色香味俱佳，更有赏心悦目的视觉享受。而“四四席”的名字本身就是偶数的最佳组合，具有万事如意、四季发财、顺心吉祥、四方来财之寓意。

鲁中泰安、莱芜山区和梁山、东平、阳谷相邻，有古俗遗风，其民间喜宴多用三大件。喜宴程序为客至，主人让至客房，献茶，揖让入席，按宾主坐下。先上一碗热汤面条，谓之垫底，有暖心体贴之意。而后上四干果、四鲜果、四食馃（点心），意为四季平安。三大件一般是鸡、鸭及一种加入水果食材的八宝饭。鸡、鸭大菜寓意吉祥如意，八宝饭则有聚宝发财之意。酒过三巡，再上六碗或八碗饭菜，饭菜是大海碗盛装的多汤菜肴，取六六大顺或八方来财之意。席间上整鸡（一般为第二大件）时，伺宴者带菜刀来到客人面前，此时首席客人应送上事先准备好的礼钱，这是给主厨的“开刀礼”，如是当地名厨，上鱼肴时还可讨“二道礼”。“开刀礼”答谢厨师及所有厨作人员的辛勤劳动，同时也是宴席举办成功的表现，更重要的是“开刀礼”祈求顺顺利利、没有烦事缠身。

泰安地区宴席中的大件菜的第一道是鱼，且讲究“文腹武背”。即如果宴请文人或者是文官，鱼的腹部要对着客人，以示敬意和吉祥；如果是宴请武将或者是军人，则是鱼的脊背对着客人，表示对军人的敬意和祝福。宴请活动一般在堂屋举行，上菜时鱼头朝东，谓之“鱼归大海”。宴请文人时鱼腹对着主宾，谓之“满腹经纶”。武人宴饮，鱼头方向不变，鱼脊梁朝向主宾，谓之“栋梁之材”。有些地方有习武、尚武之风，则宴请多以宴请武人之礼待客。旧时山东泰安乡村的宴席都是四个盘子菜加六个碗菜，或者是十个盘子菜加十个碗菜。这叫作“十全席”，寓意十全十美。如果是办喜宴，富裕家庭也可在“十全席”的基础上增加菜肴，但都要以十为单位添加。举凡十全席以上的菜肴，宴席上必须有鸡、鱼、丸子、肉四种菜，缺一不可，民间谓之“吉庆有余”“团团圆圆”。

山东泰山一带举宴或是日常待客还有奉茶、饮茶的习俗。据唐代陆羽《茶经》记载：“茶之为饮，发乎神农氏，闻于鲁周公。”可见饮茶的习俗由来已久，遍及全国。泰山一带本来不产茶，当地人所饮之茶都是从外省运来的。大部分茶来自安徽、江苏、浙江、四川、广东、江西、福建等省。近几年，在泰山脚下从南方引进茶树栽培，产茶称“泰山茶”。泰山周围的群众最常饮的茶有珠兰茶、茉莉花茶、干烘大茶（俗称“莱芜干烘”）。过去，老百姓还自己制些茶饮，如桑叶茶、枣花茶、石榴花茶、槐角茶、梨茶、金花茶等。当然这些自造茶必须加工，有的煮、有的炒、有的经霜后作为备用。这些茶料一是经济实惠，二是也能防病治病、保养身体。比如桑叶茶，除了茶汤金黄色之美外，还具有清肝明目的养生效果，是敬老的吉祥礼品。金花茶不仅香甜可口，还能解暑降温，是夏季馈赠亲朋好友的佳品。槐角茶更是群众常饮的一种茶，具有通便、消痔、去火、解毒等功效，是赠送亲朋好友、祝福健康长寿的上佳之选。对于泰安地区的人们来说，茶似乎不仅仅是一种饮品，而是表达亲情、祝愿长辈或者是亲朋好友平安长寿的象征。所以，泰山人饮茶比饮酒还讲究，文明、雅致、温馨。特别是爱饮茶的人，一是对茶具使用很讲究，茶具要美观大方，最爱用宜兴紫砂茶具，泥子壶、碗，还有茶客将泥子壶用豆子撑破后再用小铜锔子锔起来，壶上的小锔子越精致越显得美观、别致、高贵，也是一种吉庆的寓意。二是对泡茶的水也很有讲究，必须煮沸，最好是泰山泉水，有好水好心情的象征。给客人斟茶时要掌握不同茶的出水时间，要少倒、勤倒。俗话说：“茶要浅，酒要满，饭要饱。”绝对不能将茶壶倒空，茶杯的水也不能倒得太满，否则不仅是不礼貌的表现，更是不吉利的象征。并且倒完茶水后，壶嘴不能对着客人，否则被视为不礼貌、不吉利。所以喝茶与喝酒一样，也讲究个吉祥如意、快乐惬意。

（四）日常交往中的吉祥食俗

1. “吃了吗”的见面语：传统的日常见面问候，全国各地几乎都是以关注对方的用餐情况最为常见，现在虽然已经有所改变，但一些地区仍有沿袭。有观点认为“吃了吗”的问候语与困难时期吃不饱饭的历史有关。其实这仅仅是表面现象，从民俗学的意义上看，内在的真正寓意是借助这一问候语表达人们之间的互相关心，尤其要表达食物与人之间的关系，祈求天天有饭吃、顿顿吃得饱。对于许多天天见面的人来说，一天的问候从关注吃饭开始，其实是关注生活的幸福状况，也有一种祝福性的关爱在里面。

2. 借用筵用物品归还的食俗：民间有的家庭在准备各种大型的喜庆筵席时，由于自己家里的物品不足以满足众多客人同时就餐的需求，往往要到街坊四邻、亲朋好友家里借家什，如桌椅板凳、餐饮器皿等。当这些物品用完归还时，一定要用寓意美好的食品作为答谢。如山东东部地区一般用本次喜宴中最大的喜馍、寿桃等成双成对馈赠借给筵用物品的主家，一方面是表达借用者的感谢，另一方面则是祝福主家与喜家一样吉祥有余。在民风淳朴的乡村，人们对于寓意美好的食物尤为看重。

3. 礼尚往来的食品：旧时，人们礼尚往来所赠送的大部分是食品，要么是自己制作或生产的，要么是购买的。日常互相馈赠食品时人们要根据不同的礼仪需要选用不同的食品，孝敬老人的一般多是代表健康长寿的营养食品，如鸡蛋、小米、挂面等，或是蒸制象形礼馍，如长蛇（民间称为小龙）、百足虫等，其用意是希望老人平安长寿、健康无恙。给在外经商的人馈赠礼品食物时，则多以祝愿生意兴隆、祈福发财的食物为主，如猪、鸡、羊等象形礼馍，或是发糕、带菜馅的面食之类等。

4. 菜、肉温锅祈福：晚辈分家独立，旧俗岳父门上、姥姥门上以及年龄大一些的同辈要到晚辈的新居送些生活用品，主要有炊具、餐饮具、食物等。而有些讲究的地方人们则要带上一定数量的肠制品、韭菜、猪肉、鲜鱼之类，寓意“长久有余财”，还有的要送豆腐、宽面条、大米之类，也是类似的寓意。豆腐有“都有福气”的意思，宽面条、大米则有生活长长久久之意等。民间把这一习俗叫作“温锅”。在物质条件匮乏的年代，这其实是亲朋好友对一个刚刚开始独立生活的新家庭的帮助。亲朋好友所送的食品不仅要有食用价值，还必须样样都有祝愿生活美好的寓意。

5. “福根”敬老：在山东的东部地区，无论是年节聚欢还是喜庆宴客，当地人饮酒时有“福根”敬老的习俗。所谓“福根”即“瓶底酒”。这瓶底酒在酒宴桌上只能敬献给老年人或长辈喝，没有结婚或尚未生儿育女的年轻人是绝对不能喝的。当地民间俗信认为没有成家、生育的年轻男子如果喝了瓶底酒第一胎就会生女孩。旧时人们生男孩传宗接代的传统观念非常强烈。所以，年轻人在酒宴上把忌喝瓶底酒视为戒律而遵信不疑。其实禁止未婚未育的青年人喝瓶底酒的习俗据考释是源于人们敬老的传统美德。在山东东部地区民间的酒宴桌上，老年人是备受尊重的。许多上了年纪的老人大多都有饮酒的喜好。年轻人为了让老人们在酒桌上喝足喝好，不仅会给老年人斟酒、敬酒，而且还把“福根”敬给老人以示对老人的尊敬和祝福。老年人喝了“福根”，预示幸福长寿且天天有酒喝。在旧时当地大多数人的眼里，天天能有酒喝是老年人晚年生活的福气。

6. 宴席鱼俗求吉：在传统的民间宴席中，鱼一向被认为是必不可少的大件菜肴。民间宴席上鱼、吃鱼的讲究是非常严格的。首先，上鱼时鱼头、鱼腹、鱼尾的摆放位置各有象征意义。民间讲究“文腹武背”，即文人筵席，把鱼肚朝向主客，喻示满腹文章、才华横溢；如果是武官筵席，则要把鱼背朝向主宾，表示夸奖他为武艺高强的栋梁之材。但大多地方的宴席上一般是鱼腹朝向主宾，山东民间就有“鱼头朝北，鱼肚朝客（发音 kěi)”的俗语，当然也有些地方的宴席上将鱼头朝向主宾，总之，都是表示对客人的尊敬和讨个喜庆吉利。其次，民间筵席要喝鱼头鱼尾酒，就是整鱼的菜肴上桌，按照习惯摆好位置后，面对鱼头或鱼尾的客人要按照“头三尾四”习俗喝酒，就是面对鱼头的客人要喝三杯酒，面对鱼尾的客人则要喝四杯酒。而对鱼肚、鱼脊的客人也要按照“肚五脊六”的习俗喝酒。再次，在有的地方宴席上整鱼的菜肴要充当宴席的最后一道菜上，因为“鱼”和“余”谐音，取其“年年有余”的意思。也有的地方宴席上整鱼的菜肴是作为第二道菜上，叫作“头道鸡二道鱼”，这也是一种宴席上菜的流程，皆取“吉利有余”之义。

（五）饮食禁忌与吉祥

在日常生活中，人们在注重以食品为载体满足趋吉祈福的心理需求的同时，还有饮食“禁忌”，也叫“忌口”。民间的饮食禁忌中有一些在今天看来还是有一定的道理的，当然也有的毫无道理，甚至是违背科学的。这里通过介绍一些常见的饮食禁忌，从侧面反映人们在日常生活中对于消灾避祸、祈求平安、兴旺发财等美好的生活愿望。

1. 饮食搭配禁忌。许多地区民间有“吃葱又吃蒜，爹娘死时见不着面”的俗语，实际上这反映的是食物之间的合理搭配问题。一方面，按照传统中医的理论，物性相克的东西不能同时食用，大葱和大蒜都属辛辣之物，且气味浓重，同时食用，使人的味觉变得麻木，故忌同时食用。类似的禁忌还有许多，这些饮食禁忌往往都是通过神灵惩罚等恫吓的方式来促使人们遵从。另一方面，许多食物是不能够一次性多食的，否则也会产生不良的后果。如民间有“桃养人，杏伤人，李子树下抬死人”的俗语，告诫人们桃子可以适当多吃，但杏子就不能多吃，而李子是万万不能多吃的。类似的禁忌也有很多，如民间以为韭菜是能够兴阳的食物，但多食则消化不好，使人神昏目眩，便有“多吃韭，臭死狗”的俗语。其实，这些都是人们在长期的饮食生活中的经验总结。可见，所有的饮食禁忌，是规定人们必须禁止某些饮食行为或远离某些食品，以免受到伤害，它的最终意义是只要遵守了这些禁忌就会获得平安和吉祥。

2. 饮食名称谐音禁忌。有一些饮食禁忌的产生是由于某种食物名称的“谐音”联想。梨与“离”谐音，因此梨在任何时候都不能当作供品。在中秋祭月的瓜果里也没有梨的身影。因为梨（离）与中秋节合家团圆的寓意背道而驰。此外，人们吃梨的时候最忌讳分吃一个梨，因谐音“分离”不吉利。类似的例子还有许多，在山东威海的人们叫沙丁鱼“犁别子”，犁别子原本是犁具上的零件。但就因为“犁别”与“离别”谐音，凡是涉及婚嫁喜庆、年节团聚、寿庆贺喜、礼尚往来的宴席上，当地人都忌用“犁别子”制作的菜肴。在我国有些地方，年夜饭从来不上菠菜，因其与“泼财”谐音，是不吉利的。民间还有一种美味的地方小吃“枣糕”，因与“糟糕”谐音，节日人们只准称其为“发糕”“枣饽饽”“枣山”。沿海地区在年节宴席、喜庆大宴等场合，人们吃整鱼的菜肴时不允许说“把鱼翻过来”。这是由于河海风俗而形成的禁忌，因为“翻鱼”与“翻渔”谐音，所以，只能由主陪（或主人）用筷子将鱼“正过来”“划过来”。

3. 不同饮食对象禁忌。在北方一些地方人们忌讳第一餐用饺子来招待走亲戚的客人，有“出门饺子回家面”的俗语，水饺俗名“元宝”，是用来祝愿外出谋生的人发财的，所以也谑称为“滚蛋饺子”，用来招待客人会被误解为赶客人走，是不尊重人的行为。一般招待客人第一餐应准备面条，取常来常往、不让离去之意，就是留住客人的意思。为了让儿童健康成长，民间也有一些饮食禁忌，如小孩用餐时不能剩饭，俗语有“吃饭剩一口，长大变成小白狗”。这种寓教于食的传统，从孩提时期就树立遵守规则的意识，从而实现避祸祈福的目的。

4. 特殊食物禁忌。如在山东的有些地方，人们不能用狗肉制作菜肴上筵席。本来狗肉是鲁西、鲁南、鲁中、苏北地区的佳肴，却不能以之待客。传说刘邦原喜食狗肉，但当上皇帝后，自觉有失体统，遂下令狗肉不能入席，相沿成习。民间也有说狗是通人性的，不但狗肉不能吃，连那些牛、马等充当劳动力的家畜的肉也不能食用。在有的沿海地区，民间婚庆筵席不能上没有鳞的鱼，如带鱼、鲳鱼、鲅鱼等，这些没有鳞的鱼被认为是“光棍”鱼，不吉利，特别是鲳鱼，因“鲳”与“娼”谐音，是严禁用于婚宴的。

我国民间的这些饮食禁忌反映了人们对日常食品的一些认识和经验总结，从今天的视角来看，其中有不少是有科学道理的。但人们附加其上的“必死”“必生虫”“爹娘死时见不着面”等观念则是没有道理的。在科学不发达的年代，民间将这些违禁的后果放大以强化禁忌的力量，以此规范人们的饮食行为，这就是民俗学特有的教育功能，即通过饮食禁忌得到避祸消灾、求吉得福的心理慰藉。

二、与农事活动有关的吉祥饮食

我国自古以农业立国，所以与农事有关的风俗事象丰富多彩，而其中不乏与饮食密切相关的习俗。用于农事中的食品或食物，大抵与祈求丰收、庆祝丰收、避灾驱邪有关。我国的农事活动是根据传统的二十四节气进行的，因此与农事活动有关的饮食行为和特色食品也由此诞生。习惯上我们把二十四节气称为岁时节俗，与第三章中的“传统节日”是有所区别的。本章下面所介绍的与农事活动有关的饮食吉祥事象，也是与二十四节气密切相关的岁时节俗。

（一）五谷牛，祈丰收

所谓“五谷牛”实际上就是用纸或泥制作而成的，腹内装满五谷的“春牛”。这是每年春天伊始民间用来祈求当年“五谷丰登”的一种习俗。由于五谷杂粮充满牛腹，届时人们把“春牛”打破，五谷流淌出来，谓之“打春牛”，因此也被认为是与饮食习俗相关的求吉事象。“打春牛”的习俗是在每年的立春前后进行，流行于全国许多地区，历史极其久远。

传说神农氏当年为了解决众人的吃饭问题，曾冒着生命危险尝百草、辨五谷，开始了最早的农业生产。上古的三皇五帝都很重视农业发展，到了周朝，人口越来越多，发展农业已经成为朝政大事。因此朝廷一方面根据天象规律制定历法，一方面规定地方官员每年举行一次规模较大的迎春仪式。在我国，农为百业之本，春为一岁之首，这“迎春”的仪式自然要隆重。立春的前一天，各地的官吏们都要沐浴斋戒，净手素服，不坐轿子不骑马，步行到郊外，聚集乡民，设桌上供。供桌上除摆“三牲”之外，更有各色美食佳肴，化纸焚香，叩头礼拜。然后让一个人扮作“句芒神”举鞭用力鞭打一个摆于供桌前的土牛，这个土牛被后人称为“春牛”。“打春牛”的意思是提醒春牛的劳作，迎来一年的丰收。

相传最早的“春牛”是用土堆成的，过了许多年以后有了纸，土牛又变更为纸牛，一个纸糊的牛里面装上五谷被当作“春牛”，在迎春会上让“句芒神”举鞭狠打，牛被打倒，纸被打烂，里面的五谷杂粮喷洒出来，象征着一年的五谷丰登。在这个活动中，表面上看是为了打掉牛的惰性，实际上是为了增加人们对生产的信心，祈求风调雨顺、五谷丰登。

旧时民间更为讲究的“春牛”是先用木头做成一个牛的骨架，冬至节后辰日取土调和成泥团塑成牛身晾干。一般牛的身高四尺、长八尺，牛身上画四时八节、三百六十五日及十二时辰图纹。立春前一日，人们在县署官员的带领下，先到家坛奉祀，然后用彩鞭鞭打，把“春牛”赶回县府，在大堂设酒果美馔供奉。男女老少牵“牛”扶“犁”，唱栽秧、收割歌等，向苍天、百神祈求丰年。有的地方奉祀仪式之后，大家一起吃“祭余”的菜肴，饮祭祀用的酒，取其“粮食丰收，年年有余”之意。

也有的地方，每到腊月，一村的农民在族长的带领下用泥土塑成一头牛，牛的肚子里装满五谷杂粮。等到立春这一天，众人举行“打春牛”仪式，由两人抬着泥牛，由一农民装扮成专管农业的“句芒神”，执鞭不住抽打泥牛，直到打得泥牛皮开肉裂，牛肚里流淌出五谷粮食，意即“五谷丰登，粮流满地”，围观者鼓掌喝彩。“打春牛”包含两个意思，一是反映农民祈求在新的一年里粮食获得丰收的愿望，二是提示人们季节不等人，过了立春紧张的春耕就要开始，请大家及早做好物质和心理准备，也是新年农耕伊始的一种平安心理慰藉。

“打春牛”的仪式发展到了明清年间，越加隆重热烈，据清富察敦崇《燕京岁时记》载：“……立春先一日，顺天府官员至东直门外一里春场迎春。立春日，礼部呈进春山宝座，顺天府呈进春牛图。礼毕回署，引春牛而击之，曰打春。”此日，京城的男人们“鞭春”时，女人们则“戴春”头饰，老人和孩子们则不忘“咬春”，也就是吃春卷、春饼。这种祖祖辈辈延续不断的迎春活动增强了人们对创造美好生活的信心，寄寓了人们对丰硕收成的希冀，同时人们的生命活力也因此得到了一次完美的释放。

（二）尝新麦，品成果

旧时农历的六月初一到六月初六，许多地方都有“尝新”的习俗。如山东有的地方在农历六月初一，用新麦磨成的面粉蒸馒头与各种水果美食一起摆供，举行“敬天”仪式，意在用美食感谢上天的赐予，展示粮食、水果的丰收。敬天的同时，还要用新麦磨成的面粉包水饺摆供祭祖，向祖先汇报丰收的喜讯，并让祖先先品尝后辈人的劳动成果，谓之“尝新”。在山东的胶东地区，家家户户于这一天蒸新麦饽饽供于庭院，谓之“献新”。除了包水饺、蒸新麦馒头外，民间“尝新”的代表食品也不尽相同，比较有特色的有下面几种。

1. 煮新麦：所谓“煮新麦”就是把新收获的尚未晒干的小麦麦粒，放入锅里烧火煮熟，让儿童们用麦秸编一个精致的小笊篱，用小笊篱从水里一次一次地捞煮熟的新麦粒吃。通过这种有趣的吃麦粒活动表达对新粮收获的喜悦，对苍天赐予丰收果实的感激之情。同时，还通过这种游戏性的活动，让晚辈在品尝新果实的情趣中，逐渐培养勤于农事、热爱劳动的优良品质。

2. 连展：又叫捻转、碾展、碾筋，是一种由“荐新麦”的习俗发展而成的时令风味小吃，旧时北方各地均有。明刘若愚《酌中志》中记载：“取新麦穗煮熟，剁去芒壳，磨成细条食之，名曰稔转，以尝此岁五谷新味之始也。”山东东部地区的连展别具一格。一般是把刚成熟的新小麦脱去麦皮，入锅蒸熟，然后用石磨粉磨，使之成为粗糙的细条。食用时用手撕扯，饶有趣味，口感柔软而有韧性，味道清新醇美。因新鲜熟麦粒磨制时不能够形成麦粉，而是成为条条相连的面条，随石磨辗转缓缓而下，故名连展，具有新一季的粮食硕果累累、连绵不断之意。当地人谓之“荐新麦”，也是一种“尝新”的形式。这种寓意美好的小吃既可代饭，亦可零食。佐以应时小菜，尤为美妙。清道光二十一年《重修胶州志》中记载：“麦以大小为分……

普种曰小麦……农民不待熟而蒸食之，曰‘连展’。”民国年间编修的《莱阳县志》中亦曰 :“磨熟麦粒成条曰连展。”此种小吃，现在部分地区仍有。不过，制作连展的原料是在小麦尚未成熟的时候割下来的，许多农民于心不忍，只是象征性地制作少量的，以表达自己的美好心愿。

其实，“尝新”的习俗不仅仅限于汉族，在我国的许多少数民族地区至今仍有传承，被称为“吃新节”。“吃新节”是我国南方地区的仡佬族、苗族、布依族、白族、壮族等少数民族的传统节日，举行的时间一般是在每年农历的七月初七。“吃新节”是农事活动的节日，会举行一定的仪式，有的地方还非常庄严隆重。活动伊始先由寨子里一位德高望重的长者或是一位“鬼师”带领一对童男童女到附近的田间地角进行“采新”活动，采摘一些成熟的谷物瓜果集中挂放在村头的一棵古树下。寨子里的人要杀猪宰羊杀鸡，用整鸡、猪头、羊头、九串猪肉和二十四碗白米饭摆成供案，祭祀祖先和神灵。全寨子的人则要按辈分长幼依次排列跪拜祖先和神灵，“鬼师”则口诵经文。诵经结束,“鬼师”还要用竹鞭遍指五谷六畜,教众人特别是年轻人认识。参加仪式的众人则要像学生一样跟着“鬼师”朗读，借以表达人们对农耕成果的珍惜和对神灵的敬畏，祈求神灵赐予更多的食物，保一方平安。祭礼仪式结束，燃放鞭炮，再进行扫寨、演傩戏、唱山歌、具有民族武术等特色的娱乐活动。此后，寨老则要用一个竹筛子，盛上鸡、肉、酒，将拴有红辣椒和青蒜的竹竿插在田间地头以示送祖完毕。

农历六月六在我国以稻作为主的南方也有“尝新”的习俗。有的地方称之为“半年节”，是许多南方农村的隆重节日。农家从田中摘取少许将熟的稻穗，搓出米粒，煮成新米饭，杀鸡宰鸭，举行家宴，叫作“尝新”。家宴举行前，要先用饭菜供祀天地，奉祭祖先，再将新米饭喂给狗吃,然后按家中长幼次序尝新米饭。之所以要在“尝新”时喂狗吃饭，是源自“狗盗稻种”的传说 : 很久以前世上本来没有水稻这种谷物，狗历尽千辛万苦跑到天上寻找，在堆满谷种的谷场上打了个滚，浑身上下沾满了稻谷种子。但是在回来的路上要浮过天河，结果身上的谷粒被水冲掉了，只有高高翘起的尾巴上剩下几粒稻谷种子。就这样，狗把尾巴上仅剩的几粒稻谷的种子带回了人间，之后人间才有了水稻。以此可见，人们对上天赐予丰收果实的感激之情，也寄寓了人们对粮食丰收的美好愿望。

（三）夏至面，入伏蛋

在我国夏至是一个季节转换的重要节气，旧时民间多有特色食品为夏至添彩。部分地区有“冬至饺子夏至面”的俗语,特别是在北方，此习沿袭至今。众所周知，黄河是孕育中华民族和中华文明的河流，所以有“母亲河”的美誉。黄河流域的主要农作物是小麦，因此小麦就成为这个地区老百姓的主食。在北方广大地区，人们把小麦磨成面粉，再加水调制成为面团，然后凭借慧心巧手创造出各式各样的美味面食。夏至，在北方许多地方正是一年中小麦收获的时候，人们于这一天用新小麦磨制的面粉加工成面条，全家人围在一起吃上一顿新麦面条，既有尝新之意，又有预祝丰收之意，更是为了祈求幸福祥和，希望全年能够五谷丰登。面条是小麦制品中的常见食品之一。面条不仅能满足人们果腹的需求，还可以用来寓意幸福生活长长远远、顺顺利利。

夏至吃面的习俗起源于何时已不得而知，但主要是汉族的食俗，流行于全国大部地区。清潘荣陛《帝京岁时纪胜》记载：“夏至大祀方泽，乃国之大典。京师于是日家家俱食冷淘面，即俗说过水面是也……冷淘面爽口适宜，天下无比。谚云：‘冬至馄饨夏至面。’”冷淘面就是我们今天吃的凉面，有的地方叫凉水面，是一种应季应节的食品，由于面条宽且长，于是在民间就有了宽心、长远之意。

“冬至饺子夏至面”的饮食习俗由来已久，其中的“面”就是指面条。实际上，面条并非北方人的独有食品，在我国南方广大地区，食用面条也非常普遍，品种繁多，如阳春面、热干面、奥灶面、片儿川等。夏至正值炎热天气的开始，南方人习惯吃麻油凉面，北方人则常吃麻汁凉面，旧时人们称谓“冷淘面”。在炎炎夏日吃上一碗麻油凉面或麻汁凉面，不仅凉爽宜人，而且还有美好的寓意。所以，民间吃夏至凉面的习俗经久不衰，沿袭至今。

冷淘面

有的地方则是在“入伏”那天吃面，叫作“入伏面”，还有的地方除了吃面之外，还有在入伏日吃煮鸡蛋的习俗。夏至后第三个庚日为“初伏”开始，从此北方进入夏季最炎热的时间。伏日人们食欲不振，往往比常日消瘦，民间俗谓“苦夏”。夏至虽不是夏天最热的时候，但表示炎热的天气即将到来。人们从夏至开始改变饮食，以热量低、便于制作的清凉食品为主要饮食，而各色凉面就成为普通家庭的首选。人们用吃“入伏面”的形式来提示大家夏季要用凉爽清淡的饮食平衡身体的阴阳,反映了人们希望能够健康平安地度过夏季的心愿。

关于“冬至饺子夏至面”，学者解释：古代有“冬至阳生”之说，人们习惯上认为这是新一年轮回的起始，而且从这一天开始白天越来越长，夜间逐渐缩短。所以民间有“冬至大如年”的说法。古人在这天要吃馄饨。旧时馄饨就是饺子的前身，现在人们在这一天吃顿饺子也是传统习俗的沿袭，人们希望把新的一年所有的“福气”都包住。这一习俗符合民间祈愿得福的心理。而古代“夏至阴生”的说法是因为从夏至这天开始，白天会越来越短，夜会越来越长，季节逐渐走向萧瑟和寒冷，预示着生命活力的收缩和隐藏。人们通过吃顿顺滑绵长的面条，希望生机勃勃的日子能够长长久久。古人赋予面条某种文化的寓意来展示自己的内心，借以祈求平安吉祥。也有的学者认为，“冬至——阳生”时仍是阴强阳弱,吃饺子（或馄饨）有破阴释阳的含意，人们在顺应自然变化的过程中，祈求一份吉祥平安。

山东有的地方入伏日有生吃黄瓜和煮鸡蛋来解“苦夏”的习俗。

入伏的早晨只吃煮鸡蛋是因为鸡蛋清有清新透爽的寓意。入伏日正是黄瓜刚刚上市的季节，吃黄瓜也代表夏季的开始，而且黄瓜清鲜脆嫩，凉爽宜人。伏日这天，山东民间一般都要改善饮食，有的吃面条，有的吃水饺，也有的喝豆汤和面棋子，都有预示炎热的夏天来临，并通过特定的食物调剂三餐，祈求生活平安吉祥。

（四）开沟日，吃芋头

我国农历的八月初一之后，就进入了秋季的农忙时节。在北方的许多地方，民间将八月初一这一天定为“开沟日”，以迎接秋季收获的开始，民间有“开沟日，吃芋头”的传统。开沟日，是北方农民开始收获薯类农作物的日子。有“开沟，开沟，看看地瓜收不收”的俗语，家里的主要劳动力带上镢头到自己的地瓜或芋头地里拣肥大的刨出来带回家，中午煮熟全家食用。据说，开沟日吃芋头有多重寓意。一是检验今年庄稼的生长情况。通过观察庄稼长势，预估今年的丰歉，因为地瓜、芋头等农作物是生长在地下的，必须刨出来才能够看得到；二是表达收获的喜悦。人们经过一个夏季的劳作，按捺不住将要收获的喜悦借此抒发；三是感谢上天赐予人们丰硕收获，祈求保佑粮食丰收。所以，在动手刨出之前，有的地方人们要在地头烧纸向老天爷祭拜。

这一习俗在山东的大部分地区传承至今。每年的农历八月初一早晨家家户户都要吃一顿以芋头或地瓜为主食的饭食。过去，芋头种植很少，一年只能吃上三五顿。一次就是在农历八月初一的早晨，有预测丰歉的意思；一次是芋头收获佳时全家人吃一顿，有庆祝丰收的寓意；再一次就是除夕之夜吃芋头，有吉庆有余的含义。而在没有种植芋头的地方就用地瓜代替，所以这些地方的人们把地瓜称为“红薯芋”。“芋”与“余”“愉”谐音，民间俗信芋头有愉快顺利、吉庆有余的寓意，所以在许多地区是过年过节必不可少的吉祥食物之一。

（五）立秋日，贴秋膘

在农事季节的时序上，立秋是气温由热转凉的起点，于是防止受凉、食补身体就成为立秋饮食习俗的主题。在北方的大部分地区都有立秋日要吃肉的习俗，美其名曰“贴秋膘”。立秋这一天，在北京、河北、山东一带民间至今流行“贴秋膘”的饮食习俗。经历炎热的长夏，人们的胃口较差，所以不少人经过一个夏季都会变得消瘦一些。清代，民间流行在“入伏”这天以悬秤称人，到了立秋再将体重与“入伏”这天的体重进行对比。身体消瘦了怎么办？于是民间就有了立秋后需要饮食“进补”的习俗，通过饮食弥补夏天身体的消耗，恢复和调节身体机能。于是，每到立秋这一天，家家户户都要吃顿有肉有蛋的菜肴，讲究一点的人家吃白切肉、红焖肉，以及肉馅饺子，或者炖鸡、炖鸭、红烧鱼等。通过立秋日“贴秋膘”提醒人们秋季是储存丰厚能量的季节，应注意提高身体的抗寒能力，为过冬御寒做好充分的准备。其实，经过一个漫长夏季的能量消耗，想通过一个立秋日的“贴秋膘”就恢复强壮的体魄是不可能的。但民间通过这种形式来提示人们从这一天起就可以适时适当进行食补了。而以“贴秋膘”的美好愿景，温情地告诉人们季节饮食养生的重要性，也反映了人们希望借助饮食的合理调整达成健康平安的心愿。

据资料显示，老北京人在立秋这天，吃炖肉、炖鸡是非常讲究的。首先主妇要到市场上买一大块新鲜的猪后臀尖肉，回到家里洗净备用，在炉子上坐好锅，里面除了放入切成方块的肉和水以外，还要放上葱、姜、蒜、花椒、八角、大酱、食盐和一个特制的料包，加在里面的料包可不简单，它是由丁香、肉桂、桂皮、香叶、木香、良姜、白芷、陈皮、豆蔻、砂仁、桂圆、小茴香、甘草等 20 多种香料组成，然后用文火炖。炖出来的肉香味扑鼻，而且这些香料都有益气补血、驱邪理正等保健效果。可以说在这一天里满北京城都飘着炖肉的香气，呈现出一派生活美好、平安吉祥的气氛。似乎这一天之内的饮食进补就完成了整个夏季体能的恢复，一种美好的愿望引发了无数人的养生期盼。中华民族之所以历经五千年的发展而人丁鼎盛，可以说与这种积极乐观的人生态度和社会行为模式不无关系。

同是立秋，在我国的江南地区，习俗又有所不同，江南部分地区民间要在这天吃西瓜，谓之“啃秋”，民间俗信与防疫有关。相传在明代，有一年南京城里许多人害了癞痢，人们一直找不到有效的治疗办法。后来有人听说庐州府的崔相公之女也得了癞痢疮病，她因梦见一个医者告诉她说，吃西瓜可以治愈。崔小姐便信以为真，第二天就买了西瓜吃，这天恰巧是立秋，果然不出几日疮疤痊愈。当地人听说后，所有得了此病的人都纷纷效仿吃西瓜，效果很是灵验，以后渐渐形成立秋日吃西瓜的习俗。这一习俗还被记录在《帝京岁时纪胜》中曰：“立秋预日，陈冰瓜，蒸茄脯，煎香薷饮，院中露一宿，新秋日阖家食饮之，谓秋后无余暑疟痢之疾。”人们为了避免秋后余暑可能带来的疟疾等疾病，就用立秋吃凉爽食物的方法进行预防，这大约是“啃秋”的本意。民国时期出版的《首都志》记载：“立秋前一日，食西瓜，谓之啃秋。”其实，“啃秋”既有迎秋之意，提醒人们秋天开始了，要预防秋季可能发生的疾病。而立秋时节恰值苏浙沪等地的西瓜即将下市，人们于立秋吃西瓜有抓住夏天尾巴的意思。更有合理的解释，就是立秋以后天气逐渐凉爽，西瓜日趋减少，立秋日人们再吃一吃西瓜，既感激西瓜的陪伴得以度过酷暑，同时也有对西瓜依依不舍之情，并告诫人们注意季节变化保护自己的身体，是一种祈愿健康平安的体现。

立秋不仅南方有吃西瓜的习俗，北方人也是如此，在晚清、民国时期的史料中多有记载。那时北京、天津等地流行“咬秋”吃西瓜的习俗，类似江南地区的“啃秋”习俗。人们俗信立秋时吃瓜可避免冬天和来年开春的腹泻，对此清张焘《津门杂记·岁时风俗》中就有这样的记载：“立秋之时食瓜，曰咬秋，可免腹泻。”清朝年间，天津民间在立秋前一天把西瓜和蒸制的茄盒，以及香糯米熬煮的汤粥，放在院子里晾一晚，于立秋当天吃下，传说具有清除暑气、避免痢疾、预防疾病的作用。很明显这是一种求平安、消疫病的心理表现。

在山东的许多地方立秋这天的风俗是包饺子。也称之为“咬秋”，与“咬春”有类似的寓意。立秋当天，年纪稍大的人会在堂屋正中摆一只盛满五谷杂粮的碗，上面插上三炷香，祈求“立秋”过后五谷丰登。而大多数人家会在立秋时刻，剁肉馅包饺子，全家人围在一起“咬秋”。因为，饺子在山东有的地方又叫“馉饳”，像元宝的样子，立秋日吃饺子的寓意不言自明。也有的地方立秋不吃水饺吃面条，俗语有“入伏的饺子立秋的面”。这些地方的人们吃的是打卤面，预示着今秋风调雨顺、五谷丰登。而且，山东人吃面一般要配食生蒜瓣，除预防受凉腹泻外，还借此企盼立秋后健康平安。还有的地方，立秋日要吃一种用豆渣和蔬菜合煮成的饭菜，俗称为“馇”，据说也有预防秋天腹泻的作用。当地有“吃了立秋的馇，大人孩子不吐也不拉”的民谚，因为立秋后，天气逐渐变凉，稍不注意很容易导致肚子受凉而发生腹泻，于是人们利用这种饮食习俗提醒家人保护身体。这也是人们借助饮食来传递和表达平安吉祥的愿望。

三、建筑习俗中的饮食祈福

旧时民间在建房的动土、上梁、进屋等主要阶段都要请阴阳先生择定吉日良辰。其中以“上梁”仪式最为讲究，场面隆重热闹。仪式中借助饮食习俗来表达主家的喜悦心情和祈福愿望是必不可少的内容。

（一）饽饽、大糕祭梁

建屋盖房属于生活中的大事，人们总是以一颗虔诚的心祈求上苍保佑建筑过程安全顺利，保佑房屋吉祥瑞气，确保主人及其亲人住进去以后能够安康福寿，人丁兴旺。所以在建筑房屋的过程中，祭祀活动就成为一项重要的内容。破土奠基时要进行简单的祭祀，一般是在地基前用几样水果、面点摆供，燃香烧纸钱，以祈求先祖和上天保佑建筑顺利。如果所选的位置有风水方面的问题，还要请风水先生进行驱邪消灾的小仪式。在民居的结构中，正屋正顶有一根桁条为“栋梁”，一向被人们视为镇屋之梁而倍加重视。民间的“上梁”就是指建造房屋进行到安放这根桁条时，要举行特别的典庆仪式。尽管各地的习俗有所不同，但上梁仪式都十分隆重，整个仪式可分为“祭梁、上梁、接包、抛梁、待匠”等几个程序。

上梁前要先祭梁，主人在新屋的框架前，摆上鸡、鱼、肉及专为祭梁蒸制的大饽饽等供品，燃香摆酒。主持祭梁的是木匠师傅，先是筛酒祭天、祭地、祭八方神灵，然后捉起准备好的红色大公鸡，用斧头砍断鸡颈，边念赞词边将鸡血洒于大梁上，称作“点光”。然后在大梁上贴上写有“上梁大吉”四个大字的红纸联，再覆以红布或红被面，系上两条大糕。祭梁结束后，便由匠人把正梁抬上屋顶，或用绳子将正梁拉上去。抬梁或拉梁的时候，鞭炮齐鸣，上梁师傅要唱上梁歌，高喊“上啊！大吉大利！”在上梁的过程中，有的地方在红布的底端缝上一双布鞋垫，也有的在大梁着墙的两端垫上几个铜钱，寓意给新房主人铺垫家底，也有大梁稳稳当当的寓意。有的地方要求在正梁放平稳后，主人要将亲朋好友送来的“五谷彩袋”放到屋顶，挂在梁的正中，并将红布披在梁上，寓意五谷丰登。

房屋的大梁是由瓦匠师傅和木匠师傅领队，分别在大梁的两端用绳索一步一步地拉上去的，所以祭梁用的大花糕，有步步升高、吉祥平安之意。两条大糕分别由瓦匠头和木匠头带走，一是有感谢瓦匠、木匠建屋有功、上梁顺利的意思，二是把吉祥带给下一个盖房的主家。在北方许多地方用特制的上梁大饽饽替代大糕。有吉祥喜庆、百年平安的意思。

（二）撒上梁喜粿

民间盖屋上梁既是一项严肃庄重的活动，也是一项预建房圆满成功的仪式。因为，一般把房屋的大梁顺利安装好就预示着房屋建造顺利完成。意味有了上梁大吉的喜庆，于是就有了全村人为之庆贺的习俗。庆祝仪式是通过上梁时由木匠、瓦匠师傅抛撒小饽饽的形式实现的,这就是“抛梁”的习俗。所谓“抛梁”,有的地方叫“撒喜粿”“撒喜饽饽”。具体做法是在上梁之前，主人在正梁中间挂上装有红枣、花生、米、麦、万年青等物品的红布袋，寓意福、禄、寿、喜，万古长青。也有的地方是在正梁的中间,悬挂一个旧时用来量粮食的“升”。里面盛满特制的小喜饽饽、糖果、花生、栗子、铜钱、麻秆段等。“升”的寓意是大梁慢慢被拉起的过程为步步升高，也祝愿此房的主人或后人日后步步高升。在大梁被逐渐拉升的过程中，边说好话边将布包抛入由主人双手捧起的箩筐中,这个程序被称为“接包”,寓意接住财宝。大梁安放稳妥后，匠人将升里的喜饽饽、糖果等食品等用红布包好。而后就是上梁仪式最热闹的“抛梁”。当主人“接包”后，匠人便将糖果、花生、栗子、铜钱或者是形状各异的“小喜饽饽”等从梁上抛向四周，让前来看热闹的亲朋好友和街坊四邻的男女老幼争抢，人越多主人越高兴，意为“财源滚滚来”“上梁大吉”。在“抛梁”时，匠人还要说些讨口彩的吉利话，他们常说：

抛梁抛到东，东方日出满堂红；
抛梁抛到西，麒麟送子挂双喜；
抛梁抛到南，子孙代代做状元；
抛梁抛到北，囤囤白米年年满。

抛梁结束后，众人退出新屋，让太阳晒一下屋梁，这叫作“晒梁”。最后，主人设宴款待匠人、帮工和亲朋好友，庆祝上梁成功，也祈求整个房屋建成后平平安安，吉祥如意。

在山东的许多地方，凡建屋上梁，亲朋好友、街坊四邻都要送礼庆贺，礼品一般有挂面、米糕、被面、中堂、条幅等。挂面有“顺顺溜溜”“长长远远”的寓意,米糕则是房屋越建越高,坚如磐石的意思。如今，在一些农村地区还保留着这种习俗。上梁前，主人用一个大大的柳条编制的“斗”，内盛八刀谷草，就是用铡刀将谷秸铡成八寸长的谷草节，再装上八个红枣、八个铜钱、八个栗子、八块糖果、八块发面糕、八块年糕、八把花生，另外就是主家预先做好的，分别有虎、龙、凤、花、佛手、桃、蝴蝶、鱼等形状的小“喜饽饽”。首先，八字谐音“发”，有八方来财、四季平安之意；其次，无论是红枣、铜钱、栗子、糖果、发面糕、年糕、花生，还是象征吉祥的喜饽饽，都有顺利平安、甜甜蜜蜜、年年发财、新屋吉利、子女满堂的寓意。装在柳条斗里的喜饽饽的数目也有讲究，或六六，或九九，有六六大顺、长长久久之意，也有按照主人夫妇二人的岁数总和装的，以祝福主人。然后，在柳斗的上部要放两个用面做成的盘龙形状的“大神虫”，也叫“大圣虫”，以红布扎好，寓意驱祸镇邪。上梁时，木匠师傅在东，瓦匠师傅在西，两位师傅将脊檩拔上来并安装好，又依次用红绳将柳斗和酒瓶提上房顶，上房顶的酒要用红酒。柳斗内的两个“神虫”随柳斗被拔到房顶后，一个归木匠师傅，一个归瓦匠师傅，是对他们付出劳动的奖赏，也是寓意只有老把头才能够传递福佑运气。红酒由瓦匠师傅沿脊檩洒下，寓意久久平安。同时，木匠师傅拆开柳斗封口红布，边唱喜歌边从柳斗里抓一把由“喜饽饽”与其他混合在一起的各色吉祥小食物，向等候在下面的人群抛撒。人们纷纷争抢小饽饽，一片喜庆、吉祥、热闹、欢快的场面。木匠师傅抛撒“喜饽饽”的上梁歌各不相同，有的是木匠师傅新编的，有的是固有的习惯词语。如：

先跑东方甲乙木，再跑南方丙丁火；

三跑西方庚辛金，四跑北方壬癸水；

再跑中间戊己土，八方神灵都来护。

扬饽饽，把饽饽扬，邻帮个助来盖房。

先敬天（向上扬），下好雨。

再敬地（向下扬），打好粮。

再往南，扬一把，都来尝东家饽饽香。

我再把，东方敬，西方北方敬神灵。

东家今日来接斗，长寿活到九十九。

整个“抛梁”仪式，所用的各种食品，都带有吉庆祥和的寓意，其祈求上梁大吉、建屋平安的心愿显现无疑。

四、其他生活习俗中的吉祥食品

用于日常生活的吉祥食品，也是多种多样的。现择其一二，略加记述。

（一）饯行送别吃面条

古时，人们无论是外出经商还是做官，无论是外出求学还是远探亲友，抑或是随军出征或是外出旅行，由于道路条件较差，水运、陆地的交通都不发达，古人长途跋涉，或乘车坐船，或骑马步行，行路艰难，风餐露宿，路上有各种危险。所以，外出的人与亲人分别时，往往有一种再见难期的感觉。因此，自先秦起就有祭祀路神后，再启程上路的习俗，意在祈求一路平安，保佑亲人早日归来，称之为“祖”。此举源于何时，今天已经无法得知，人们相沿成习，多于路旁亭舍或在野外临时设立帷帐，备酒肴送别亲人，改祭祀路神为亲人酒肴相送，故也有祖帐、祖送、祖道等称谓，这就是今天饯行的习俗。在文人墨客那里，饯行送别是怅惋兴悲、抒发亲友之情的一件事，因此成为历代古人诗词创作的主要题材，其中佳咏极多。《左传》：“公将往，梦襄公祖。”杜预注：“祖，祭道神。”《史记》：“太子及宾客知其事者，皆白衣冠以送之。至易水之上，既祖，取道，高渐离击筑，荆轲和而歌，为变徵之声，士皆垂泪涕泣。”唐王维《齐州送祖三》：“相逢方一笑，相送还成泣。祖帐已伤离，荒城复愁人。”《聊斋志异》：“迨营谋既就，趣装欲归，燕生设祖帐，情义殷渥。”徐珂《清稗类钞》：“祖道设饯，人之常情，而当康熙时，甘肃人视之尤重。宦游南去，贾客东归，率皆携挈樽罍，招邀于郭外之荒墩古戍间，红毡密地，毳帐如鳞，人围马住，颇极缠绵。更时有密识妖姬，偷啼背面，送面添杯。行者停车助其叹悼，登高望尽，惘惘归途，此亦边人之善俗也。”这里的“面”就是现在的面条。“面条”古代又有“索面”的名称，有用绳索牵绊使其不忍离去的寓意。

文人雅士的饯行习俗为设宴饮酒，一般老百姓家庭，往往没有那么讲究，但保佑亲人远行顺利、外出平安的心情是一样的，因而把复杂的饯行简单化、民俗化。在我国大多数地方，特别是北方，都有“回家饺子送行面”或“出门饺子进门面”的俗语。至今遇有亲人出远门或亲朋好友久住后要离去，都要为之送行。送行的代表性食物就是面条或饺子。关于用面条送行或是用饺子送行的民俗解释尽管各不相同，但总的寓意是相同的。饺子在旧时北方为待客的上品，又有团聚之意，所以亲人远行归来，吃饺子是理所当然的事；而面条是又长又软的一种食品，民间谓之“长长远远”，送行吃面条则有用长长的面条捆绑住将要远行的亲人，不愿意亲人离开，含有情谊长远之意。

（二）开学、考试吃“圣鸡”

旧时，过大年出了正月，孩子就要进学堂上学，开始新一年的读书学习了。山东有的地区至今延续在新学年开学第一天，孩子吃的第一顿早饭里要有一种特别的食物，叫作“圣鸡”，是用发酵面团加工而成的，形状类似一种吉祥鸟或锦鸡。顾名思义，“圣鸡”与“升级”谐音，所以新学年第一顿饭要吃“圣鸡”的寓意一目了然，就是预祝孩子学习成绩天天向上、年年升级。因为，如果孩子成绩不好被留级，是一件非常没有面子的事情。孩子吃了“圣鸡”，孩子就明白其中的含义，是一种“寓教于食”的教育方法，让孩子牢记学习的重要性。

在当时，“圣鸡”这种食物，在麦作地区，不仅是新学年的学生食用，而且旧在外出赶考的送行宴上，在外出做官赴任的饯行宴上，都是不可缺少的食物，有保佑考学、做官的人顺顺利利地得到“升级”或“升迁”的寓意。

（三）认干亲吃饺子

旧时，民间让孩子认干亲，是一件非常认真严肃的事，在礼俗上非常讲究。首先是小孩的父母要给干娘（或干爹）买一条裤子、一副腿带，现在不兴腿带了，改为两根腰带。有的地方在认干娘的要做一条特肥大的裤子，用红布写一张文书，文书里写上孩子的生辰八字等信息，在院里烧上香，交给干娘文书，然后让小孩从干娘的裤筒里钻出来，以示干娘亲生，并且要随着干娘家的孩子排行。也有地方给干娘做一条开裆裤，让小孩从胯下钻过，也是象征是干娘亲生的意思。如果是未满周岁的孩子，则要爹娘抱着小孩，带着给干娘做衣服的布料等礼物，登门拜认干娘。小孩要给干娘磕头，叫娘，如果小孩不会叫则由父母代叫。此后，干娘要将事先准备好的“长命锁”给孩子挂到脖子上。认亲的仪式中，还有一个重要的与饮食有关的环节，就是干爹或者干娘要打制一个“金银碗”递给孩子，叫“长命饭碗”，寓意今生从此有饭吃。制作“金银碗”的材料不限，只要打不破就行，是一种象征意义。这样，就算拜了干亲。以后到生日那天，干儿子要煮些鸡蛋,拿上礼品去看干娘。鸡蛋又叫“鸡子”,有多生孩子的意思,因为旧时大多数干娘是没有孩子的，所以寓意多多生育。干娘的回礼中有一样东西是不能少的，就是要放上一捆大葱，祝愿小孩聪明伶俐，长大有出息。

认了干亲以后，在名义上孩子就成了别人家的孩子，所以小孩三年内不能在自己家吃过年的饺子。一般是年三十的晚上到干娘干爹家里吃，表示一家团聚，民间所谓“三十晚上吃饺子，没有外人”就是这个意思。离家近的孩子在干娘家吃完了饺子可以再回家，离家远的就由干亲把包好的饺子或煮熟的饺子送来，给孩子吃。送饺子也有讲究，要用一个新饭碗、一双新筷子，路近的盛一碗熟饺子，路远的就送生饺子。因为，在北方民间，吃饺子有合家团圆的意思，因此吃了由干娘亲手包的饺子，就等于是干娘家里的人。所以，吃饺子是一种美好寓意。

参考文献

[1] 赵建民 . 中国人的美食 : 饺子 [M]. 济南 : 山东教育出版社，1999.

[2] 段成式 . 酉阳杂俎 [M]. 北京 : 中华书局，1981.

[3] 孟元老 . 东京梦华录 [M]. 北京 : 中国商业出版社，1982.

[4] 贾蕙萱 . 中日饮食文化比较研究 [M]. 北京 : 北京大学出版社，1999.

[5] 赵杏根 . 历代风俗诗选 [M]. 长沙 : 岳麓书社，1990.

[6] 李昉，等 . 太平御览 : 饮食部 [M]. 王仁湘，注释 . 北京 : 中国商业出版社，1993.

[7] 陈元靓 . 岁时广记 [M]. 北京 : 商务印书馆，[出版年代不详].

[8] 沈榜 . 宛署杂记 [M]. 北京 : 北京古籍出版社，1980.

[9] 蒋廷锡，等 . 岁时荟萃 [M]. 上海 : 上海文艺出版社，1993.

[10] 袁枚 . 随园食单 [M]. 关锡霖，注释 . 广州 : 广东科技出版社，1983.

[11] 宗懔 . 荆楚岁时记 [M]. 长沙 : 岳麓书社，1993 年 .

[12] 佚名，葛洪 . 燕丹子，西京杂记 [M]. 北京 : 中华书局，1985.

[13] 孟元老 . 东京梦华录 [M]. 李士彪注 : 济南 : 山东友谊出版社，2001.

[14] 潘荣陛，富察敦崇 . 帝京岁时纪胜，燕京岁时记 [M]. 北京 : 北京古籍出版社，1983.

[15] 周云锦，何湘妃 . 闲情试说时节事 [M]. 台北 : 台北联经出版事业公司，1981.

[16] 王仁裕，等 . 开元天宝遗事十种 [M]. 丁如明，辑校 . 上海 : 上海古籍出版社，1985.

[17] 丁世良，等 . 中国地方志民俗资料汇编 : 华东卷 [M]. 北京 : 书目文献出版社，1995.

[18] 周密 . 武林旧事 [M]. 傅林祥，注 . 济南 : 山东友谊出版社，2001.

[19] 震钧 . 天咫偶闻 [M]. 北京 : 北京古籍出版社，1982.

[20] 冯贽 . 丛书集成初编 : 云仙杂记 [M]. 北京 : 中华书局，1985.

[21] 刘侗，于奕正 . 帝京景物略 [M]. 北京 : 北京古籍出版社，1983.

[22] 贾思勰 . 齐民要术校释 [M]. 缪启愉，校释 . 北京 : 农业出版社，1998.

[23] 胡朴安 . 中华全国风俗志 [M]. 石家庄 : 河北人民出版社，1986.

[24] 李光庭，王有光 . 乡言解颐吴下谚联 [M]. 北京 : 中华书局，1998.

[25] 刘琦，张余，李维加 . 麦黍文化研究论文集 [M]. 兰州 : 甘肃人民出版社，1993.

[26] 山曼，李万鹏，姜文华，等 . 山东民俗 [M]. 济南 : 山东友谊书社，1988.

[27] 丁世良，赵放 . 中国地方志民俗资料汇编 [M]. 北京 : 国家图书馆出版社 .

[28] 雷梦水，等 . 中华竹枝词 [M]. 北京 : 北京古籍出版社，1997.

[29] 钟敬文 . 钟敬文文集 : 民俗学卷 [M]. 合肥 : 安徽教育出版社，1999.

[30] 熊四智 . 中华饮食文库 : 中国饮食诗文大典 [M]. 青岛 : 青岛出版社，1995.

[31] 屈大均 . 广东新语 : 上 [M]. 北京 : 中华书局，1985.

[32] 礼记 [M]. 陈澔注 . 上海 : 上海古籍出版社，1987.

[33] 俞正燮 . 癸巳类稿 : 一 [M]. 涂小马，蔡建康，陈松泉，校点 . 沈

阳：辽宁教育出版社，2001.

[34] 蒲积中．古今岁时杂咏 [M]. 徐敏霞，校点．西安：三秦出版社，2009.

[35] 吴自牧，周密．梦粱录，武林旧事 [M]. 傅林祥，注．济南：山东友谊出版社，2001.

[36] 顾禄．明清笔记丛书：清嘉录 [M]. 来新夏，校点．上海：上海古籍出版社，1986.

[37] 高承，马永易，任广．四库类书丛刊：事物纪原，实宝录，书叙指南 [M]. 上海：上海古籍出版社，1992.

[38] 柏宏军．中华传统节日诗词赏析 [M]. 兰州：甘肃文化出版社，2006.

[39] 刘岱．敬天与亲人 [M]. 北京：生活·读书·新知三联书店，1992.

[40] 陶谷．清异录：饮食部分 [M]. 李益民，王明德，王子辉，注释．北京：中国商业出版社，1985.

[41] 范晔．后汉书 [M]. 北京：中华书局，1997.

[42] 苏东天．诗经辩义 [M]. 杭州：浙江古籍出版社，1992.

[43] 常国武．辛稼轩词集导读 [M]. 北京：中国国际广播出版社，2009.

[44] 李时珍．本草纲目：第三册 [M]. 北京：人民卫生出版社，1979.

[45] 许慎．说文解字 [M]. 北京：中华书局，1963.

[46]W. 爱伯哈德．中国文化象征词典 [M]. 陈建宪，译．长沙：湖南文艺出版社，1990.

[47] 刘安，许慎．淮南子 [M]. 陈光忠，校点．上海：上海古籍出版社，2016.

[48] 汉魏六朝笔记小说 [M]. 上海：上海古籍出版社，1999.

[49] 班固．汉书 [M]. 北京：中华书局，1962.

[50] 房玄龄，等 . 晋书 [M]. 北京 : 中华书局，1999.

[51] 程伯安 . 苏东坡民俗诗解 [M]. 北京 : 中国书籍出版社，1994.

[52] 陆羽，陆延灿 . 茶经 [M]. 北京 . 中国友谊出版社，2005.

[53] 刘若愚 . 酌中志 [M]. 北京 : 北京古籍出版社，1994.

[54] 叶涛 . 中国民俗大系 : 山东民俗 [M]. 兰州 : 甘肃人民出版社，2004.

[55] 张焘 . 津门杂记 : 天津事迹纪实闻见录 [M]. 天津 : 天津古籍文海出版社，1986.

[56] 徐中舒 . 左传选 [M]. 北京 : 中华书局，1963.

[57] 司马迁 . 史记 [M]. 顾吉则等，点校 . 北京 : 中华书局，2014.

[58] 徐珂 . 清稗类钞 : 第五册 [M]. 北京 : 中华书局，1984.

后 记

仓促中结束了本书最后一段文字的编写，似乎可以长舒一口气了，然而本该释然的心却怎么也沉静不下来。原因大抵有二：一是一本仅仅20万字容量的小书，却因为种种原因拖延了两年之久，何况也没有什么精工细琢，更无高谈阔论，实在有点说不过去，于是心里十分地纠结，酸甜苦辣众味杂陈，心有戚戚焉而又难于言表；二是本书的主题，表面上看似乎平常，一旦写起来才发现内容无限广大，文化蕴涵丰富，即便是200万字也不足以全部表达出来，何况区区20万字。于是书稿虽然完成了，但心里却愈加不安，思之愈久愈觉忐忑，在此冒昧申明之。

事实上，笔者曾想用一个流行的语境模式命名书名为“舌尖上的福佑”，颇有些追风的嫌疑，却能够形象地表达吉祥饮食的文化蕴涵。因为无论在历史上的任何年代和任何地区，以及不同的民族，饮食生活中的求吉心理，几乎与每一个中国人的成长有着密切的关系。

清楚记得，自己的学童时代是在胶东老家度过的，令人难以忘怀的是每年新学年开学第一天的早餐，母亲总是把几个攒了近一个月的“圣鸡”礼馍，分到我们几个上学的孩子手里。那时懵懂的童心不知道这一个小小的“圣鸡”的真正寓意，尤其不能够洞悉父母对儿女所寄予的期望与满满的祝福之情，就是用这个小“圣鸡”礼馍所承载的。“圣鸡”谐音“升级”，寓吉祥于饮食之中，这就是中华民族追求的健康向上、美好生活态度的一种呈现。在人们饮食生活水平日益提高的今天，饺子之于过大年、汤团之于元宵节、粽子之于端午节、月饼之于中秋节等，一如“圣鸡”礼馍之于学童上学，其蕴含的意义与重要性同是不言而喻的。所以，“饮食与吉祥”既是中华民族的一种传统习俗，更是中华民族自古以来的生活方式，甚或是一种审美情趣与信仰。一切试图了解和解读中华民族悠久的文明历史和中华传统文化的人，选择从学习与熟悉中国人对“饮食与吉祥文化”的传承入手，未必不是一个非常方便的“法门”。

书中还借鉴了笔者认识的许多前辈、朋友以及不认识的其他学者的研究，在此一并表示感谢。其中的舛误与疏漏，敬请读者朋友在见谅的基础上，予以真诚的批评指正，以便在再版时予以更正，在此表示衷心的谢忱。

赵建民谨识

初稿于癸巳年孟春

修订于丁酉年仲夏

定稿于己亥年仲冬